사회과학의
빈곤

The Idea of a Social Science and Its Relation to Philosophy
by Peter Winch
Copyright © 1958, 1990, 2007 by Peter Winch
Authorized translation from English edition published by Routledge, part of Taylor & Francis Group LLC.
Korean Translation Copyright © 2011 by Motivebook Publishing House

Understanding a Primitive Society
by Peter Winch
Copyright © 1964 American Philosophical Quarterly
Korean Translation Copyright © 2011 Motivebook Publishing House

이 책은 2010년 전북대학교 저술 장려 연구비 지원에 의하여 연구되었습니다.

THE IDEA OF
A SOCIAL SCIENCE
and
Its Relation to Philosophy

PETER WINCH

사회과학의
빈곤

피터 윈치 지음 | **박동천** 편역

 모티브북

| 차례 |

편역자 해제

이 책은 피터 윈치가 『사회과학이라는 발상 *The Idea of a Social Science*』이라는 제목으로 내놓은 단행본의 내용에, 「원시사회의 이해Understanding a Primitive Society」라는 제목으로 발표한 논문을 덧붙여 한국어로 번역한 것이다. 『사회과학이라는 발상』은 당초 1958년에 루틀리지 앤드 케간 폴 RKP에서 초판이 나왔고, 1990년에 제2판이 나왔다. 제2판이라고 하지만 본문 내용이 달라진 것은 없고, 단지 초판이 나온 지 30여 년이 지난 후의 시점에서 "이 책을 다시 쓴다면 달리 말했을 몇 가지 점을 첨언"[1]하는 정도의 머리말이 추가되었다. 그 사정은 「제2판에 붙이는 머리말」 서두에 나와 있다.

『사회과학이라는 발상』의 한국어 본은 『사회과학과 철학』(김기현 역, 1985, 서광사)과 『사회과학의 이념』(권기돈 역, 1997년, 현대미학사)이라는

---

1) 아래 36쪽.

제목으로 나온 적이 있다. 그럼에도 불구하고 새로운 번역본을 내놓는 까닭은 물론 기존의 번역본이 윈치의 생각을 한국어로 표현하는 데 미흡하다고 보기 때문이다. 내가 어떤 점들이 왜 미흡하다고 보는지를 상세하게 해명하는 것이 책의 내용을 해설하는 한 가지 효과적인 방법일 수도 있다. 만약 다른 번역자들 또는 여타 독자들이 그 해명에 대해 반응을 보여준다면, 그로써 이어지는 토론이 또한 이 책에서 다뤄지는 주제 전반에 관한 이해의 향상에 큰 도움이 될 것이다. 그러나 그렇게 하지 않기로 했다. 다른 과제물들이 쌓여 있어서 시간의 여유가 넉넉하지 않은데다가, 다른 사람들의 번역문에 대한 상세한 비판은 현재 한국 지식인 사회의 평균적인 풍토에 비해 너무 심하게 후벼 파는 느낌만을 자아내고 생산적인 방향의 토론으로는 이어지지 않을지 모른다는 염려를 떨치기 어려웠기 때문이다. 물론 내 번역문 및 이 해제의 내용에 관해서도 비판의 여지는 대단히 많으리라고 예상한다. 그러므로 추가적인 토론을 통해서 이해와 소통을 향상시킬 수 있는 가능성은 이 책에 대해 혹시 나올 수도 있는 날카로운 비판을 미리 환영함으로써 열어놓고자 한다.

「원시사회의 이해」는 1964년 『*American Philosophical Quarterly*』(Vol. 1)에 최초로 실렸고, 1972년 윈치의 첫 번째 논문 모음집인 『윤리와 행동 *Ethics and Action,* RKP』에 재수록된 논문이다. 이 논문은 윈치의 초기 저술로서 『사회과학이라는 발상』과 더불어 사회과학의 철학 및 인식론과 윤리학 분야에서 대단한 논쟁을 불러일으킨 작품이다. 그만큼 이 두 작품을 하나의 단행본에 묶어 출판하는 것은 의의가 있다. 이에 덧붙여, 이 기회에 개인적인 사연 하나를 밝히고자 한다.

원치 교수는 내가 1989년에 일리노이 대학에 들어간 때부터 1994년에
어바나-샴페인을 떠날 때까지 엄밀하면서도 자상하게 지적인 여정을 이
끌어준 은사로서, 이 책의 한국어본 출판은 내게 오래 묵은 빚과 같은 의
미도 있다. 학위논문이 끝나가던 시점에 그의 연구실에 찾아가 논문에 관
해 조언을 듣고 나오던 참에, 『사회과학이라는 발상』을 한국어로 번역할
생각이 있다고 말한 적이 있었다. 원치 교수는 흔쾌히 승낙하면서, "이탈
리아어 번역본처럼 『윤리와 행동』의 앞 쪽에 수록된 논문 몇 편을 함께
엮으면 어떨까?" 하고 제안했다. 그 논문들은 「원시사회의 이해」 외, 「자
연과 관습」, 「인간의 본성」, 「홉스와 루소에게 있어 인간과 사회」 등이다.
귀국한 지 불과 몇 년, 1997년에 원치 교수의 부음을 들었다. 그 분 생전
에 번역권을 문서로 받아두지 못해 우여곡절 끝에 이제야, 그와 약속했던
내용의 일부를 한 권으로 묶어 펴내게 되었다. 여기에 포함되지 못한 「자
연과 관습」, 「인간의 본성」, 「홉스와 루소에게 있어 인간과 사회」는 나중
에 『윤리와 행동』 나머지 전체를 번역할 생각으로 미룬다.

1. 사회과학의 빈곤

이 편역본의 표제, 『사회과학의 빈곤』은 내가 모티브북의 양미자 대표
와 상의하여 붙인 것이다. 『사회과학이라는 발상』에는 원래 『사회과학이
라는 발상, 그리고 그것과 철학과의 관계』라는 대단히 산문적인 제목이
붙어 있다. 그만큼 『사회과학의 빈곤』이라는 제목은 원치가 전하고자 하

는 적확한 논지를 지나 불필요하게 도발적인 의미가 어느 정도 섞여 있다. 따라서 이 표제에 관한 해명에서부터 해제를 시작하는 것이 일리 있는 글쓰기의 전략으로 보인다.

사회과학이라는 발상에서 잘못인 대목은 과학적 탐구 방법을 모든 탐구의 표준으로 상정하는 경향이다. 윈치와 같은 철학자들의 공로에 힘입어 그 점이 분명하게 밝혀진 지금뿐만 아니라, 윈치가 글을 쓰기 시작한 1950년대에도, 인간과 사회를 연구하는 사람들 가운데에는 과학적 탐구 방법이 모든 탐구의 표준이라고 명시해서 주장하는 사람은 사실 별로 많지 않았다. 하지만 그렇게까지 명시적으로 주장은 하지 않더라도, 실제 연구나 삶의 현장에서 요구되는 지식 또는 이해라는 것이 과학을 모범으로 삼아서는 결코 성취될 수 없는 경우가 얼마나 많은지를 충분히 깨달은 사람도 그다지 많지 않다. 그러므로 과학적 탐구 방법이 모든 탐구의 표준인지 아닌지를 따지는 일반적인 주제도 중요하지만, 그보다 더 중요한 것은 과학을 모범으로 삼아도 되는 형태의 지식이 필요할 때와 그래서는 안 되는 형태의 지식이 필요할 때가 각각 언제인지를 분별하는 능력일 것이다.

이를 분별하기 위해서는 과학적 지식과 인간 및 사회에 관한 지식이 본질적으로 어떻게 다른지를 이해할 필요가 있다. 과학적 지식의 대표적인 사례로 지동설의 경우를 살펴보자. 지동설은 태양을 중심으로 여러 개의 혹성이 공전하며, 지구는 그 가운데 하나라는 내용으로 구성된다. 인간 사회에 관한 지식과 대비해서 이러한 과학적 지식만이 가지는 결정적인 특징은 "지구가 태양 주위를 돈다"는 서술문의 진위 여부에 관하여 태양

이나 지구는 전적으로 수동적인 지위에 머무른다는 점이다. 이 수동적인 지위라는 것은 태양이나 지구가 실제로 말이나 생각을 할 수 없다는 경험적인 이유 때문만이 아니다. 설사 연구 대상이 생각이나 느낌이나 말의 주체라고 하더라도, 연구의 본질상 연구 대상의 주관적인 입장은 상관없는 소음으로 간주해서 배제하는 것이 과학적 탐구의 기본적인 속성이자 장점에 해당하는 것이다. 의사가 환자의 병을 진단할 때, 체온, 혈압, 심전도, CT 영상 등이 주요소로 고려되고, 환자의 느낌이나 태도는 상관없는 잡음으로 무시되거나 아니면 기껏해야 보조적인 참고 사항으로 취급되는 것이 과학적 지식을 위해서는 정상적으로 필요한 일이다.

반면에 인간 사회에 관한 지식은 이와 다르다. 예컨대 갑이라는 사람이 투표장에 간다고 할 때, "투표장에 간다"는 서술은 그 행동을 관찰하고 서술하는 사람들 사이에서만 말이 되면 그만인 것이 아니고, 관찰되는 행위자에게도 이해 가능한 서술이어야 그 행동이 다름 아닌 "투표장에 가는" 행위가 될 수 있다. 물론 『사회과학이라는 발상』 제2장 전체, 특히 제2절 「의미 있는 행태」에 관한 논의에서 윈치가 밝히고 있듯이, 여기서 이해 가능성intelligibility이란 무수하게 다양한 요소들에 의해 구성된다. 투표와 같은 경우에는 선거가 무엇인지, 투표가 무엇인지, 나아가 자기가 지지하는 후보나 정당이 당선되느냐 낙선하느냐에 따라서 사회생활의 어떤 측면들이 어떻게 달라질 것인지 등을 갑이 이해하고 있다면 가장 표준적인 경우일 것이다. 그러나 이 중 한두 가지를 사실과 다르게 인식하고 있다거나, 또는 전혀 의식하지 못하고 있다고 하더라도, 그 점만으로 "투표장에 간다"는 행위의 의미를 갑이 이해하지 못하고 있다는 결론이 나오

지는 않는다. 습관적이거나 의례적이거나 준봉적인 행태들도 단순히 그렇다는 이유 때문에 의미 없는 행태로 분류되어야 하는 것은 아니다. "투표장에 간다"는 서술의 의미를 행위자가 이해한다고 말할 수 있는 경우와 그럴 수 없는 경우 사이의 경계를 분변하기는 쉬운 일이 아니다. 나는 다음 절에서 그 경계에 담겨 있는 본질적인 속성 하나를 "규칙에 따르는 행동"이라는 비트겐슈타인의 개념과 연관지어서 조명하고자 시도할 것이다. 지금은 다시 원래 논의하던 줄기로 돌아가 자연과학과 사회연구의 핵심적인 차이를 계속 살펴보자.

사회연구에서 사용되는 서술어들이 연구자들에게만이 아니라 연구대상들에게도 이해 가능한 것이어야 한다는 점은 실재가 무엇이냐는 실로 근본적인 물음과 연관이 있다. 『사회과학이라는 발상』 제1장 제4절부터 제9절까지 실재와 언어 사이의 관계에 관한 일반적인 해명, 그리고 제4장 파레토에 관한 논의, 그리고 「원시사회의 이해」 등에서 윈치는 일관적으로 이 연관을 파고들어 간다.

> …… 에반스-프리차드는 사실상 파레토와 마찬가지의 형이상학적 입장을 취하고 있다. 두 사람 모두 "실재"라는 것이 과학적 추론 그 자체의 맥락 **밖에서** 이해 가능하며 적용될 수 있는 것처럼 여기고 있다. 과학적 관념은 실재와 관련되고 비과학적 관념은 그렇지 않다는 그들의 구분이 곧 이 점을 말해주는 것이다. …… 과학적 사고는 실재가 진실로 어떠한지와 일치하는 반면에 주술적 사고는 그렇지 않다는 결론에 이른다. (아래 239쪽)

아잔데 족은 신탁에 의해 공동체의 대소사를 결정한다. 예컨대 어떤 집에 도둑이 들었을 때, 용의자로 지목된 사람이 범인인지 아닌지를 신탁으로써 결정한다. 근대 문명의 세례를 받은 사회과학자라면 아잔데 족이 실재의 영역과 믿음의 영역을 혼동하고 있다고 말할 것이다. 물건을 훔친 사람이 누구냐는 질문과 적당량의 독물을 먹은 닭이 죽느냐 사느냐는 질문 사이에는 아무런 인과관계가 없다고 말할 것이다. 그리고 이런 경우 인과관계는 사람들이 무엇을 믿느냐에 상관없이 실재에 속하는 고유한 속성이라고 생각할 것이다. 그러나 이런 식으로 설정되는 인과관계라는 관념 자체가 과학적 추론의 체계에 속하며, 아잔데 족의 문화와는 아무런 상관이 없다는 점을 사회과학을 신봉하는 사람들은 완전히 놓치고 있다. 반면에 아잔데 족의 삶에서는 신탁 의례의 결과와 공동체의 대소사와 관련된 진상을 연결하는 고리가 아잔데 세계의 실재이다. 이 실재는 물론 근대 과학이 상정하는 실재와 매우 다른 요소들로 구성되지만, 그렇다고 해서 그 실재성이 조금이라도 줄어들어야 하는 것은 아니다.

물리적 대상들의 운동 법칙을 찾아내는 데 과학적 기법이 수행할 수 있는 생산적인 역할에 관해 광범위한 신뢰가 형성되어 있는 우리네와 같은 근대 사회에서, 예컨대 거북이 점과 같은 주술을 통해 환자를 치료할 수 있다고 선전하는 행위에 착각이 섞여 있다는 사실을 부인하는 말이 아님을 누구나 명석하게 통찰할 수 있기를 바란다. 아래 제3절에서 상대성을 다룰 때 다시 논의하겠지만, 근대 사회의 일각에서 암약하는 점성술 따위 미신은 신앙과 과학에 기생하기만 할 뿐 고유한 어떤 의미도 가지지 못하기 때문에 잘못인 것이지, 과학이 아니라 신앙이기 때문에 잘못인 것이

아니다. 신앙이라는 요소는 과학이 발전하기 전부터 인간의 삶에서 중추적인 역할을 담당했었고, 과학이 발전한 다음에도 여전히 중추적인 역할을 수행하고 있다. 신앙의 중요성이란 과학의 중요성과 병행하는 정도에 그치는 것이 아니라, 과학이라는 활동분야가 하나의 정합적인 전체로 유지될 수 있도록 이를테면 접착제와 같은 필수적인 기반을 제공해 주는 것이다. 예를 들어, 아인슈타인의 상대성 이론이나 스티븐 호킹의 빅뱅 이론 따위가 어떤 과학적인 엄밀성에 따라 증명되었는지를 물을 때, 기성 권위에 전혀 의존하지 않고 순전히 자신이 스스로 터득한 합리적 근거를 제시할 수 있는 사람이 몇이나 될까? 이에 비해 상대성 이론이나 빅뱅 이론을 실재 세계에 관한 올바른 서술이라고 믿는 사람은 얼마나 많은가.

아잔데 족의 경우 어떤 사안의 진상을 확정해야 할 필요가 발생하면 공동체에서 관습에 따라 합의된 절차에 따른다. 이는 근대 사회의 경우에도 정확히 마찬가지다. 경찰을 비롯한 수사 기관, 사법적인 각종 절차들, 필요한 경우 의회의 청문회, 그리고 각종 언론 매체 또는 직접 행동을 통해 시민들 사이에서 일어나는 공론 등이 모두 어떤 문제의 진상을 확정하기 위해 공동체가 거쳐 가는 절차의 역할을 수행하고 있는 것이다. 이러한 절차에서 과학적 조사에 관한 관심은 나름 중요하기는 하지만, 모든 변수를 통제하는 결정적인 제1원칙으로 작용하지는 않는다. 진상을 두고 서로 경합하는 여러 주장 가운데 어떤 것을 공식 판본으로 채택할 것인가, 어떤 의혹은 인용해서 추가 조사를 시행하고 어떤 의혹은 현실적으로 무의미하다고 판단하여 묵살하고 넘어갈 것인지 등등, 핵심적인 결정은 과학적 엄밀성에 의해 주도되는 사안이 아니다. 오히려 그

러한 핵심적인 결정들에 따라서 과학적 엄밀성이 얼마나 중시될 것인지가 결정되는 것이다.

의례 또는 관습적 절차에 따라 어떤 사안의 진상을 확정한다는 형태적인 유사성이 아잔데 사회뿐만 아니라 근대 사회에서도 발견된다는 점을 인정하더라도, 실재에 관해 착각하고 있다는 혐의를 아잔데 족이 벗을 수 없다는 반론을 제기하고 싶은 사람도 있을 것이다. 의례에 의한 진상 확정이라는 실수를 우리 역시 범하고 있다는 사실은 단지 우리네 삶에서도 과학이 얼마나 더 필요한지를 가리킬 뿐이지, 아잔데와 우리가 공히 저지르고 있는 실수를 정당화하지는 않는다는 반론이다. 그러나 이 반론은 사회생활의 본질 및 실재와 사회생활의 관계에 관한 오해만큼이나 과학의 본질도 제대로 파악하지 못한 오해에서 비롯된다. 왜냐하면 실재를 향한 과학적 탐구는 본령상으로 결코 완결될 수가 없는 성격을 가지기 때문이다. 뉴턴이 그렸던 절대 공간과 아인슈타인의 상대성 가운데 어떤 것이 실재의 진상인가? 얼핏 생각하면, 아잔데의 주술적 세계가 착각의 소산이듯, 뉴턴의 절대 공간도 착각으로서 실재가 아니라고 봐야 하는 것처럼 보인다. 하지만 아인슈타인의 상대성은 실재에 관한 최종적 진상으로 더 이상의 질문이 제기될 자리가 과학 안에 없는가? 하이젠베르크의 불확정성이나 호킹의 빅뱅 따위는 아인슈타인의 상대성 안에 포섭되는가 아니면 그 바깥에 있는가? 이러한 질문에 대해 과학은 어떤 정답을 제공할 수 있는가? 과학은 이처럼 질문들의 무한한 연관으로 구성되어 있는 탐구의 영역이다. 그러한 질문들 가운데 어떤 것을 묵살하고, 어떤 연구 결과의 함의들 가운데 어떤 부분을 어떤 위험부담을 무릅쓰고 실제 생활에 응용

할 것인지는 과학적 탐구의 결과로 얻어지는 학술적인 해답이라기보다는, 좁게는 과학자 공동체에서 넓게는 일반 사회에 이르기까지 인간 사회 안에서 벌어지는 각종 논의와 경쟁과 때로는 투쟁의 결과로 내려지는 문화적인 대응이다.

요컨대, 신탁의 결과로 나타나는 진상 보고를 아잔데 족은 믿기 때문에 옳다고 여기는 반면에 과학적 탐구를 거친 진상 보고를 우리는 옳기 때문에 믿는다고 대조하는 과학주의의 시각이 오히려 혼동의 소산이라는 말이다. 물론 믿음과 옳음의 사이에는 개별적인 사례에 따라서 대단히 다양한 관계가 가능하고, 개중에는 잘못된 믿음에 해당하는 사례들도 빈번하게 발생하는 것 또한 사실이다. 하지만 아잔데 족이 실재에 대해 가지고 있는 믿음은 체계적으로 잘못되어 있는 반면에 과학적 탐구의 결과로 생성되는 믿음은 체계적으로 실재와 접촉한다고 보는 견해는 맞는 말이 아니다. 두 사회에서 각각 사실이라고 믿어지는 것들은 정상적인 경우 대부분 각 사회의 구성원들이 실재에 관해 가지고 있는 관념과 일치하기 때문에 믿어지는 것이고, 공표된 진상이 그러한 실재와 일치한다고 믿을 수 없는 이유가 있을 때에는 의혹이 제기되고 재의가 이뤄진다는 점도 두 사회에서 마찬가지이다. 물론 사태의 진상에 관한 잘못된 믿음이 슬그머니 사회적으로 공인을 받아 교정되지 못한 채 넘어갔다가 상당한 시간이 지난 다음에야 교정의 기회를 얻게 되는 경우가 때때로 발생한다는 점도 두 사회에 공통된다. 그러므로 과학적 탐구의 기법은 사람들이 무엇을 하고 있는지, 사회에서 무슨 일이 벌어지고 있는지를 올바로 파악하기 위한 표준적인 수단이라기보다는 어디까지나 보조적인 수단에 그칠 수밖에 없

다. 과학적 기법을 사회 연구에서 모범으로 여긴다는 것은 곧 연구 대상이 되는 당사자들이 자신의 행동을 무엇으로 이해하고 있는지를 기껏해야 부수적인 참고 사항 정도로 여긴다는 뜻인데, 사회에서 무슨 일이 벌어지고 있는지를 올바로 이해하기 위해서는 행위 당사자들이 스스로 부여하는 행위의 의미가 핵심적인 고려 사항이어야 하기 때문이다. 통상적인 사회과학은 이러한 선후 관계를 전도하고 있다는 점을 부각하기 위해 이 책의 제목을 『사회과학의 빈곤』이라고 달았다.

2. 규칙을 따르는 행동

윈치는 1958년 『사회과학이라는 발상』을 쓰면서 "규칙을 따른다"는 개념에 관한 비트겐슈타인의 논의를 중요하게 다루었다. 하지만 1990년에 제2판을 낼 때 첨가한 「머리말」에서는 그 책을 "다시 쓴다면 달리 말했을 몇 가지 점을 첨언" 하면서, 특히 "의미 있는 행태 – 따라서 인간에게 특징적인 행태 – 는 모두, 의미 있다는 바로 그 사실로 인하여, 규칙에 따른 행동"이라고 했던 자신의 언표를 반성한다.[2] 이제 규칙과 관련해서 그가 무엇을 말하고자 했는지, 그리고 스스로 어떤 점을 반성했는지를 살펴보자.

우선, 어떤 복수의 사항들 사이에 규칙성이 존재한다는 판단에는 동일성에 관한 판단이 개재할 수밖에 없다. 윈치가 『사회과학이라는 발상』 제

---

2) 아래 41쪽

1장 제8절에서 "에베레스트 산"이라는 발화의 예를 통해서 부각하는 점이 이것이다. "에베레스트 산"이라는 발화가 무엇을 가리키는지 배워서 알게 된 사람이 다른 곳에서 그 단어를 사용할 때, 그 단어를 제대로 사용하고 있는지 아닌지는 어떻게 가려지는가? 이 경우, 같은 단어를 같은 의미로 사용한다면 단어를 제대로 사용하는 것이다. 하지만 여기서 다시 어떻게 하면 그 단어를 "같은" 의미로 "제대로" 사용하는 것이며, 어떻게 하면 그렇지 않은지를 묻는다면, 그 경계선을 언어적으로 규명해내기는 불가능하다. 단어를 제대로 사용하는 경우와 그렇지 않은 경우를 분간할 수 있는 능력은 그 경계에 관한 일반적인 명제를 배워서 익힐 수 있는 것이 아니라, 오로지 해당 언어를 사회생활 안에서 습득함으로써만 익힐 수 있는 일이다.

언어의 규칙은 단순히 말의 규칙에 불과한 것이 아니라 동시에 실재의 규칙이기도 하다. 모든 실재는 언어로 표현될 수 있는 만큼, 언어로 표현되는 대로 존재하기 때문이다. 물론 문장 가운데에는 애당초 말이 되지 않는 소리도 있고, 사실에 관한 틀린 보고를 담고 있는 것도 있다. 문구나 개념 중에도 환상이나 허상을 바라보는 것들 또한 많다. 그러나 이처럼 기생적인 요소의 존재는 언어가 잘못 사용되는 경우를 가리키는 것이지, 언어적 표현가능성 바깥에 존재하는 실재를 가리키지는 않는다.

실재와 언어의 상응을 궁구하는 의미론의 기본적인 도식은 언어가 실재를 *의미한다*는 데에 있다. 그런데 언어와 실재를 연결하는 의미의 고리는 언어에 속하는 것일까 아니면 실재에 속하는 것일까 아니면 언어도 실재도 아닌 제3의 영역이 하나 더 있는 것일까? 이처럼 대답이 있을 수 없

사 회 과 학 의   빈 곤

는 의문들이 터져 나오게 되는 한 가지 중요한 이유는 언어 바깥에 있는 실재라는 관념 때문이다. 에베레스트 산과 같은 실물의 경우, 히말라야 산맥의 최고봉이라는 실재가 "에베레스트 산"이라는 여섯 글자의 모임 안에 있는 것은 당연히 아니다. 그러나 나는 여전히 그 실물을 "히말라야 산맥의 최고봉"이라든지, 또는 "저 봉우리"나 "저것" 등등, 언표화된 개념을 통하지 않고는 가리킬 수도 의미할 수도 인식할 수도 없다. 이처럼 기호 X와 대상 X′을 구분하는 것은 당연히 가능한 일이지만, 이 구분 자체가 언어 바깥에 있는 실재에 속하는 사항이 아니라 오직 언어의 의미 안에서만 정체성을 가질 수 있는 실재의 일부인 것이다.

인간의 행동을 연구의 주제로 삼는 경우 이는 더욱 명백하다. 병역 의무로 징집되어 사병으로 군복무 중인 사람의 행동을 예로 들어보자. "길동이는 군복무 중"이라는 서술이 길동이가 지금 하고 있는 일을 제대로 서술하지 못할 가능성은 여러 가지가 있다. 만약 길동이가 이미 전역을 했거나, 탈영해서 아직 잡히지 않은 상태라든지, 무수한 경우의 수가 존재한다. "군복무 중"이라는 서술이 틀리는 경우들을 이렇게 운위할 수 있는 까닭은 곧 그 서술이 맞는 경우들이 있기 때문이다. 다시 말해, 군에서 복무하고 있는 행동이 실재하지 않는다면 "군복무 중"이라는 서술은 무의미할지언정 틀릴 수는 없을 것이다. 그런데 군에 복무하는 행동이라는 실재하는 범주 안에 정당하게 포섭될 수 있는 행태들은 보초서기, 사격훈련, 구보, 점호, 행정사무, 휴가신고, 기타 등등, 대단히 다양하다. 이처럼 내부적으로 다양한 요소들이 모두 군에 복무하는 행동이라는 점에서 *같다*는 사실을 분별할 수 있는 능력은 다르게 말하면 군복무라는 행동의 규칙성

을 인식할 수 있는 능력이다.

이는 한 사람이 무엇을 하고 있는지를 이해하는 일과 일반적으로 연관된다. A가 숫자를 1, 3, 5, 7 … 의 순서로 쓰고 있다면 으레 다음은 9, 11, 13, 15 … 로 이어지리라 추정하면서, 우리는 그가 (무슨 이유에서든) 홀수의 수열을 쓰고 있다고 생각할 것이다. 그런데 그가 7 다음에 7.1, 7.3, 7.5, 7.7을 쓴다면, 그 다음에 이어질 숫자는 7.71, 7.73, 7.75, 7.77라고 예상할 수도 있을 것이다. 하지만 A가 7.7 다음에 567, 568, 564, 581 등으로 이어간다면 어떻게 될까? 그가 쓰는 수열에서 어떤 규칙성도 발견할 수 없다면 그가 숫자를 그냥 무의미하게 나열하는 것 이외에 무엇을 하고 있는지 알 수 없게 될 것이다. 바로 이 대목이 정확히 인간 행태의 규칙성과 이해 가능성이 서로 얽혀 있는 지점이다. 규칙성이 발견되는 만큼만 이해가 가능하며, 정확히 그만큼만 그것은 어떤 행태가 된다.

물론 사람들의 행태에 스며들어 있는 규칙이란 하나의 각도가 아니라 매우 다양한 각도에서 포착될 수 있다. 방금 거론한 예에서 A의 행태는 수열이라는 각도에서는 어떤 규칙으로도 이해할 수가 없지만, 관찰자의 모든 기대를 저버린다는 의미를 또한 하나의 규칙이라고 바라보게 되면 정확히 그만큼은 이해할 수 있는 행태가 된다. 윈치가 『사회과학이라는 발상』 제1장 제8절에서 인용하고 있는 『철학 탐구』 §237의 예화가 이를 보여주는 비근한 사례에 해당한다. 컴퍼스를 잡고 한쪽 다리는 정해진 선을 따라가고 다른 쪽 끝은 아무 규칙이 없이 벌렸다 오므렸다 하고 있는 사람의 경우, 그로써 어떤 도형을 그리려고 하는가라는 차원에서 바라보면 아무것도 하지 않고 있는 것이지만, "컴퍼스를 가지고 아무 의미도 없

는 짓"을 하고 있다는 차원에서는 여전히 무언가를 하고 있는 셈이 되기 때문이다.

물론 이것은 규칙이라는 단어의 용례를 거의 무의미한 지경에 이르기까지 연장한 결과이다. 이는 "언어로 서술할 수 없는 실재"와 관련된 일종의 뫼비우스 띠와 형태적으로 매우 흡사한 양면성이다. 위에서 논의했던 것처럼, 언어와 실재가 서로 얽혀 있다는 연관에만 주목하게 되면, 일응 언어로 서술할 수 없는 실재란 곧 실재가 아니라는 일반화가 가능할 것처럼 보인다. 하지만 "언어로 서술할 수 없는"이라는 문구는 이미 일종의 언어적 서술로서, 그 문구를 정당하게 적용할 수 있는 사례와 그럴 수 없는 사례를 상당히 많은 경우에 구분할 수 있다는 점에서 규칙성마저도 운위할 수가 있다. 그 순간, 언어로 서술할 수 없는 실재는 실재가 아니라는 명제 주변에서 일종의 어지럼증이 일어나고 만다. 마찬가지로 인간의 의미 있는 행태는 모두 규칙에 따른 행동이라는 일반명제 역시, "모든 규칙의 기대를 저버린다는 규칙"까지 하나의 규칙으로 간주할 수 있다는 차원에 대조되는 순간 비슷한 종류의 어지럼증을 일으킨다. 내가 생각할 때, 바로 이러한 고려가 윈치로 하여금 나중에 반성해야 하도록 이끈 이유 가운데 하나였던 것으로 보인다. 하지만 이런 어지럼증은 "모든"이라는 일반화 관형사에 대한 집착을 약간만 완화해서 명제의 일반적 적용가능성에 약간의 회색지대가 있다는 점만 용인하면 치유될 수 있다.

규칙을 따르는 행동에 관한 비트겐슈타인의 논의를 통해서 윈치가 전달하려고 한 취지는 무엇이 실재하느냐는 질문에 대해 그 실재를 표현하는 언어가 부수적인 역할이 아니라 핵심적인 역할을 수행한다는 점이다.

마치 저기 스스로 있는 풍경을 화가가 화폭에 모사하듯이 언어 바깥에 스스로 존재하는 실재를 언어가 묘사하는 식이 아니라, 어떤 대상이나 사태를 서술하는 언어가 아예 없는 상태라는 것은 곧 그러한 대상이나 사태 자체가 없는 상태와 같다는 취지이다. 이는 자연 세계와 사회 세계를 막론하고 응용될 수 있는 관찰이지만, 『사회과학이라는 발상』에서는 사회 연구의 대상이 무엇인지는 무슨 언어로 그것을 서술하느냐는 문제와 직접적으로 얽혀 있다는 논점을 집중적으로 부각했다. 규칙성에 관한 비트겐슈타인의 탐구는 이러한 취지를 전달하는 훌륭한 통로 중 하나인 것이 틀림없다. 단, 그 와중에 이러한 핵심 취지를 포착하지 못하고 "규칙"이라는 단어에만 몰두할 경우 논의의 초점이 산만해질 수 있다는 위험을 윈치는 1990년에 다시 한 번 되새긴 것이다.

3. 상대성과 상대주의

한 사람이 무슨 행동을 하고 있는지를 서술할 때, 당사자로서 도저히 이해할 수 없는 용어를 써서는 엉뚱한 소외가 발생할 뿐이라는 윈치의 입장은 발표된 이래 인식론과 과학철학 및 윤리학 등에서 대단히 뜨거운 토론의 주제로 떠오른 바 있다. 하지만 이러한 토론 가운데에는 정당하고 적실한 이해보다는 피상적인 오해에서 비롯하는 경우가 많다. 특히 「원시사회의 이해」 이래, 피터 윈치라는 이름을 인식론적 상대주의, 개념적 상대주의, 윤리적 상대주의 따위와 결부시키는 경우가 꽤 자주 있기 때문

에, 이에 관해 약간의 해명을 시도해 본다.

사람들이 별생각 없이 어떤 보편성을 추정하는 대목에서 윈치가 때때로 상대성을 부각하는 것은 사실이다. 그러나 이 때문에 그가 상대주의자로 되는 것은 아니다. 우선 살펴봐야 할 일은 윈치가 어떤 상대성을 언제 부각하는지, 그리고 그러한 상대성이 말이 되는지 여부이다. 윈치의 주장 중에 하나는 아잔데 사회의 주술을 미신으로 치부하면 잘못이라는 것이다. 그러면서도 그는 근대 사회의 일각에 똬리를 틀고 있는 악마 숭배를 비롯한 여러 가지 주술 행위에 대해서는 대체로 정상적인 종교에 기생하고 있는 사이비로 규정하기를 주저하지 않는다.

근대 사회에 관습적으로 확립된 활동 영역 가운데에는 종교라 불리는 것도 있고 과학이라 불리는 것도 —그 밖에도 무수한 여러 가지가— 있다. 이 두 영역은 —그리고 여타 무수한 활동 영역들도— 각각 실재와 관련해서 검증의 체계와 믿음의 체계를 동시에 갖추고 있다. 예컨대 교회나 절을 건축할 때 외부에서든 내부에서든 건축 전문가에게 맡긴다는 것은 종교의 영역에도 믿음에만 의지하지 않고 인간이 획득한 지식으로 검증하면서 기획을 추진하는 국면들이 아주 폭넓게 자리 잡고 있다는 점을 보여준다. 앞에서 논의했듯이, 과학의 영역에서도 주어진 시점에서 어떤 명제를 받아들일 것이냐는 문제는 검증의 논리만으로 결정되는 것이 아니라 관습적 지혜라든지 사회적 통념 등이 포괄적으로 작용하는 실천적 판단의 주제이다.

독실한 종교인 건축가가 설계해서 시공한 건물의 구조에 관해 무신론자 감리사가 비판할 수 있고, 그의 비판을 수용해서 건축물을 아예 다시

지어야 하는 경우까지도 있을 수 있다. 그러나 이러한 논쟁은 어디까지나 건축술이라고 하는 분야, 실습을 통한 검증으로써 옳고 그름이 판명되고, 그러한 결과들을 일반명제의 형식으로 축적해서 다시 새로운 함축을 찾아나가는 방식으로 전개되는 분야에 속하는 논쟁이다. 만일 무신론자 감리사가 건축가의 종교를 문제 삼아 건물을 준공검사에서 탈락시킨다면, 그러면서 자신의 행위가 건축학의 이름으로 정당화된다고 믿는다면, 더 없는 혼동의 발로가 될 것이다. 그런 사람은 자기가 비판하는 상대방이 무슨 일을 하고 있는지를 모를 뿐만 아니라 자기가 무슨 일을 하고 있는지도 모르는 상태이다.

아잔데 족의 주술에 관해 과학을 준거로 삼아 비판하고 평가하는 관점은 이와 정확히 똑같은 종류의 혼동에 해당한다. 누가 자기 집에서 물건을 훔쳐갔다는 고발이 있을 때 범인을 색출하기 위해 아잔데 족이 주술을 사용한다면, 이에 대한 비판은 범죄수사학의 분야에 관한 논의이지 종교에 관한 논의가 아니라고 생각할 수가 있는데, 바로 이것이 혼동이다. 왜냐하면 근대 사회 안에서 생활하는 무신론자 감리사와 독실한 건축가 사이에는 건축학이라는 기성의 활동 양식이 공유되고 있는 반면에, 아잔데 족과 그들을 비판하는 과학자 사이에는 범죄수사학이 공유되고 있지 않기 때문이다. 아잔데 족이 살아가는 세계와 전혀 접촉하지 않는 근대의 범죄수사기술을 준거로 그들이 문제를 처리하는 방식을 비판한다는 것은, 종교인들의 신앙과 전혀 접촉하지 않는 자신의 무신론을 준거로 교회가 건물을 지은 방식을 비판하는 감리사의 모습과 정확히 닮은꼴이 되는 것이다.

물론 믿음의 영역이라고 해서 옳고 그름의 분별이 전혀 없는 혼돈이기만 한 것은 아니다. 예컨대 기독교도가 불교를 미신으로 치부하면서 불교도를 이 땅에서 청소해 달라고 부르짖는다면 기도가 아니라 저주가 될 것이고, 예배당에 찾아오는 신도수의 증감을 가지고 신의 은총을 측정하는 지표로 삼는 심성은 종교와는 상관이 없는 세속적 기획가의 타산이 될 것이다. 이밖에도 종교의 이름으로 벌어지는 많은 일들 가운데, 종교의 탈만 쓴 사기극이라든지, 종교라는 이름에 목을 매단 자기 최면, 또는 선량한 신앙을 부지불식 간에 억압하는 집단 무의식 등의 사례를 지적하고 비판하기가 가능하다. 이러한 지적과 비판은 당연히 반론과 논쟁으로 이어지기가 쉽겠지만, 개중에 상당수는 일정한 시간이 지난 다음에 명확한 분별에 의해 정리되기도 한다.

이처럼 믿음의 영역이든 검증의 영역이든, 믿음이 제대로 이뤄지고 있는지 또는 검증이 제대로 이뤄지고 있는지에 관한 논의가 가능하고, 상당히 많은 경우에 그 경계에 관해 정합적인 분별도 가능하다. 중요한 점은 이러한 분별의 기준은 일차적으로 해당 활동 내부에서 이미 마련되어 있거나 장차 마련될 내부의 문법에 의해 제공된다는 것이다. 어떤 사람이 과학적 연구를 제대로 하고 있는지 여부에 관한 논의가 성립하기 위해서는 과학이 무엇인지에 관한 일정한 조예가 논리적인 선결요건이다. 어떤 연구 행위가 과학적으로 타당한지에 관한 논의는 자체가 과학적인 탐구에 속하는 작업이다. 마찬가지로 어떤 사람의 행태가 신앙의 발로인지 아니면 신앙의 외피만 흉내 내는 소외된 행태인지 아니면 옆에서 다른 사람이 무어라 가타부타할 일이 아니라 오로지 신의 심판에 맡길 일인지를 단

순한 언어의 유희가 아닌 방식으로 의론하는 일은 자체로 종교에 속하는 행동이다. 그렇기 때문에 종교적 관심이 완전히 제거된 여타 방식, 예컨대 사회학이나 경제학 등의 관심에 몰두한 관점에서 종교를 논하게 되면 아잔데 족의 주술에 관해 과학적 관심에 몰두한 관점에서 비판할 때와 정확하게 똑같은 형태의 소외가 발생한다. 이는 종교에 특별한 비중을 부여하기 위한 언급이 아니라, 인간 행위의 의미는 그 행위가 속하는 활동 분야가 배경으로 깔린 위에서 성립한다는 일반적인 언급이다. 즉, 과학, 정치, 증권투자, 요리, 암벽등반, 기타 등등 어떤 분야를 두고 말하더라도, 해당 활동을 제대로 하고 있는지 아닌지를 분별한다는 것은 그 자체가 그 분야의 활동에 속하는 행위가 된다. 『사회과학이라는 발상』 제3장 제6절에서 존 스튜어트 밀을 비판하면서 윈치가 더 이상 선명할 수 없도록 부각하는 논점이 바로 이것이다.

　　사회적 행태의 형식을 연구하는 연구자의 활동을 기계의 작동을 연구하는 공학기사의 활동에 견주는 것은 원칙에서부터 큰 오류를 저지르고 있는 것이다. 그리고 밀이 주장하듯이, 이에 대하여 여기서 문제되는 기계가 여느 물리적 기계보다 엄청나게 복잡하다고 말한다고 해서 나아질 것은 아무것도 없다. 사회학도를 공학기사에 견주고자 한다면, 공학이라는 것 — 즉, 공학이라는 활동 — 이 무엇하는 것인지를 배워나가는 도제徒弟에 해당한다고 보는 편이 오히려 나을 것이다. 왜냐하면 사회현상에 대한 사회학도의 이해를 공학기사의 경우에 견준다면, 그 기사가 연구하는 기계적 체계에 대한 이해라기보다는 동료 기사들의 활동이 무엇하는 활동인지에 대하

여 그 기사가 가지는 이해와 훨씬 비슷하기 때문이다. (아래 164~165쪽)

이를 상대주의로 받아들인다는 것은 윈치의 주장을 "잘 모르는 일에 참견하지 말라"는 정도의 진부한 처세술과 혼동하는 셈이다. 윈치는 오히려 잘 모르는 일이라도 적절한 준비를 거친 다음이라면 논급할 자격이 있다는 말을 하고 있다. 단, 그 경우 적절한 준비라 함은 사안의 본령을 이해한다는 것인데, 이는 외부적 관찰에만 몰두한 관심이 아니라 어떻게든 해당 사안의 내면 쪽으로 침투하는 방향으로만 이뤄질 수 있다. 인간의 행동을 이해하려면 행위당사자가 속한 사회적 맥락에서 그 행동이 어떤 의미를 가지는지를 내면적으로 침투한다는 것은 곧, 연구자도 관찰자의 입지로부터 벗어나 자기가 이해하려고 하는 사회적 맥락 안으로 스며들어 가야 한다는 뜻이다.

윈치는 「도덕적 판단의 보편화 가능성」이라는 매우 중요한 논문에서, 어떤 도덕적 판단을 자기가 옳다고 확신한다는 이유만으로 그것이 다른 사람에게도 옳으리라는 추정이 정당화될 수 없다는 논지를 정립했다.[3] 이러한 입장 때문에 많은 사람들이 그를 윤리적 상대주의자로 보지만, 이는 단순한 오해일 뿐이다. 이 논문은 허먼 멜빌의 단편소설 「빌리 버드」의 이야기를 사례로 들어[4] 도덕적 판단이라는 것이 어떤 요소들로 구성

---

3) 원제는 "The Universalizability of Moral Judgments"로, *The Monist*, vol. 49 (1965)에 처음 발표되었고, *Ethics and Action* (RKP, 1972)에 재수록되었다.
4) 이 이야기의 골자는 이종은, 「민주시민의 덕성」, 『한국정치학회보』 34집 1호 (2000), 120~123쪽에 요약되어 있다.

되는지를 살펴보는 데 주안점이 있다. 군인의 의무와 자연적 정의 사이에서 고뇌하는 비어 함장의 경우를 통해서, 원치는 도덕이라는 것이 주어진 선택의 기로에서 어떤 길이 옳은 길인지에 관한 정답 찾기만으로 구성되는 일이 아님을 논증한다. 반란죄라는 혐의에 대해서는 무고하지만 무고를 입증하기가 정황상 쉽지 않은 수병을 처형하지 않는다면 전시에 해군 함정에서 기강이 무너지고야 말 상당한 확률이 개재된 상황에서, 단순히 기계적으로 군법을 적용해서 수병 한 명을 제거하는 것으로 모든 문제가 깨끗이 정리된다고 보는 함장도 있을 수 있지만, 멜빌의 주인공 비어처럼 고뇌 끝에 결단을 내리지만 죽을 때까지 미안한 마음을 간직하고 사는 함장도 있을 수 있다. 이와 같은 두 인간형 사이의 차이를 감지하는 역량 역시 두 갈래 선택지 사이에서 옳은 길을 찾아내는 역량에 못지않게 도덕적 감수성과 관련이 된다는 것이다.

도덕적 감수성이 작동하는 공간이 이 두 가지 변수만으로 구성된다는 뜻은 당연히 아니다. 갈림길에서 옳은 결정을 내리는 문제 말고도 도덕적 고려의 핵심이라 할 만한 변수가 있다는 증거로 하나를 예시했을 뿐이다. 그런데 이 하나의 예시만으로도, 도덕이 무엇인지에 관해서 도덕의 초점을 옳은 선택에만 집중시켰을 때에는 볼 수 없는 다른 의미들이 떠오르게 된다. 도덕에서 무엇을 하느냐는 차원만이 아니라 그것을 어떻게 하느냐는 차원도 적어도 대등하게 핵심적으로 중요하다는 사실은 도덕이라는 것이 개인의 자아와 논리적으로 결합되어 있다는 뜻을 함축한다. 다시 말해서, 목전의 두 갈래 길 중에서 어떤 것을 택하느냐만이 아니라, 그 길을 택하기까지 어떤 고려를 얼마나 치열하게 거쳐 가는가, 그 길을 택한 다

음에는 또한 어떤 요소들을 어느 정도의 비중으로 배려하는가, 등등의 차원들도 도덕에서 핵심 사항이 된다는 뜻이다. 그러므로 이처럼 무수하게 많은 고려 사항들 가운데서 어떤 것을 중시하고 어떤 것을 뒤로 미루면서 얼마나 번민을 겪어야 할 것인지 등에 관해 도덕의 이름으로 표준적인 정답을 구한다는 것은 있을 수 없는 노릇이다. 이 점만 보더라도, 상황과 맥락과 행위자들의 기질이나 성향 등등, 개별적 요소들을 추상하는 대가를 치르고야 출현할 수 있는 표준 도덕 같은 것은 도덕 자체라기보다는 권력이 혼입된 잡종이라는 것이 뚜렷해진다.

도덕이 만일 사회를 향해 규범으로 작용해야 하는 것이라면 거기에 권력이 혼입되는 것 자체는 사회생활의 근본조건에 해당한다고 봐야 할 것이다. 하지만 사회 규범을 향한 관심이 결국 권력과 섞일 수밖에 없다는 사실을 애써 외면하면서 모두가 준수해야 할 순수한 도덕의 명령을 찾아내고자 한다면, 타임머신을 만들어내려는 것과 비슷한 착각의 발로가 된다. 흔히 도덕이나 윤리라고 하면 "해야 한다" 또는 "하면 안 된다" 따위, 명령과 금지의 문법을 떠올리는 것이 보통이지만, 무고한 사람을 괴롭히지 않는다든지, 처벌은 죄를 지은 만큼만 해야 한다든지, 또는 죄 지은 사람을 용서한다는 등의 관심도 분명히 매우 고결한 도덕적 가치를 지향한다. 그러므로 누구를 칭찬하거나 비난하기 전에, 그가 무슨 짓을 왜 했는지 또는 하고 있는지를 공정하고 적확하게 이해하기 위해 노력해야 한다는 명령 역시 도덕과 불가분리임이 명백하다.

인간 행동에 관해 어떤 서술이 참인지 거짓인지, 어떤 선택이 도덕적으로 올바른 것인지 등을 논구하는 담론에서 행위 당사자가 그 상황을 어떻

게 보고 있는지를 고려하지 않는다면 소외가 발생한다는 점을 윈치는 강조한다. 하지만 무엇이 진실인지, 무엇이 도덕적으로 옳은지가 행위 당사자의 시각이나 선호에 따라 좌우된다는 것은 아니다. 한 사람이 무엇을 하고 있는지를 공정하고 적확하게 서술하려면 반드시 그 행위자가 이해할 수 있는 개념과 용어가 사용되어야 한다는 말은 행위자의 자기 인식이 틀릴 수 있다는 가능성을 배제하는 말이 아니다. 어떤 도덕적 판단이 올바른지 아닌지를 검토하기 위해서는 먼저 누가 어떤 상황에서 그런 판단을 내리는지를 고려해야 한다는 말은 당사자의 판단으로 모든 도덕적 논의가 종결된다는 말이 아니다. 도덕에 관해서든 진실에 관해서든 논의가 공정하고 적확하게 이뤄지기 위해 논리적으로 어떤 요건들이 필요한지를 밝히는 말일 뿐이다.

4. 맺음말

윈치는 자기가 무엇을 하고 있는지를 되돌아보며 자신을 스스로 이해하는 일과 철학이 근본적으로 연관되어 있다고 생각했다. 하지만 이는 흔히 "일일삼성—日三省" 따위 표어의 형태에 담겨 있는 바와 같이, 다른 사람들더러 자기성찰하라고 설교하는 방향과는 거리가 멀다. 그에게 철학이란 실제 삶 속에서 남과 자기를 이해하는 과제를 추구하는 것이면서, 동시에 경험적 탐구보다는 개념적 탐구를 본령으로 삼는 작업이다. 이를테면, 우리가 사용하는 개념들이 어떤 형식적 특징을 가지고 있는지를 탐

구함으로써, 우리와 다르게 생각하는 사람들이 있다면 그들에게는 우리의 사유형식이 어떻게 비칠 것인지를 성찰해보는 식이다. 이로써 그들에 대해 좀 더 공정하고 적확한 이해를 얻을 수 있는 실마리가 열릴 뿐만 아니라, 우리 자신에 대해서도 더욱 선명한 이해를 얻을 수 있을 것이다.

『사회과학이라는 발상』 제1장 제5절에서 윈치가 "사회과학 분야의 연구 도중에 제기되는 매우 중요한 이론적 문제 가운데 많은 수가 과학에 속하기보다는 철학에 속한 문제이고, 따라서 경험적 탐사에 의해서보다 개념적 분석에 의해서만 해소될 수 있는 종류"(아래 73쪽)라고 말하는 취지가 이것이다. 사회를 연구한다는 일에는 한 편으로 연구대상인 사람들과 더불어 살아간다는 측면과, 다른 한 편으로는 연구자 및 연구대상이 사용하는 개념의 형식을 성찰한다는 측면이 논리적으로 포함될 수밖에 없다. 물론 그 두 측면만 갖추면 사회연구가 완성되는 것은 아니고, 당연히 경험적 탐사에 의한 사실자료들도 확보되어야 한다. 단, 그 두 측면이 빠진 상태에서 생성된 연구 결과는 기껏해야 일방적인 보고서에 그칠 수밖에 없고, "과학"이라는 이름 아래 그러한 두 측면을 의도적으로 배제해야 한다고 믿으면서 연구를 진행하는 사람은 자기가 무엇을 하고 있는지 모르는 셈이 될 것이다.

시간과 사회 형태의 차이가 아무리 크더라도, 도덕적 의미를 지니는 행동은 그 본질에 있어서 동일하다는 말이 정말로 옳을 수도 있다. 그렇지만 그러한 동일한 행동들이 똑 같은 이름으로 불리는 것은 아니다. 따라서 어떤 행동이든지 그것이 행해진 당시에 그 당사자들 사이에서 일컬어진 이름이 아닌 다른 이름으로 부르는 것은 정당하지 않다.

레싱Gotthold Ephraim Lessing : 「괴체를 반대함Anti-Goeze」

제2판에 붙이는 머리말 [1]

새 판을 인쇄하기 전에 이 책을 개정하는 것이 어떻겠느냐는 출판사 측의 제안을 내가 받아들이지 않은 이유는 이 책의 내용을 여기에 쓰인 바대로 한 자도 고칠 수 없다고 생각한 때문이 결코 아니다. 최초에 쓴 지 30년이 지난 글을 두고 그런 식으로 생각한다는 것은 믿기 힘든 일일 뿐만 아니라 설사 그런 생각이 있을 수는 있다손 치더라도 결코 칭찬할 만한 생각은 아닐 것이다. 그러나 지금 있는 책을 개정하기 위해서는 내가 그것을 쓸 당시에 가졌던 시각에 나 자신을 다시금 몰입시켜야 한다. 그런데 그 일은 설령 내가 원한다고 하더라도 나로서는 할 수 있는 일이 아니다. 내가 당시에 노출시키고자 하였던 뿌리 깊은 실수와 혼동들이 이제는 모두 사라졌다고 생각하지 않는다. 하지만 만일 그 문제들과 지금 다시 씨름하자면 자연히 나는 그것들을 지금 내가 생각하는 형태로 풀어

---

1) 이 머리말은 『사회과학이라는 발상』 초판에는 없었고, 제2판에 첨가되었다. (역주)

놓게 될 것이다. 그리고 그 사이 30년 동안 철학 및 사회과학에서 수많은 변화가 일어난 것 또한 사실이고, 나 자신도 조금은 변하였다. 그리하여 사회과학에 관하여 당시 풍미하였던 사고방식을 이 책에서 검토하면서 내가 표현하고자 한 바 — 즉, 인간 오성의 다양한 형태에 있어 그 조건 및 본질 — 에 관한 관심이 그 이후 나를 이 책이 다루는 바와는 다른 영역의 탐구로 옮아가게 하였다. 이런저런 까닭으로 인하여 지금 이 책을 개정한다는 것은 그 일의 양에 비해 그다지 큰 이득을 기대할 수 없다는 느낌이 들었다. 그렇다고 해서 이 책 전체를 다시 쓴다는 것은 현재 내게 직접적으로 절박한 다른 일들을 전혀 돌보지 못하게 만들고야 말 것이다. 따라서 이 머리말을 통하여 내가 지금 이 책을 다시 쓴다면 달리 말했을 몇 가지 점들을 첨언하고자 한다.

이 글에서 펼친 나의 주장의 핵심은 제3장 제5절 및 6절에 개진되어 있다. 제6절의 제목은 "사회 제도의 이해"이다. 매우 중요한 이 지점에서 내가 "설명"이란 말 대신에 "이해"라는 말을 쓴 사실이 중요하다. 이 말을 할 때에 "인과적 설명"과 "해석적 이해" 사이에 베버가 지은 구분 — 이는 제4장 제3절에서 논의된다 — 을 내가 염두에 두고 있는 것은 아니다. 내가 말하고자 하는 것은 그와는 다르다. 으레 방법론자 및 과학철학자들은 자신들이 연구대상으로 삼는 과학의 각 분야에서 제시되는 *설명*의 성격이 무엇인지를 물음으로써 자기네 각자의 주제에 접근한다. 물론 설명은 이해와 밀접하게 연관되어 있다. 이해는 설명이 목표로 삼는 바이며 또한 성공적인 설명의 소산이기도 하다. 하지만 그렇다고 해서 설명이 있는 곳에만 이해가 있을 수 있다고는 말할 수 없는 것 또한 당연하

다. 사실을 보더라도 그것은 옳지 않다. 이 점은 누구나 다 받아들이리라 나는 기대한다.

하지만 나는 여기서 한 발을 더 내딛으려 하는데, 그것이 곧 어떤 면에서는 이 책의 주장을 지탱하고 있는 경첩에 해당한다. 만약 설명의 결과가 아닌 형태의 이해가 없다면 설명이라는 일 자체가 불가능하리라는 점을 나는 강조하고 싶다. 설명이 요청되는 것은 오로지 이해에 부족한 부분이 실제로 있는 경우이거나, 아니면 적어도 그렇게 생각은 되는 경우일 뿐이다. 그런데 그러한 부족이 측량되기 위해서는 그 전거로서 모종의 표준이 있어야만 한다. 그리고 그러한 표준이 될 수 있는 것은 오직 우리가 이미 가지고 있는 이해밖에는 없다. 더욱이 우리가 이미 가지고 있는 이해는 우리가 관심을 가지는 주제의 형식을 구성하는 개념 안에서 표현된다. 한편 이 개념들은 그것들을 적용하는 사람들에게 독특한 삶의 여러 양상을 또한 표현한다. 이 책이 파고드는 주제는 바로 이것들 사이에 이와 같이 존재하는 밀접한 상호연관이다. 이미 말한 바와 같이 가장 중요한 연관은 제3장 제5, 6절에서 표명되었다.

현재 내가 서 있는 입장에서도 당시 그 대목들에서 내가 쓴 바의 주요 골격에 관하여는 여전히 지지를 보내고 싶다. 그러나 그 주장을 전개함에 있어서 지금이라면 채택하였을 표현의 방식이 두 가지 점에서 그때의 것과 다르다. 그 두 가지는 "원인" 및 "규칙"이라는 단어를 사용한 방식과 관련된다. 이 책에서 자연과학과 사회과학 사이의 차이점에 관한 논의는 *일반성*이라는 개념, 그리고 그 개념이 자연과학과 사회과학 각각에 관한 우리의 이해를 특징지어 주는 방식상의 차이를 둘러싸고 이루어진다. 이

차이를 표현하기 위하여 나는 자연현상에 대한 우리의 이해는 원인이라는 관념에 의거하는 반면에 사회현상에 대한 이해에는 행동의 *동기* 및 *이유*라는 범주가 개재한다고 말하였다. 이에 덧붙여 나는 원인이라는 범주에는 경험적 일반화라는 형태의 일반성이 개재하는 데에 비하여 행위의 이유라는 범주에는 규칙을 통한 일반성이 개재한다고 주장하였다. 이 양자 즉, 일반화 및 규칙이라는 개념은 논리적 관점에서 그리고 매우 중요한 의미에서 서로 상이하다는 것이 나의 입장이었다.

그런데 불행히도 나는 그 와중에 원인이라는 관념에 대하여 진지한 탐색을 거치지 않았다. "원인"과 "동기"라는 관념이 흄식으로 이해된 인과성이라는 범주에 포섭된다고 한 것이나 다름없는 존 스튜어트 밀의 견해를 배경으로 삼은 채, 나는 그 두 관념의 구분을 논하였다. 그런데 흄식으로 이해된 인과성에서는 경험적 관찰에 의하여 수립된 규칙성이라는 범주가 곧 인과의 근본을 이루는 범주인 것이다. 밀과 내가 비슷한 견해를 가진 이들을 비판의 주된 표적으로 삼는다는 점에서 보면, 밀의 견해가 나의 논의의 배경이 되고 있다는 점이 논란을 불러일으킬 수 있는 만큼 또한 정당화될 수도 있을 것 같기는 하다. 흄의 설명에 대하여 내가 우려를 표명한 것 또한 사실이기는 하다(제5장 제1절). 하지만 그것이 심각한 정도로는 탐색되지 않았다. 그 결과, 인간의 행태를 인과적인 방식으로도 이해할 수 있음을 내가 때때로 부인하고 있음을 볼 수 있다. 그런 식으로 말하기 보다는, "원인"에 대하여 흄 ─ 그리고 밀 ─ 이 제시하는 설명과 비슷한 종류로는 결코 인간의 행태를 조명할 수 없다고 말했어야 했다. 흄식의 설명은 물론 자연현상에 관한 우리의 이해를 조명하기에도

불충분하다. 따라서 사회과학과 자연과학 사이의 구분을 그런 식으로 진술하려면 마땅히 흄의 설명이 자연과학에서 "원인"이라는 단어가 실제로 사용되는 쓰임새에 적용되기에는 왜 불충분하며, 인간의 행위에 대한 "이유" 및 "동기"라는 단어에 대해 적용되기에는 또 왜 불충분한지, 그리고 나아가 그 두 경우에 불충분한 까닭 사이의 차이는 무엇인지를 다루었어야만 했다.

실은 그 구분을 애초에 그런 식으로 표현하지 않는 것이 아마도 더 나았을 것이다. 여기서 잊어서는 아니 될 것은 "원인"이라는 단어 — 그리고 그와 관련된 여타 많은 단어들 — 가 매우 다양한 맥락에서 아주 다양하고 서로 다른 방식으로 사용된다는 점이다. 흄의 설명은 어쩌면 그 중 몇 가지에는 꽤 잘 적용될 수 있겠지만, 나머지에 대하여는 적용되기가 아주 어렵다. 사람들의 동기에 관하여 파고들 적에 우리가 사용하는 언어는 *바로* 인과의 언어이다. 우리는 일상적으로 다음과 같은 언어로써 말한다. "그로 하여금 그 일을 하게 한 것은 무엇인가?" — "그가 그렇게 행동한 원인은 무엇인가?" — "그것은 야심, 탐욕, 그리고 질투심이 복합된 것이다." 그리고 이런 식으로 말하는 데에 잘못된 것이라고는 절대로 아무것도 없음 또한 당연하다. 그런 식으로 말하기가 단순한 은유에 불과하다고 말할 수는 결단코 없다. 따라서 인과의 개념이 인간의 행태에 적용되는 것은 *사실*이다. 하지만 그 행태의 설명 및 이해가 취하는 형태에 관하여 무언가 실질적인 내용이 방금 한 말에 들어있다고 생각하는 것은 커다란 실수이다. 보다 특정적인 예를 통하여 말하자면, 스파크 플러그의 오염이 엔진 시동 실패의 원인이라고 우리가 실지로 말한다는 *사실* 때문

에, 이것과 위의 예에서 제시된 것이 같은 종류의 설명이라고 본다면 아주 잘못된 추론이다. 이를 요약하자면 어쩌면 다음과 같이 말할 수 있을 것 같다. "인과적 설명"이란 문구는 설명되고 있는 그 *무엇* ― 대충 말해서, 무언가의 원천 또는 기원 ― 을 가리켜 준다. 그렇지만 그것이 *어떻게* 설명되는지, 또는 그 설명의 형태가 어떠한지에 관하여 시사해 주는 바는 거의 없다.

인간의 행태에 관한 우리의 이해를 논하면서 "규칙"에 관하여 내가 주장을 펼친 방식에도 이와 거의 병행되는 왜곡이 발견된다. 내 전략은 규칙을 따른다는 관념에 함유된 바가 무엇인지에 관하여 그 관념이 언어에 적용되는 경우를 중심으로 비트겐슈타인이 논의한 바에서 내가 보기에 중심적 특질이라 생각되는 것의 윤곽을 묘사하는 것이었다. 그리하여 나는 그의 논의를 더 일반적으로 인간의 행태 전반에 적용하려 하였다. 그 전략 자체는 지금 생각하기에도 괜찮았던 것 같다. 언어적 요소가 스며들어 자리잡고 있는 보다 일반적인 맥락 즉, 행태를 동시에 살펴보아야 언어에 관하여 비트겐슈타인이 술회한 바를 이해할 수 있다는 점을 그가 핵심적으로 강조하였다는 사실만 상기하더라도 나의 그와 같은 전략이 괜찮은 편이었음은 드러난다. 그러나 불행히도 언어 및 다른 형태의 행태에 대하여 규칙이 가지는 중요성을 다룸에 있어서 나는 충분한 주의를 전혀 기울이지 못하였다.

내가 그 문제를 본격적으로 다루기 시작하는 곳은 제1장 제8절인데, 언어의 쓰임새 모두가 규칙에 의하여 다스려진다는 식의 언명을 거기서는 하지는 않았다. 그리고 제2장 제2절에 가면 나는 훨씬 신중하지 못한

방식으로 접근한다. 나는 먼저 현재 내가 하는 행동으로써 미래의 어떤 행동에 발을 담그게 됨은 그 형태상 어떤 단어에 대하여 정의를 내림으로써 차후 그 단어를 일정한 방식으로 사용함에 발을 담그는 것과 비슷하다는 주장을 한다(이 주장은 지금 생각해봐도 옳다). 그 다음에 나는 "내가 현재의 행동으로 인하여 미래의 어떤 행동에 발을 담그게 되는 것은 오로지 현재의 행동이 *어떤 규칙의 적용*일 때뿐이라는 결론이 그로부터 도출된다"고 말한다(116쪽). 하지만 이 결론은 내가 그보다 앞에서 말한 그 어느 것으로부터도 도출되지 *않는다*. 뿐만 아니라 그것이 그 자체로도 맞는 말이라 생각할 수 없다. 제2장 제3절에 이르면 사태가 더욱 악화된다. 거기서 나는 "의미 있는 행태 — 따라서 인간에게 특징적인 행태 — 는 모두, 의미 있다는 바로 그 사실로 인하여, 규칙에 따른 행동"이라고 주장한다(118쪽). 같은 절의 후반부에서 내가 서로 다른 종류의 여러 규칙들을 구별함으로써 이 말에 조건을 달고자 한 것은 사실이다. 하지만 지금 생각하니 그 정도로는 그 문제를 올곧게 하기에 충분하지 않다.

그 문제에 관하여 진실을 가장 잘 진술한 것으로는, 내가 보기에 비트겐슈타인의 『철학 탐구*Philosophical Investigations*』 제1부 제81절과 82절이다.

램지F. P. Ramsey는 언젠가 나와 대화하면서 논리학이 "규범 과학"임을 강조한 적이 있다. 그가 마음속에 품은 것이 정확히 무엇이었는지 나로서는 알 수 없다. 하지만 내게는 나중에야 어렴풋이 떠오른 무언가와 그것이 밀접하게 관련되어 있다는 점에 의심의 여지가 없다. 즉, 우리는 철학

에서 고정된 규칙을 가지는 게임 또는 계산법에 단어의 쓰임을 자주 *견준다*. 그러나 누군가가 언어를 사용한다고 할 때, 따라서 그가 그러한 게임을 하고 있음에 **틀림없다**고 말할 수는 없다.

· · ·

내가 여기서 그가 따르는 규칙이라 일컫는 것이 무얼까? — 우리가 관찰하는 바대로 그의 단어 사용을 만족스럽게 서술하는 가설; 아니면 기호를 사용하기 위하여 그가 참조하는 규칙; 아니면 그 규칙이 무엇이냐고 우리가 물었을 때 그가 그 대답으로서 우리에게 제시하는 것? — 하지만 만일 관찰이 우리에게 명확한 규칙 같은 것을 아무것도 보여주지 않는다면, 그리고 그에게 물어보아도 밝혀지는 것은 아무것도 없다면? — 왜냐하면 "N"으로써 그가 이해하는 것이 무엇이냐고 내가 그에게 물었을 때 그가 어떤 정의를 제시한다고 하더라도 그는 언제든지 그것을 철회하거나 변경시킬 태세가 되어 있기 때문이다. — 그렇다면 그가 게임을 하면서 따르는 규칙이 무엇인지를 어떻게 결정할 수 있을까? 그 자신도 그것이 무엇인지를 모르는데.— 또는 이렇게 묻는 것이 더 나을 것 같다: "그가 따르는 규칙"이라는 표현에 그러한 경우에도 남아 있어야 할 의미가 무엇일까?

내가 이 귀절들 — 그리고 비슷한 요지의 다른 귀절들 — 에 충분히 주의를 기울였더라면 이 책의 몇 군데에서 주는 인상 즉, 사회적 관행, 전통, 제도 등이 각기 나름대로의 영역에 국한되어 각기 자율적인 자기의

길을 간다는 듯한 인상을 어쩌면 피할 수도 있었을 것 같다. 이에 관하여 특별히 불행한 예는 제4장 제1절에 나오는데, 그 부분은 자주 인용되어 비판받은 바 있다. 181쪽에서 나는 "논리의 기준이 신으로부터 직접 건네 받은 선물이 아니라 여러 가지 삶의 방식 및 사회 생활의 양식에서 발생하고 그 맥락 안에서만 이해 가능하다"고 썼다. 지금 생각하기에도 이 점은 기본적으로 옳다. 하지만 그 다음의 생각이 오도적誤導的인 방식으로 전개되었다. "이는 다시 그와 같은 사회 생활의 양식에 논리의 기준을 적용할 수는 없다는 함의를 가진다. 예를 들어 과학은 그러한 양식 가운데 하나이고 종교 역시 다른 하나의 양식이다. 이 각자는 나름대로 독특한 이해 가능성의 기준을 가지고 있다." 이 문제를 이런 식으로 표현함에는 여러 가지 잘못된 점이 있다. 우선 인간 생활에 있어서 사고가 적용될 수 있는 여러 양상들이 모두 동일한 평면 위에 자리잡고 있다고 보는 것이 잘못되었다. 이 책을 쓰고 나서 한참 후에 발표한 논문에서 나 자신이 이 점을 강조한 바 있다. (「자연과 관습Nature and Convention」, 『윤리와 행동*Ethics and Action*』, Routledge & Kegan Paul, 1972에 재수록. 특히 58~9쪽을 보라.) 그 글에서 나는 과학과 도덕을 마치 서로 대등한 "활동의 형식"인 것처럼 일컫는 것은 오도적이라 주장하였다. 과학과 종교에 관하여도 비슷한 점이 지적될 — 똑같은 방식으로는 아니지만 — 수 있다. 이와 관련하여 내가 같은 페이지에서 "서로 다른 사회 생활의 양식 사이에 각 특성들이 중첩"될 수도 있음(182쪽)을 지적하는 것은 사실이지만 그것으로는 사회 생활의 여러 양식들이 각기 나름대로 자율적이라는 시사에 맞서 균형을 이루기에는 불충분하다. 사회 생활의 여러 양상들이 단순히 "중첩"되는 것만

은 아니다. 그것들은 상호 간에 내면적으로 연관되어 있어서 그 중 하나가 나머지와 분리되어 존재하는 것으로는 생각할 수조차 없는 경우가 자주 있다. (이 점에 관하여는 리즈Rush Rhees가 「비트겐슈타인의 건축공 Wittgenstein's Builers」이라는 논문에서 중요한 논의를 행한 바 있다. 『비트겐슈 타인에 관한 논의*Discussions of Wittgenstein*』, Routledge & Kegan Paul, 1969.)

  앞에서 인용한 『철학 탐구』의 귀절들에 충분한 주의를 기울였더라면 이러한 점들 및 그와 관련된 점들의 중요성을 내가 보다 선명하게 깨달을 수 있었을지도 모르겠다. 그랬더라면 내가 제4장 제1절에서 주장을 펼치 는 방식에서 보이는 것과 같은 조잡성을 피할 수도 있었을 것이고, 그 결 과 역시 그 절에서 파레토에 반대하는 나의 주장이 약화되기보다는 오히 려 강화되었을 것이다. 결과적으로 볼 때 나는 파레토가 논리를 지나치게 이상화한다고 비판하였다. 그런데 그러한 지나친 이상화의 경향으로부터 나 자신이 충분히 탈피하지 못한 채였던 것이다. 인간 생활의 여러 영역 에 뿌리박은 다양한 사고방식들이 서로 마주쳐 부대낄 때에 발생하는 종 류의 논리적-개념적 어려움은 어떤 공식적 체계에 호소함으로써 해소될 수는 없다. 신이 부여한 논리적 원칙의 체계로 그 체계를 삼든 아니면 각 기 나름대로 독특한 이해 가능성의 기준을 보유하고 있는 사회 생활의 여 러 양식을 취합한 어떤 체계에 호소하든 이는 마찬가지이다.

  그러한 만큼, 인간의 행태에 규칙이라는 관념이 관련되는 경위를 보다 선명히 할 수 있다면 곧 내가 사회과학과 자연과학 사이에서 보이려 했던 대조의 힘을 보다 강화해 줄 따름인 것이다. 하지만 그렇게 하기 위해서 는 나의 논점 가운데 몇 가지가 다른 방식으로 표현되어야만 했을 것이

다. 예를 들어 나는 131~132쪽에서 "과거의 경험이 현재의 행태와 관련하여 의미를 가지는 까닭은 전적으로 인간 행동이 규칙을 현시하기 때문"이라고 말한다. 내가 조금 더 주의를 기울였더라면 그런 식으로 말하는 것이 얼마나 만용에 가까운지를 깨달았을 것이다. 거기서 내가 말하고자 한 바를 충분히 섬세하게 표현하자면 장황해지지 않으면 안 된다. 하지만 그 근사치만을 택하면 다음과 같이 표현할 수 있다 : 과거의 경험이 현재의 행태에 대하여 가지는 중요성은 그 행태가 규칙을 현시하는 만큼, 또는 규칙을 현시하는 행태와 그것이 중요한 관점에서 닮은 만큼으로부터 더함도 덜함도 없이 나온다.

따라서, 비록 이 책에서 내가 자연과학과 사회과학을 대조하는 방식상의 여러 단점에 관하여는 지금까지 밝힌 바와 같지만, 그 대조의 주요 윤곽은 여전히 무너지지 않은 것으로 보인다. 하지만 이렇게 말하였다고 해서 그 주장의 전체적 알맹이에 부족한 점이 없음을 의미하는 것은 아니다. 제5장 제2절이 시작하는 대목에서 나는 "물리적 체계 안에서 여러 가지 힘이 교호하는 데에 사회적 상호작용을 비교하는 것보다는 대화에서 관념들이 교환되는 일에 그것을 견주는 것이 보다 나으리라"고 말하였다 (217~218쪽). *이 말만 두고 보자면* 이는 여전히 충분히 옳은 말로 보인다. 하지만 내가 그 주장의 한쪽 면 즉, 부정적 측면에만 지나치게 관심을 집중하였던 것이 문제이다. 그 결과 사회 생활을 대화에서 관념들의 교환에 견주는 것이 좋다는 제안을 나 자신이 전혀 진지하게 따르지 않고 말았던 것이다.

만약 그러한 비교를 실제로 행하였다면 나는 아마도 관념 사이에 그러

한 교환을 가능하게 해주는 윤리적 · 문화적 조건이 얼마나 *취약한지* 놀라게 되었을 것이다. 『사회과학이라는 발상』이 출판된 이후에 저술한 논문 몇 편에서 — 예를 들면 『윤리와 행동』의 제2장에서 제5장까지의 논문들 — 나는 사회 생활에 관한 우리의 이해에 윤리적 사고의 틀이 스며들게 되는 방식 몇 가지를 탐사하려 시도하였다. 하지만 이 책과 마찬가지로 그 논문들 역시 사회 생활에서 윤리적 사고방식으로 하여금 생명력을 얻게 해주는 조건들이 "취약함"에 따라 발생하는 여러 문제점들을 진지하게 포착해 내지는 못하고 있다. 이 점은 단순히 주장에 있어서 맹점만을 초래하는 것에 그치지 않고, 나아가 심각한 왜곡마저 낳는다. 이미 이 책의 마지막 장으로 가면서 그러한 면이 뚜렷이 나타난다.

마지막 장의 제2절은 이 책 전체의 주장이 사회 생활을 "지나치게 지성화하는" 방향으로 흘러갈 수도 있는 위험을 지적한다. 그리고 그것이 이 책의 내용이 잠재적으로 안고 있는 핵심적 위험이라고 진단한다. 하지만 이 진단 자체가 잘못되었다. 여기서 단추가 잘못 끼워짐으로써 결과적으로 사회 생활에서 순전히 물리적인 힘이 수행하는 역할에는 오히려 시선을 더욱 돌리지 못하게 되고 말았다. 그리하여 그 절의 마지막 문단에서 나는 서로 싸우는 인간들 사이에는 야생 동물 사이의 투쟁에는 해당되지 않는 의미의 "내면적 관계"가 유지된다고, 모호하게, 역설함으로써 전쟁이라는 현상 역시 그때까지 내가 그려 온 그림 안에 포섭됨을 보이려고 하였다. 하지만 내가 그랬던 것처럼 사회 관계를 담화의 교환에 비교함으로 인하여 시사된 안락한 그림이 그로써 변호될 수 없음은 물론이다. 그 비교를 진지하게 행한다는 것은 다음과 같이 묻는 일이 될 것이다:

그러한 관념의 교환에 있어서 속임수, 공갈, 상대방의 아픈 부분을 후벼 파기, 또는 직접적인 주먹질 등등의 전략들이 어떠한 역할을 하는가? 전쟁이 또 하나의 수단에 의한 외교의 연장이라는 클라우제비츠Clausewitz 의 명구에는 나름대로 일리가 있다. 하지만 그렇다고 해서 정의正義의 관념에 의하여 규율되는 인간 관계와 힘에 의하여 다스림 받는 인간 관계 사이의 엄청난 *대조*가 약해지지는 않는다. 현대의 저술가 중에서 이 문제를 중심적으로 다루는 이는 — 비록 그가 그 문제를 다루는 방식은 내 방식과 다르지만 — 위르겐 하버마스Jürgen Habermas가 있다. 내가 보기에 그러한 문제들의 깊이를 부각하는 데에 근래에 어느 누구보다도 많이 공헌한 이는 시몬 베유Simone Weil인 것으로 보인다. 그녀가 무슨 말을 했는지는 『시몬 베유: 정의로운 균형*Simone Weil: The Just Balance*』, Cambridge University Press, 1989에서 내가 논의한 바 있다.

사회과학
이라는
발상

·1장·
철학과 맞물리는
문제들

1 / 이 글의 목표와 전략

사회과학에 관한 교과서를 쓰는 사람이라면 누구나 사회과학이 갓
태어난 유아와 같다는 점을 지적한다. 그 까닭에 대한 설명은 대체로
다음과 같은 형태로 이루어진다. 철학과 자연과학 사이에 구분이 명
확하지 않은 시대가 있었다. 그러다가 17세기 경에 일어난 일련의 변
혁 덕택으로 자연과학은 그 이후 대약진을 이룩했다. 그러나 사회과
학은 철학이 드리운 그림자의 손아귀에서 벗어나는 데에 자연과학만
큼 날래지 못했고, 그만큼 과학적 절차와 방법을 받아들이는 데에도
느렸다. 자연과학이 경험한 것과 같은 혁명이 사회과학에서는 아직
일어나지 않았거나, 아니면 기껏해야 지금 일어나고 있는 도중이라고

교과서는 가르친다. 사회과학의 뉴턴은 아직 나오지 않았을지 모르지만 그러한 천재가 출현할 터전은 지금 배양되고 있다. 이렇게 보면 사회과학에서 뜻있는 발전을 위하여 시급한 일은 무엇보다도 철학의 절차를 버리고 자연과학의 방법을 준수하는 것이다.

나는 이 글에서 사회연구, 철학 그리고 자연과학 사이의 관계를 위와 같이 파악하는 사고방식을 공격하고자 한다. 이 말만 가지고 내가 추세를 거스르는 과학 반대 운동에 한 몫을 거드는 것쯤으로 추정하지 말기를 바란다. 시계바늘을 뒤로 돌려놓으려는 사람들은 과학이 시작된 이래 언제나 사회의 일각에서 존재했고 때때로 번성하기까지 한 것이 사실이다. 하지만 나의 목표는 그런 것이 아니다. 나는 오직 그 시계가 바른 시각을 — 무엇이 바른 것으로 판명되든지 — 가리키고 있는지를 확인하고 싶을 따름이다. 앞으로의 논의가 그 까닭을 좀 더 선명하게 해 주겠지만, 과학에 반대하는 일은 철학의 본령과는 아무 상관도 없다. 만약 철학이 과학에 반대하고자 한다면 그것은 다만 스스로를 우습게 만드는 목표만을 달성할 수 있을 뿐이다. 그런 종류의 공격은 비철학적이며 쓸모가 없을 뿐만 아니라, 아무런 풍미도 없이 품위만을 깎아내리는 짓에 불과할 것이다. 그러나 마찬가지로, 똑같은 이유로 인하여, 과학이 종종 저지르는 초과학적 가식을 철학은 꿰뚫어 볼 수 있어야 한다. 이 시대를 특징짓는 정체正體의 근간 중의 하나가 과학인 점에 미루어 보면, 이는 곧 철학자를 인기 없는 사람으로 만들 것이 뻔하다. 국왕제를 비판한 사람들이 견디어내야 했던 반응과 비슷한 종류의 사태에 철학자도 직면하게 될 것이다. 그렇지만

철학자는 철학이 인기를 끌게 되는 바로 그 순간 자신이 길을 잘못 접어들지나 않았는지를 따져 물어야 한다.

다시 밝히지만, 나의 목표는 철학과 사회연구 사이의 관계에 대한 통설적 견해를 공격하는 것이다. 그런데 이 견해가 철학과 사회연구라는 두 개의 항에 연관되는 만큼, 그 견해에 대한 비판적 논의에 앞서서 이 두 항이 어떤 점에서 서로 맞물리느냐 하는 문제를 다루어야 할 필요가 있다. 사회연구는 그 본질상 의외로 많은 부분에서 철학적 주제와 밀접하게 맞물리지만, 그 연관이 외견상으로는 그다지 명백하지 않다. 따라서 겉으로 드러나지 않는 이 연관을 밝히기 위하여 이 글의 많은 분량을 할애하지 않을 수 없다. 이 글에서 결국 내가 추천하게 될 견해는 철학이 무엇인지에 관하여 일정한 입장을 전제한 위에 성립한다. 사회과학 자체에 대한 나의 견해와 마찬가지로 철학에 대한 이 입장 역시 대다수의 사람들에게는 이상하게 비칠 것이다. 이 때문에 일견 아무 상관이 없어 보일지라도, 철학의 본질에 관한 논의가 기실 이 글의 주장을 위하여 없어서는 아니 될 핵심요소인 것이다. 따라서 이 첫 번째 장의 논의를 피곤하고 시간만 잡아먹는 서론 정도로 치부하고 건너 뛸 수는 없는 노릇이다.

이 글에서 내가 취하는 전략의 대강을 간략히 밝힌다면 지금까지 한 말의 설득력이 좀 더 늘 수도 있을 것 같다. 이 글에서 전투는 두 개의 전선에서 일어난다. 첫째는 철학의 본질에 관하여 현재 널리 퍼져 있는 생각 몇 가지를 비판한다. 둘째는 사회연구의 본질에 관하여 현재 널리 퍼져 있는 생각 몇 가지를 비판한다. 주 전술로는 협공술, 즉

정반대의 방향으로부터 출발하여 결국은 동일한 논점에 도달하는 작전을 택한다. 이 전술의 비유가 나로서도 제어할 수 없을 정도까지 자라나 버리기 전에 딱 한 번만 더 이 비유를 사용해야 되겠다. 나의 주목표는 전투가 벌어지는 두 전선이 외견상으로는 상이한 것처럼 보이지만 그 실상은 전혀 다르지 않음을 명확히 보이는 것이다. 다시 말하자면, 철학의 본질에 관하여 명쾌해지는 일과 사회연구의 본질에 관하여 명쾌해지는 일이 결국 마찬가지라는 점을 밝히고자 한다. 그 까닭은 사회에 관하여 가치 있는 연구는 그 성격상 철학적일 수밖에 없고, 또한 철학 역시 해볼 만한 것이 되려면 인간 사회의 본질에 대하여 관심을 기울여야 하기 때문이다.

2 / 철학이 정지작업整地作業에 해당한다는 생각

철학의 본질에 관한 여러 견해 가운데 내가 여기서 비판대상으로 삼는 견해를 나는 "정지작업설整地作業說: The underlaborer conception of philosophy"이라는 이름으로 줄여 부르기로 한다. 이는 이 견해의 주도적 인물 가운데 한 사람인 존 로크에게 내가 보내는 경의의 표시이다. 로크는 『인간 오성론An Essay concerning Human Understanding』의 머리말에 해당하는 「독자에게 보내는 편지The Epistle to the Reader」에서 다음과 같이 썼는데, 정지작업설을 지지하는 이들은 그 말이 옳다고 보아 자주 인용한다.

오늘날 학문의 공동체에는 도목수都木手들이 없지 않다. 과학을 발전시킴에 있어서 이들 도목수들이 튼튼하게 고안한 설계는 역사적 기념물이 되어 후세의 존숭尊崇 대상이 된다. 그러나 모든 사람이 다 보일이나 사이덴햄[1]이 되려고 해서는 아니 된다. 저 위대한 호이겐스 그리고 아무도 필적할 수 없는 뉴턴 씨와 같은 인물들이 배출되는 시대에, 그들이 건축물을 지을 수 있는 터전을 조금이라도 깨끗하게 하는 일, 즉 지식으로 가는 길을 방해하는 쓰레기를 조금이나마 치우는 일에 종사하고자 하는 것만도 한 개인이 품기에 충분히 큰 뜻이라 할 것이다.

에이어A. J. Ayer가 철학에서 "감독pontiff"과 "일꾼journeyman"을 구별한 것은 로크의 생각을 답습한 것이다. 플류A. G. N. Flew는 『논리와 언어Logic and Language, First Series』를 편집하고 그 서문에서 로크의 비유를 현대철학의 용어로 번역하였다. 라일Gilbert Ryle이 철학을 "비형식적 논리informal logic"로 여겼던 것 역시 로크의 사고방식과 매우 많은 점에서 겹친다.[2]

정지작업설의 두드러진 특징 중에서 내가 특별히 문제 삼고자 하는 점 몇 가지를 열거하기로 한다. 첫째, "철학이 다른 분야의 학문 · 예

---

1) 로버트 보일Robert Boyle: 1627~91: 영국의 화학자, 보일의 법칙을 발견하였다.
   토마스 사이덴햄Thomas Sydenham, 1624~89: 영국의 의사. 근대 임상의학 및 역학(疫學)의 선구자로서 영국의 히포크라테스라 불린다. (역주)
2) Gilbert Ryle, *Dilemmas* (Cambridge) 를 참조할 것.

술과 구별되는 것은 그 주제 때문이라기보다는 그 방법 때문"이라는 생각이다.[3] 이 생각이 정지작업설에 기인함은 명백하다. 왜냐하면 이는 곧 철학이 그 자체만으로 세계에 관한 실체적 이해를 증진시키지는 못한다는 생각이기 때문이다. 철학은 보다 발전된 이해에 걸림돌이 되는 장애물을 제거한다는 소극적 역할밖에는 할 수 있는 일이 없다는 것이다. 실체적 발전의 원동력을 제공할 방법은 철학 아닌 다른 곳에서 구하여야만 한다. 그곳이 바로 과학이라는 것이다. 이 견해에 의하면 철학은 다른 학문 분야에 기생한다. 즉, 그 자체에 고유한 문제가 없이 다만 여타 비철학적 탐구의 도중에 발생하는 문제를 해결할 기법에 불과하다.

오늘날 철학자들은 언어적 혼동이 "지식으로 가는 길을 방해하는 쓰레기"의 전형으로 간주하는데, 이는 로크가 생각했던 바와 흡사하다. 이 생각을 정리하여 요약하면 다음과 같다: 새롭고 진실한 알맹이를 가진 지식은 실험과 관찰의 방법을 준수하는 과학자들에 의하여 얻어진다. 이 과정에서 언어는 필수불가결한 연장이다. 여느 연장이나 마찬가지로 언어라는 연장 역시 때때로 결함을 노정하고 증폭시킨다. 언어에서 독특하게 발생하는 결함은 논리적 모순인바, 공작 도구에 빗대어 말하자면 기계적 결함에 해당한다. 연장을 언제나 쓸 수 있는 상태로 유지·보수하기 위하여 특별한 기술을 가진 정비공이 필요한 것과 마찬가지로, 언어에 있어서도 정비공이 필요하다. 자동차 정

---

3) A. J. Ayer, *The Problem of Knowledge*, Macmillan and Penguin Books, 1956.

비공이 카뷰레터의 막힘을 제거하여 공기와 연료의 흐름을 순탄하게 하듯이, 철학자는 담론의 영역에서 모순을 제거한다.

이와 밀접한 연결선상에서 이보다 한 걸음 더 나아가 정지작업설은 또한 다음과 같은 함의를 가진다. 만약에 철학의 문제가 외부로부터 제공되는 것이라면, 그렇다면 철학 내부에서 형이상학과 인식론의 역할이 도대체 무엇인지에 관한 의문이 발생한다. 왜냐하면 과학철학, 종교철학, 예술철학 등등이 다루는 주제들은 각기 과학, 종교, 예술 등의 분야에서 철학을 *위해서* 설정해 준다는 설명이 그럴듯할 수도 있겠지만, 형이상학이나 인식론의 문제를 누가 설정해 주는지는 전혀 확실하지 않기 때문이다. 이에 대하여 만약 이 분야가 고유한 주제를 스스로 설정한다고 말하면, 철학의 본질에 관한 설명으로서 정지작업설은 결함이 있다는 말과 같게 될 것이다. 형이상학과 인식론은 그 가면을 벗기고 보면 각각 과학철학과 심리철학에 다름없다고 주장하는 이가 간혹 있기는 하지만, 그런 주장이 치밀한 형태로 전개된 것을 나는 아직 보지 못하였다. 그런 주장이 현재 보이는 정도의 수준에 머무르는 한, 이 분야의 역사 전개에 조금이라도 조예가 있는 사람이면 아무도 설득되지 않을 것이다. 한편으로는 형이상학과 인식론이 완전히 허장성세에 불과할 뿐 존중받을 만한 학문 분야가 될 수 없다고 말하는 이도 때때로 있었다. 형이상학이나 인식론은 꼬리에 꼬리를 물고 한없이 재생산되는 경향이 있는 문제들을 다루려고 하는데, 그런 주제넘은 태도는 결국 언젠가는 공허함을 드러내게 된다는 것이다. 어찌 되었든, 이러한 얘기들은 과거에 인기를 모았던 데에 비하여 요사

이는 조금 뜸해진 것이 사실이다.

　피터 라즐렛Peter Laslett은 『철학, 정치 그리고 사회Philosophy, Politics and Society』를 편집하고 편집자 서문에서 이 문제에 관한 또 하나의 견해를 대변하였다.[4] 이 나라[5]에서는 근래에 "철학적 토론" 하면 곧 인식론의 문제를 다룬다고 여겨질 정도로 인식론에 관심이 집중되어 왔다. 그런데, 라즐렛이 대변하는 견해에 따르면, 이러한 현상이 철학 발전을 위하여 한 번은 겪어야 할 하나의 단계라고 한다. 즉, 인식론의 문제를 집중적으로 다루는 시기는 철학 자체의 고유한 내용물이 아니라 철학의 **도구**를 검사하고 개선하는 시기에 해당한다는 것이다. 이 배후에 깔려 있는 생각은 도구를 정비하는 일을 마치고 나서 보다 중요한 과업으로 돌아갈 의무가 철학자에게 있다는 생각이다. 그 과업은 여타 비철학적 탐구분야에 속한 개념들을 명확히 해주는 일이다.

　무엇보다도 먼저 지적되어야 할 것은 이러한 생각이 역사적 현실과 동떨어져 있다는 점이다. 철학사에서 인식론의 문제들은 언제나 심각한 철학적 성찰에서 핵심에 위치하여 왔다. 심지어 철학사가 이와는 다른 방향으로 전개될 수도 있었으리라 가정해 보려 한들, 그 다른 모습이 어떠하였을는지 상상하기가 쉽지 않다. 보다 중요한 점은 라즐렛의 견해가 철학 내부의 진정한 순서를 전도시키고 있다는 점이다. 그는 인식론의 문제가 중요한 까닭이 마치 그 문제를 해결함으로써

---

4) Peter Laslett, (ed.), *Philosophy, Politics and Society*, 1st Series, Blackwell, 1956.
5) 피터 윈치 교수는 영국 태생으로 옥스포드에서 공부하였고, 이 책을 쓰던 당시에는 웨일즈의 스완지 대학에서 강의했다. (역주)

다른 더욱 중요한 문제 즉, 과학철학, 예술철학, 정치철학 등등의 문제들을 해결하는 데에 도움이 될 수 있기 때문인 것처럼 말한다. 하지만 나는 이 순서가 완전히 정반대라고 주장하고 싶다. 즉, 과학철학, 예술철학, 정치철학 — 나 같으면 이들을 "주변적" 철학분야라고 부르겠다 — 등이 인식론 및 형이상학과 관계를 잃는 순간이 바로 그들이 철학으로서의 성격을 상실하는 순간과 같다고 보아야 할 것이다. 그러나 이 점을 더욱 자세히 적시하기에 앞서, 우선 정지작업설의 철학적 근거들을 검토해 보는 것이 순서이리라.

3 / 철학과 과학

철학이 과학발전을 위한 정지작업에 해당한다는 생각이 나오게 된 연유로는 철학이 지식의 계단에서 최고의 자리에 위치한다는 생각에 대한 반발이 큰 몫을 차지한다. 철학을 "제일학문第一學問: the master-science"으로 보는 견해에 따르면, 철학은 지식이라는 목표를 향하여 과학과 서로 경쟁하는 관계에 있다. 철학이 과학과 다른 점은 순수하게 선험적先驗的: a priori 추론에 의하여 과학적 이론을 축조 또는 반박하려 한다는 점이다. 이러한 견해를 가소롭게 여기는 것은 정당하다. 이런 견해가 발전하면 얼마나 말도 안 되는 얘기로 연결될 수 있는지는 헤겔의 사이비 과학적이고 아마추어적인 공상이 충분히 예시해 주고 있다. 흄은 다음과 같이 이 견해를 철학적으로 반박하였다.

우리로 하여금 무엇이 사실인지에 관하여 부동의 확신을 가질 수 있게 해주는 증거의 본질에 관하여 만족스러운 해명을 구하려 한다면, 우리가 실제로 어떻게 원인과 결과에 관한 지식에 도달하게 되는지를 하나하나 따져 보아야 한다. 여기서 나는 어떠한 예외도 허용하지 않는 일반명제 하나를 감히 확언하겠다. 즉, 인과관계의 지식은 결코, 어떤 경우에도, 선험적 추론에 의하여 획득되지 않는다. 그러한 지식은 전적으로 경험에 의하여, 환언하면 어떤 개별적 대상이 다른 대상과 항상적恒常的인 관계를 맺는다는 점을 발견했을 때에야 발생하는 것이다. 전례 없이 강력한 이성과 능력을 타고난 사람에게 어떠한 대상이 주어졌다고 가정해보자. 그리고 그 대상이 그에게 전적으로 생소하다고 가정하자. 감관에 의하여 감지되는 그 물체의 속성을 아무리 정확하게 검사한다고 하더라도, 그는 결코 그 물체의 원인이나 결과 그 어느 것도 찾아 낼 수 없을 것이다.[6]

흄의 이 주장은 사이비 선험과학에 대한 비판으로서는 찬사를 받아 마땅하다. 그런데 이 주장이, 흔히 그렇듯이, 철학적 추론의 선험성을 공격하기 위해서 동원된다면 그것은 적용의 대상을 잘못 찾은 것이다. 왜냐하면 철학에서 이루어지는 추론 중에는 그 본질상 선험적일 수밖에 없는 종류가 엄연히 있기 때문이다. 흄의 주장을 다시 한 번 정리해보자. 사실의 영역에서 새로운 발견은 실험의 방법에 의하여

---

6) David Hume, *Enquiry concerning Human Understanding*, Part I, Section IV.

사 회 과 학 이 라 는   발 상

확립된다. 그 영역에 속한 문제에 관하여는 선험적 사유의 과정만으로는 결코 충분하지 못하다. 그런데 실험의 방법은 과학에서 사용되는 방법이고, 철학의 고유한 방법은 선험적이다. 따라서 실재의 영역에 관한 탐구는 전적으로 과학에 맡겨져야 한다. 한편 역사는 이와 달리 전개되었다. 전통적으로 철학은, 언제나가 아니라면 적어도 대부분의 경우, 실재의 본질에 대한 탐구라 자임自任하였다. 이 때문에 다음과 같은 딜레마가 발생하게 된다: 즉, 철학은 지금까지 그 자신의 탐구방식으로는 절대로 성취할 수 없는 종류, 따라서 일찌감치 단념했어야 할 종류의 일을 해보려 시도했거나, 그것이 아니라면 지금까지 스스로 자신의 본질이라 믿어 온 것 자체가 잘못된 것으로서 이제 그 탐구의 목표를 완전히 새롭게 다시 설정해야 할 것이다.

하지만 이 딜레마의 바탕이 되는 주장 자체가 오류이다. 그 주장은 "매사 부주연의 오류"를 범하고 있다.[7] 여기서 운위되는 "실재의 본질에 대한 탐구"라는 문구의 모호성이 문제이다. *과학적* 탐구와 관련될 때에는 그 문구가 뜻하는 바에 흄의 주장이 아주 잘 적용된다. 그렇지

---

7) 매사媒辭 부주연不周延의 오류the fallacy of undistributed middle: 삼단논법에서 대전제와 소전제를 매개해 주는 단어가 주연되지 않음으로 인하여 발생하는 오류. 어떤 단어가 그 개념의 외연 모두를 지칭하지 않을 때, 그 단어는 주연되지 않았다고 말한다. 이 오류의 예를 들면 다음과 같다.
소크라테스는 희랍 사람이다.
어떤 희랍사람은 키가 크다.
따라서, 소크라테스는 키가 크다.
여기서 매사는 희랍사람이며, 주연되지 않았으므로 틀린 결론이 추론됨을 알 수 있다. (역주)

만 **철학**과 관련될 때에는 논점 이탈에 지나지 않는다.[8] 과학자와 철학자가 각기 추구하는 목표의 차이를 말로 표현하자면 다음과 같이 할 수 있다. 과학자는 실재하는 *개별적* 사물 및 과정의 본질, 원인, 결과 등을 탐구하는 반면에, 철학자는 바로 그 실재라는 것, 그리고 그 일반적 본질에 주의를 기울인다. 철학자가 "무엇이 실재하는 것인가?"라고 물을 때 그 물음의 의미에는 순수과학의 지평을 넘어 실재에 대한 인간의 관계라고 하는 문제가 개재한다고 버넷John Bernet이 『희랍철학*Greek Philosophy*』11~12쪽에서 지적한 것은 매우 적절하다. "인간의 정신이 실재와 어떤 종류라도 접촉을 가질 수 있는지 없는지가 문제이고, 나아가 만약 가질 수 있다면 그 점으로 인해 그의 삶이 어떻게 달라지는지가 또한 문제인 것이다." 이러한 버넷의 문제가 실험의 방법에 의해서 해소될 수 있으리라 생각하는 것은 매우 심각한 잘못이다. 선험적 추론의 방법을 사용하는 철학이 과학의 고유 영역에서 실험과학과 경쟁할 수 있으리라고 생각하는 것 역시 마찬가지로 심각하게 잘못된 생각이다. 실재가 무엇이냐는 문제는 경험적 문제가 아니라 *개념적* 문제이기 때문이다. 그 문제는 실재라는 *개념이 지니는 힘*에 관한 것이다. 실험의 결과에 호소해서는 문제를 회피하는 사태를 반드시 낳고야 만다. 왜냐하면 그 결과 자체를 "실재"의 일부로 수락해야 할 증빙서류가 무엇인지를 철학자는 따지지 않을 수 없기

---

8) 논점 이탈論点 離脫: ignoratio elenchi: 논쟁에서 이쪽의 주장에 대하여 상대방이 펼치는 반박 논지를 외면하고 이쪽의 주장만을 펼치는 일.

때문이다. 물론 이런 식의 질문은 과학자로 하여금 짜증나게 할 것이 틀림없다. 과학자의 목표와 관심을 감안한다면 그가 짜증을 내는 것은 당연한 일이다. 하지만 여하간에 철학적 질문의 힘이 실험과학의 사고방식 안에서 포착될 수는 없는 노릇이다. 개별적 사례들로부터 일반화하는 식으로는 철학적 질문에 대답하지 못한다. 왜냐하면 그러한 개별적 사례들을 "실재"의 일부로 수락함에 이미 철학적 질문과 관련된 특정한 입장이 들어 있기 때문이다.

무어G. E. Moore 교수가 1939년에 행한 기념비적 강연에서 이 문제의 전모가 상징적으로 그리고 극적으로 드러났다. 무어는 그때 영국 학술원에서 "외부 세계의 증명Proof of an External World"이라는 제목의 강연을 행하였다. 그의 "증명"은 다음과 같이 전개되었다. 강연장에서 무어는 자신의 양손을 차례로 들어 올리며 다음과 같이 말했다. "여기 손이 하나, 그리고 여기 손이 또 하나 있습니다. 그러므로 최소한 외부의 물체가 두 개는 존재합니다. 따라서 외부 세계라는 것 역시 존재합니다." 많은 사람들은 이 주장에서 무어가 "외부 세계가 존재하는가?"라는 문제를 "콧등에서 솟아 나온 뿔을 하나 가진 동물이 복수로 존재하는가?"라는 문제와 그 형태에 있어서 유사한 것처럼 취급하고 있는 것으로 이해하였다. 후자의 질문이라면 물론 두 마리의 코뿔소를 만들어 대령하면 최종적인 판가름이 날 것이다. 하지만 외부 세계의 존재라는 철학적 문제에 관하여 무어의 주장이 뜻하는 바는 그와 같이 간단한 것이 아니다. 왜냐하면 외부 세계의 존재에 관한 철학적 질문은 그 자체로 모든 것을 다 포섭하는 만큼 무어가 제시한 두 손마

저 그 질문 안에 포함되고 있는 것이다. 그 질문이 문제삼는 바는 무어의 두 손과 같은 물체들이 외부 세계의 일원으로 자리를 차지할 자격을 갖추었느냐는 것이다. 이렇게 말한다고 해서 무어의 주장이 완전히 초점을 벗어났다는 것은 아니다. 그의 주장을 마치 실험에 의한 일종의 "증명"인 것처럼 간주하면 잘못이 되는 것이다. 왜냐하면 그의 주장은 실험적 연구분야에서 찾아 낼 수 있는 어떤 것과도 유사하지 않기 때문이다. 무어는 실험을 한 것이 아니다. 단지 청중에게 무언가를, 즉 "외부 세계"라는 표현이 실제로 어떻게 사용되는지를 새삼 *상기시켰을* 뿐이다. 그 상기를 통하여, 외부 물체로 이루어진 세계의 존재를 증명에 의하여 확인하거나 부인하는 것이 아니라 외부성externality이라고 하는 *개념에 조명을 가하는 것*이 철학의 과제임이 시사되었다. 이와 같은 과제와 실재의 일반적 본질에 관한 철학의 중심문제 사이에 밀접한 연관이 있음은 명백하다고 생각한다.

4 / 언어에 대한 철학자의 관심

철학과 과학의 관계에 관하여는 일단 그 정도로 해두자. 철학을 제일학문으로 간주하는 입장을 거부한다고 해서 곧 정지작업설로 연결될 필요가 없을 뿐만 아니라, 그렇게 연결되어서도 안 된다는 점을 이제부터 설명하기로 한다. 앞에서 나는 일정한 표현들이 실제로 어떻게 사용되는지에 관한 무어의 상기를 소개하였다. 또한 일정한 개념

에 조명을 집중한다는 생각이 철학에서 얼마나 중요한지를 강조하였다. 그런 식의 화법이 일견prima facie 정지작업설과 아주 잘 어울리는 것처럼 보이는 것은 사실이다. 사실 정지작업설이 틀렸다고 내가 주장하는 까닭은 그 사고방식이 어떤 잘못된 주장을 드러내놓고 천명해서가 아니라 그것이 일련의 체계적 실수를 노정하기 때문인 것이다.

어떤 언어적 표현을 두고 어떻게 하는 것이 정확한 사용인지를 따지는 것이 철학적 문제로 이어지는 경우가 많다. 그리고 어떤 개념을 명료화한다는 일은 대부분 언어적 혼동을 불식하는 일과 같다. 그렇기는 하지만, 철학자의 관심이 언어를 정확하게 구사하는 데 있는 것은 아니고, 언어적 혼동이라고 해서 모두 마찬가지로 철학적 중요성을 지니는 것도 아니다. 실재라는 것이 얼마만큼 이해 가능한intelligible 것인지,[9] 그리고 실재에 대한 한 사람의 이해가 그의 삶에 어떤 차이를 낳는지 등의 문제에 철학자는 관심을 가진다. 이러한 문제들로 연결되는 토론의 실마리를 제공할 때에 한해서 언어적 혼동은 철학적 중요성을 가진다. 따라서 이제 살펴보아야 할 일은 언어에 관한 어떤 종류의 질문들이 어떻게 이 철학적 주제와 맞물리게 되느냐는 문제이다.

---

9) 이런 식으로 말하는 것이 약간은 구식으로 들리리라는 점을 인정한다. 그럼에도 불구하고 그렇게 말한 것은 오로지 철학자가 실재에 대하여 가지는 관심이 과학자의 그것과는 다름을 분명히 하기 위해서이다. 아울러, 철학자가 언어에 대하여 가지는 관심의 특성에 관한 다음 문단의 논의는 러시 리즈Rush Rhees 씨의 미발표 논문 「철학과 예술Philosophy and Art」에 크게 힘입었음을 이 기회에 밝힌다.

실재가 이해 가능한 것이냐는 물음은 곧 사유와 실재 사이의 관계에 대한 물음이다. 사유의 본질을 탐구하는 도중에 언어의 본질에 관한 물음이 발생한다. 그러므로 실재가 이해 가능한 것이냐는 물음은 언어가 실재와 어떻게 연관되어 있느냐에 대한 물음 즉, 무언가를 *말한다*는 일이 무슨 일이냐는 물음과 불가분하게 묶이어 있다. 다시 말하자면, 철학자가 언어에 대하여 가지는 관심은 언어와 관련되어 발생하는 혼동 하나하나를 해결하기 위해서라기보다는 언어라는 현상 전반의 본질에 대한 혼동을 해결하기 위함인 것이다.

웰던T. D. Weldon이 『정치의 어휘*Vocabulary of Politics*』에서 한 말을 반박함으로써 위와 같은 논지를 보다 자세히 설명하기로 한다. 웰던은 언어에 대한 철학자의 관심에 착안하여 사회연구와 철학 사이의 관계에 대한 자신의 입장을 옹호한다. 그런데 그의 입장은 이 글에서 제시하는 입장과 상반된다. 그의 주장을 반박의 소재로 택한 것은 이 때문이다. 웰던의 견해는 최근 영국의 철학 발전에 대한 한 가지 해석에 기초하고 있다. 최근에 일어난 일은 한 마디로, 그의 말을 빌리면, "철학자들이 언어에 관하여 지극히 민감해졌다는 것이다. 그들의 선배들이 풀 수 없다고 결론지었던 문제 중 많은 것들이 세계와 관련된 신비하고 설명할 수 없는 무엇 때문에 발생하는 것이 아니라 우리가 세계를 서술하려고 사용하는 언어의 특이함 때문에 발생한다는 점을 깨닫게 되었다."[10] 그러므로 사회철학 및 정치철학의 문제들은 사회 ·

---

10) T. D. Weldon, *The Vocabulary of Politics*, Penguin Books, 1953, Ch. I.

정치 제도 자체가 수수께끼여서가 아니라 그러한 제도를 서술하는 언어가 이상해서 발생한다는 것이다. 사회 생활에 대한 우리의 이해를 증진하기 위해서 철학이 수행할 수 있는 적극적인 역할은 전혀 없다고 웰던은 보고 있다. 철학의 역할이 소극적인 데에 그친다고 봄으로써 웰던은 정지작업설을 충실히 답습하고 있다. 그 이해에 실질적인 내용을 더하는 일은 철학의 방법이 아니라 경험과학의 방법에 의해서만 수행될 수 있다는 것이다. 형이상학 및 인식론의 중심 문제 자체를 토론함으로써 인간 사회의 본질에 빛을 뿌릴 수도 있다는 점 — 이는 내가 앞으로 주장하려는 논지이다 — 에 대해서는 전혀 언급하지 않는다.

사실, 웰던이 자신의 입장을 표명하기 위해서 내놓은 문장 안에서부터 이미 그런 문제들은 도외시되고 있다. 애초에 "세계"와 "우리가 세계를 서술하기 위해서 사용하는 언어" 사이에 명확한 구분을 지을 수 있으리라 생각하고, 나아가 철학의 문제가 전자가 아닌 후자에만 기인한다고 보는 바로 그 점이 철학에서 문제되는 바를 그가 전부 놓치고 있음을 말해주는 것이다.

물론, 웰던은 자기가 언급한 바 발전에 기여한 철학자들이 이미 그 문제를 충분히 해명하였고, 그들의 해명은 곧 자신의 입장을 강화해 주는 쪽이라고 응대해 올 것이다. 철학적 문제들이 그런 식으로 해명될 수 없다는 사실, 또 다른 사람의 철학적 탐구의 결과를 자신의 철학적 작업에서 마치 한 과학자가 다른 과학자의 이론을 원용하는 것과 동일한 방식으로 사용할 수는 없다는 사실 등등은 여기서 간과할

수 있다고 치자. 그렇다고 하더라도, 지금 운위되고 있는 바 철학 발전에 가장 큰 기여를 남긴 이, 즉 비트겐슈타인의 글을 웰던의 입장을 지지하는 방향으로 읽는 것은 한 마디로 오해일 따름이다. 『논리-철학 논고Tractatus Logico-Philosophicus』와 관련하여 이것이 명백함은 다음과 같은 두 문장을 보면 충분히 알 수 있다. "명제의 본질을 부여함은 모든 서술의 본질, 따라서 세계의 본질을 부여함을 의미한다"(5.4711). "나의 언어(나만이 이해할 수 있는 언어)의 한계가 곧 나의 세계의 한계라는 사실에서 세계란 곧 나의 세계임이 절로 드러난다"(5.62).

비트겐슈타인이 『논리-철학 논고』에 표시한 생각들이 그가 나중에 거부하게 되는 언어이론과 연관되어 있음은 사실이다. 그리고 그 이론은 웰던도 거부할 종류의 이론이다. 하지만 나중에 쓴 『철학 탐구』에서도 여전히 비트겐슈타인은 세계와 언어 사이에 어떤 종류의 구분도 쉽사리 짓는 일과는 양립될 수 없는 방식으로 주장을 펼치고 있다. 대상을 무엇으로 본다는, 예를 들면 화살의 그림을 비행 중에 있는 것으로 보는 등의 개념을 그가 다루는 방식에서 이 점이 극명하게 드러난다. 아래 인용하는 대목은 비트겐슈타인식 접근방식의 전모를 특징지어 준다.

> 삼각형에서 지금 나는 *이것*을 꼭지점으로 *저것*을 밑변으로 — 지금은 *이것*을 꼭지점으로 *저것*을 밑변으로 본다. — 말을 배우는 과정에서 꼭지점, 밑변 등의 개념밖에는 접해 보지 못한 이에게 "나는 지금 이것을 꼭지점으로 본다"는 말이 그것만으로는 아무 뜻도 전할 수 없

다는 것은 분명하다. — 그런데 이 말을 방금 내가 경험적 명제의 하나로 한 것은 아니다.

"그는 지금은 그것을 *이것*과 같은 것으로 보고 있다", "지금은 *저것*과 같은 것으로 본다" 등의 문장은 그 도형을 다양한 상황에서 아주 자유로이 적용할 수 있는 **역량을 갖춘** 이를 언급할 때에만 쓰일 수 있다.

어떤 기술을 터득하는 일이 이 경험의 저변을 이룬다.

하지만 이것이 어떤 이가 이런저런 *경험*을 하게 되는 논리적 조건이라면 참으로 이상하지 않은가! 뭐니뭐니 해도, 누군가가 이것저것을 할 역량이 있을 때에만 "치통을 앓을" 수 있다고 말할 수는 없을 것이다. — 그러므로 우리가 여기서 다루고 있는 것이 경험이라는 하나의 동일한 개념일 수는 없다. 상이하면서도 서로 관계를 맺고 있는 개념일 수밖에 없다.

누가 이런 경험을 했다는 말은 그가 그런저런 일을 *할 수 있고*, 배웠고, 터득했을 때에만 말이 된다.

이 말이 미친 소리로 들리는 사람은 본다는 *개념*이 여기서 변용變容되고 있음에 대하여 숙고해 볼 필요가 있다.(이와 비슷한 생각이 종종 수학에서 현기증을 제거하는 데 도움이 된다.)

우리가 말하고 단어를 발설하는 것이 먼저고, 그것들의 생명에 관한 하나의 상像을 얻게 되는 것은 *나중*이다.[11]

---

11) Ludwig Wittgenstein, *Philosophical Investigations*, Blackwell, 1953, Part II, Section xi.

그렇다면 웰던에 동조하여 철학의 문제가 세계로부터 나오는 것이 *아니라* 언어로부터 나온다고 말할 수는 없다. 왜냐하면 언어에 관하여 철학적으로 논구함으로써 기실 *세계에 속한다고 여겨지는 것*에 관하여 논구하게 되기 때문이다. 실재의 영역에 무엇이 속하는지에 관한 우리의 관념은 우리가 사용하는 언어를 통해서 우리에게 주어진다. 우리가 가지는 개념들은 세계에 관해서 우리가 하게 되는 경험의 형태를 정해준다. 누구나 다 아는 당연한 얘기 하나를 여기서 다시 한 번 상기해 볼 필요가 있는 것 같다. 즉, 우리가 세계에 관하여 무언가 말을 한다는 것은 곧 "세계"라는 표현으로 우리가 뜻하는 바에 관하여 말을 한다는 것이다. 세계에 관한 우리의 사유를 구성하는 개념밖으로 나갈 길은 전혀 없다. 그런데 웰던은 철학적 문제의 본질에 관한 그의 술회를 통하여 바로 그런 불가능한 일을 시도하고 있다. 우리에게 그러한 개념들을 통하여 부여되는 그 무엇이 *바로 다름 아닌* 세계인 것이다. 우리의 개념이 고정불변이라는 말은 결코 아니다. 다만 개념이 변화한다면, 그때 그 변화가 곧 세계라는 우리의 개념도 역시 변화하였음을 의미한다는 말이다.

5 / 개념적 탐구와 경험적 탐구

언어적 혼동에 대한 철학적 논의가 어찌하여 곧 실재의 본질에 대한 조명이 되는지를 웰던처럼 오해하게 되면 이는 다시 그 문제들을

실제로 해결하는 데 있어서 사용되는 방법이 부적절함을 깨닫지 못하는 폐단으로 연결된다. 웰던과 같은 경험주의자는 선험적으로 운위될 수 있는 일의 범위를 과소평가하는 경향이 있다. 이 경향은 사실 그들의 사고방식의 기본틀과 일관되는 것이다. 경험주의자들이 생각하기에 실재에 관한 진술은 모두 경험적이어야 하며, 만약 그렇지 않은 진술은 따라서 근거가 없다고 본다. 같은 맥락에서 선험적 진술은 "실재에 관한" 것이 아니라 "언어의 쓰임새에 관한" 것일 뿐이다. 그러나 흄이 올바르게 꿰뚫어 보고 역설하였듯이 과학에서 선험성을 과대평가함으로써 과학의 본령이 마모되는 것이 틀림없는 사실인 한편으로, 그것을 과소평가함으로써 철학이 제기능을 다하지 못하게 되는 것도 마찬가지로 틀림없는 사실이다. 이 과소평가는 문제의 해결을 위하여 실제로 어떤 일이 벌어지는지를 기다려 살펴보아야 하는 경험적인 종류의 탐구에 그와는 종류가 전혀 다른 개념적 탐구를 꿰맞추려는 데서 일어난다.

흄 자신의 저술 중에서 다음의 대목은 바로 이 오해를 보여주는 좋은 예이다. 이 대목에서 그는 미래에 일어날 일에 대하여 우리가 가질 수 있는 지식의 범위와 본질에 관하여 논의하고 있다. 그의 주장은 과거에 일어났다고 관찰된 일에 대한 우리의 지식이 미래에 일어날 일 그 어느 것에 대해서도 보장이 되지는 못한다는 것이다.

과거의 경험으로부터 물체의 본질에 관하여 무언가를 깨달은 척하는 것은 허영에 지나지 않는다. 어떤 물체에 관하여 우리가 감각할 수

있는 종류의 형질이 전혀 변화하지 않은 채, 그 비밀스러운 본질, 그리고 따라서 그 결과 및 영향 등은 모두 변할 수 있다. 때때로 몇몇 특정 대상과 관련하여 이런 일들이 발생한다. 그런즉 왜 언제나 모든 물체에 관하여 그렇지 않겠는가? 이러한 추론에 반대하는 논리나 주장으로서 타당한 것이 있을까?[12]

몇몇 물체의 획일적 행태에 관한 진술은 순전히 경험적인 문제로서 미래의 어느 시점에서든 그와 다른 경험이 있기만 하면 뒤집힐 수 있기 때문에, 같은 얘기가 모든 물체의 획일적 행태에 관한 진술에 대해서도 옳다는 것이 여기서 흄이 개진하는 주장이다. 이 추론은 듣는 이로 하여금 고개를 끄덕이게 만든다. 아무나 선험적인 고려에 입각하여 미래 경험의 경로를 규정할 수 있다고는 생각할 수 없기 때문에, 그러한 생각의 불건전함을 아는 이에게 이 추정은 더욱 설득력이 있게 된다. 물론 그렇다고 해서, 과학적 작업이 불가능하게 되고 언어, 사고, 나아가 삶 자체가 파괴될까 두려워, 자연세계의 규칙적 질서가 결코 붕괴되지 않도록 금지할 방도는 없다. 하지만 우리가 할 수 있고 또 해야 하는 일이 있다. 그것은 흄이 사용하려 하는 종류의 개념으로 그러한 상황을 *서술*하지 않도록 선험적으로 금지하는 일이다. 물체의 속성이니, 그 원인이니 결과니 하는 개념들이 그것이다. 왜냐하면 흄 자신이 말하고 있는 방식으로 자연의 질서가 붕괴된다면 곧 그와 같

---

12) David Hume, op. cit., Part II, Section IV.

사 회 과 학 이 라 는   발 상

은 개념들이 설 자리가 없음을 의미하기 때문이다. 그 질서 *안에서* 우리의 개념 장치 전부가 전복되지는 않으면서, 때로는 사소한 그리고 때로는 주요한, 변이가 발생할 수 있기 때문에, 우리가 지금 가지고 있는 개념 장치로는 자연 질서 전체의 붕괴가 서술될 수 없다. 그런데 그 개념 장치 말고 어떤 다른 개념 장치가 우리에게 있나?.

말꼬리를 물고 늘어지자는 것이 결코 아니다. 흄의 탐구와 같이 철학적인 탐구가 추구하는 바가 다름 아니라 물체, 물체의 속성, 원인, 결과 등등, 실재가 무엇인지에 관한 우리의 사고방식에서 근간을 이루는 개념을 해명하는 일이기 때문에 여기서 논하는 바가 문제되는 것이다. 그러한 관념을 실제로 사용하는 데에 이미 우리가 사는 세계의 행태에 관한 우리의 일반화가 *대부분* 지속적으로 옳다는 전제가 들어있음을 지적하고 싶을 따름이다. 그리고 이 점은 지금 논의되는 주제에 대하여 핵심적인 중요성을 가진다.

사회과학의 철학과 관련하여 이러한 고려가 어떻게 중요한지는 이 글의 논의가 진행함에 따라 점점 더 현저해질 것이다. 내가 앞으로 펼칠 주장의 예를 두엇 들자면 다음과 같다. 사회과학 분야의 연구 도중에 제기되는 매우 중요한 이론적 문제 가운데 많은 수가 과학에 속하기보다는 철학에 속한 문제이고, 따라서 경험적 탐사에 의해서보다 개념적 분석에 의해서만 해소될 수 있는 종류이다. 또, 사회적 행태가 무엇이냐는 질문은 사회적 행태라는 개념을 조명할 필요에 대한 요청이다. 이러한 종류의 문제를 다룸에 있어, 경험적 탐사의 결과를 "기다려 살펴보는" 절차는 초점에서 멀리 떨어져 있다. 우리가 사용하는

개념이 함축하는 바를 거슬러 찾아 올라가는 일이 문제의 핵심이기 때문이다.

6 / 철학에서 인식론은 중추적 역할을 맡는다

　지금까지의 논의를 토대로 하여, 내가 위에서 철학의 주변 분야라 부른 주제가 인식론 및 형이상학과 어떻게 관련을 맺는지에 관하여 하나의 대안을 제시해 보기로 한다. 나는 지금까지 철학은 근본적으로 실재의 본질 및 이해 가능성에 관한 질문에 초점을 맞춘다는 전제 아래 논의를 진행해 왔다. 물론, 이 질문이 다시 바로 그 "이해 가능성"이라는 것은 애초에 무엇이냐는 또 하나의 질문을 낳게 되리라는 것을 알아차리는 것 역시 어려운 일은 아니다. 무언가의 의미를 포착한다는 것 즉, 무언가를 이해한다는 것이 도대체 무엇인가? 그런데 이해라는 개념, 무언가를 이해 가능한 것으로 만든다는 개념 등이 실제로 사용되는 문맥을 살펴보면 그 개념들이 서로서로 매우 상이하다는 점을 발견하게 된다. 더욱이 그 문맥들을 검토 · 비교해보면 이해 가능성이라는 개념이 여기저기서 쓰이는 의미가 ─ 라일 교수가 사용한 표현을 빌려 쓰자면 ─ 체계적으로 모호하다는 사실이 두드러지게 된다. 즉, 실제 쓰임새에 있어서 그 의미가 특정한 문맥에 따라 체계적으로 변화함을 알 수 있다.

　예를 들어 설명해보자. 과학자는 세계를 보다 이해할 수 있는 것으

로 만들고자 노력한다. 그런데 그것은 역사가, 종교적 예언가, 예술가, 심지어는 철학자도 마찬가지인 것이다. 이들 모두의 활동을 이해 또는 이해 가능성이라는 개념을 사용하여 서술할 수는 있지만, 그들 각자의 목표하는 바가 각기 상이하다는 것은 분명한 사실이다. 예를 들어 이미 전술한 제3절에서 철학자가 추구하는 "실재에 대한 이해"와 과학자가 추구하는 그것이 얼마나 다른지를 설명한 바 있다.

그러한 모든 활동들을 서술하기 위해 지금 문제되는 문구, 즉 사물을 이해할 수 있는 것으로 만든다는 표현을 사용하는 일이 실없다는 주장이 아니다. "게임"이란 단어가 올바로 쓰이는 용례들을 두고, 그러한 모든 활동들에 공통되는 하나의 특징이 되는 속성을 찾을 수 없다는 비트겐슈타인의 지적으로부터 귀결될 수 없는 것은 내 지적으로부터도 귀결되지 않는다.[13] 축구, 체스, 페이션스, 스키핑 등이 모두 게임이라 말하는 것이나 과학, 예술, 종교, 철학이 모두 세계에 대한 이해에 관심을 기울인다고 말하는 것이나 그 논지는 같다. 이들 게임을 어떻게 하는지 배워 본 사람이면 그 활동들이 하나의 초-게임의 일부라 말하는 것이 얼마나 어리석은지 알 수 있을 것이다. 마찬가지로, 후자의 활동들 모두가 실재에 관한 하나의 대이론으로 합치 · 수렴한다는 생각 역시 어리석은 것이다 — 그럼에도 그렇게 상상하여 그런 이론을 발견하는 것을 자신의 임무로 여긴 철학자들이 가끔 있어 왔다.

나의 견지에서 보면, 과학철학은 과학자들이 추구하고 전달하는 종

---

13) Ludwig Wittgenstein, *Philosophical Investigations*, Blackwell, 1953, §§ 66~71.

류의 이해에 관하여 탐구하고 종교철학은 종교가 세계를 이해 가능한 모습으로 제시하려는 노력이 어떻게 이루어지는지를 탐구한다. 정치철학이나 예술철학에 대해서도 마찬가지의 이야기를 할 수 있다. 이러한 활동 영역 및 그 각각의 목표들을 상호 비교·대조하는 일이 중요함은 두말할 나위 없다. 그러한 철학적 탐구의 목적은 이해 가능성이라는 개념의 내용에 대한 우리의 이해를 증진하려는 것이다. 그럼으로써 실재가 이해 가능하다고 일컬음이 무슨 뜻인지를 더 잘 알게 될 수 있으리라는 희망이 있기 때문이다. 이 견해와 정지작업설 사이의 차이점을 확실히 밝힌다면 나의 논지가 보다 분명해질 것이다. 그 중요한 차이 하나는 다음과 같다. 예를 들어, 과학 — 또는 어떤 다른 탐구분야라도 상관없다 — 의 문제로부터 과학철학의 문제가 제공되는 것이 아니라는 것이 내 견해이다. 중심적 주제의 유래라는 관점에서 과학철학은 과학에 더부살이 하는 것이 아니라 자족적自足的이다. 과학철학의 동력은 과학에서가 아니라 철학에서 나온다. 그리고 그 목표 또한 보다 진전된 과학적 지식의 획득을 위하여 장애물을 제거하는 정도로 소극적인 것이 아니라, 이해 가능성이라는 개념에 담겨 있는 내용물에 관한 철학적 이해를 증진한다는 적극적인 것이다. 이 두 견해 사이에는 표현 방식의 차이를 넘어 훨씬 심각한 차이가 있다.

내가 주장하는 견해가 일견 형이상학과 인식론의 고유 영역을 부인하는 것처럼 보일지도 모른다. 왜냐하면, 이해 가능성 — 실재라는 개념 역시 마찬가지임을 덧붙여야겠다 — 이라는 개념이 지적 탐구의 여러 영역에서 그토록 체계적으로 모호하게 쓰이고 있다면, 그러한

사 회 과 학 이 라 는 발 상

개념에 대한 해명이라는 철학적 과제가 그 탐구 영역들 각각에게로 해체 · 분산된다는 함축을 가지지 않겠느냐고 반문할 수 있기 때문이다. 인식론이라는 분야를 *특별히* 상정한다는 자체가 이해 가능성 개념의 다양한 변종들이 모두 어떤 단일한 기준 아래 집결될 수 있다는 잘못된 생각에 기초하는 것이 아닌가?

이러한 반론은 논리적으로는 잘못되었으나, 인식론으로 하여금 이해 가능성의 *기준*을 단일 집합의 형태로 포착해 주기를 바라서는 아니된다는 경고를 발한다는 점에서는 건전한 면도 있다. 인식론의 임무는 오히려 이해의 기준이라는 것이 어떤 형태로든 *존재하기* 위해서 충족되어야 할 여러 조건을 서술하는 데에 있다고 보아야 할 것이다.

7 / 인식론 그리고 사회의 이해

이 절에서는 이와 같은 인식론적 작업이 사회 생활에 관한 우리의 이해와 어떻게 맞물리게 되는지에 대하여 예비적 고찰을 행하려 한다. 철학의 핵심문제를 버넷이 무어라 보았는지를 상기해보자. 한 인간이 실재와 접촉함으로써 그의 삶에 어떤 변화를 낳는가 하고 버넷은 묻는다. 우선 이 물음을 가장 피상적이고 뻔한 방식으로 해석하여 보자. 어떻게 행동해야 할지를 사람들이 결정함에 있어 자신을 둘러싼 세계에 대한 각자의 현실인식이 토대가 됨은 분명한 사실이다. 예를 들어 아침 일찍 기차를 타야 할 사람은 기차 출발 시각에 관한 자

신의 믿음을 토대로 자명종의 시각을 맞추어 놓을 것이다. 이 예를 사소하다고 여기고 또 그 때문에 이에 반대하고 싶은 사람은 반대에 앞서서, 자명종 및 시간표에 따라 운행하는 기차, 그리고 기차 시각에 관한 진술의 진위를 가릴 수 있는 방법 등등의 요소들이 만일 없다면 인간의 삶이 어떤 모습을 띨지, 따라서 그러한 경우에 비하여 지금 우리에게 그러한 요소들이 실제로 있다는 사실이 인간의 삶에 어떤 차이를 낳는지를 한 번 깊이 생각해 볼 필요가 있다. 그와 같은 여러 가지 사실에 관하여 "지식을 갖춘다"는 개념에 담긴 내용물이 무엇인가? 그리고 그러한 지식에 상응하여 결정된다고 하는 행태의 일반적 본질은 무엇인가? 철학이 주제로 삼는 문제는 바로 이런 것이다.

있는 그대로의 세계에 대한 지식이 인간 생활에 얼마나 중요한지의 문제에 견주어 생각해 보면 이 물음의 본질이 보다 명확해질 수 있을 것이다. 나는 지금 『들오리 *The Wild Duck*』나 『유령 *Ghosts*』 등의 희곡에서 입센에게 고민을 제공한 도덕적 문제를 염두에 두고 이 말을 하고 있다. 한 사람이 자신이 처한 상황과 관련된 여러 사실 및 자신 주위의 여러 사람들과의 관계에 대하여 가지는 뚜렷한 인식이 그의 인생과 관련하여 어떤 중요성을 지닐까? 『유령』에서는 자신의 진정한 혈통에 대한 무지 때문에 파멸되는 한 인간을 고려함으로써 이 질문이 제기된다. 『들오리』에서는 정반대의 방향에서 문제가 제기된다. 주위의 사람들이 그를 어떻게 생각하는지에 관한 완벽한 오해에 기초하여, 한 사람이 지극히 만족스러운 삶을 살아간다. 진리의 이름 아래 그가 착각에서 깨어나고 그의 행복이 망가져야만 할까? 한 사람이 인

생을 살아감에 있어서 자신이 처한 상황에 대한 자각이 중요하다는 사실이 일단 인정되지 않고는 입센이 제기하는 질문의 초점이 이해될 수 없다는 점에 주목할 필요가 있다. 실은 인식이 중요한지의 여부는 『들오리』에서 이미 문제가 되지 않는다. 문제는 그것이 행복보다도 더욱 중요하느냐는 것이다.

문제가 이렇게 주어졌을 때 인식론자는 인간의 삶에서 그 인간이 처한 상황에 대한 이해가 *왜* 중요한지에 관심을 둘 것이다. 그리하여 이해를 갖춘다는 일에 담긴 내용물이 무엇인지를 밝힘으로써 그 물음에 한 조각 빛을 뿌리려 할 것이다. 칸트의 표현을 빌리자면, 인식론자에게 관심의 초점은 다음과 같은 질문이다 : 그러한 이해 — 그리고 여타 모든 종류의 이해 — 가 어떻게 하여 가능할까? 인간 사회의 성격을 특징적으로 규정하는 제반 활동에서 이해라는 개념이 수행하는 핵심적 역할이 무엇인지를 보여 주는 일은 바로 그 질문에 대답하기 위해서 반드시 필요하다. 실재에 대한 이해가 무엇으로 이루어지는지에 대한 논의가 그 이해가 인간의 삶에 어떤 차이를 낳는지에 대한 논의로 융합되는 것은 바로 이 때문이다. 그리고 이는 다시 인간 사회의 일반적 본질에 관한 고려, 다시 말해서 인간 사회라는 개념에 대한 분석으로 이어지게 된다.

한 사람이 주위의 다른 사람들과 맺는 사회 관계에는 실재에 관한 그의 관념들이 스며들어 있다. 사실을 말하자면, "스며들었다"는 정도로는 그 표현하고자 하는 바가 충분하게 표현되지 않는다. 사회 관계가 곧 실재에 대한 관념의 표현 그 자체인 것이다. 내가 방금 언급한

입센의 희곡에서 제시되는 상황의 예를 두고 말한다면, 한 인물이 그 주위 사람들을 향하여 가지는 태도를 서술함에 있어서 그 사람들이 그를 어떻게 생각하는지, 여태까지 그들이 해온 일이 무엇인지, 앞으로는 무슨 일을 하게 될는지 등등의 항목을 배제할 방도는 없다. 『유령』에서는 그가 그 사람들과 생물학적으로 어떻게 관련되어 있는지에 대한 그 자신의 생각이 또한 중요한 하나의 요소가 되어 있다. 재언하자면, 수도승은 동료 수도승 및 수도원 밖의 사람들과 일정한 관계를 가진다. 그런데 그때 그 수도승의 삶에 하나의 구심점 역할을 하는 종교적 관념을 고려하지 않고 그의 사회 관계를 서술하게 되면 표피에 대한 서술에 지나지 않을 수 없다.

지금 내가 제시하는 접근 방식이 사회학 및 사회연구 전체에 대하여 널리 퍼져 있는 견해와 어떻게 상충되는지는 이제 더욱 분명하다. 이는 예를 들어 다음과 같은 뒤르켐Emile Durkheim의 견해와 충돌한다.

> 나는 사회 생활을 설명하는 데 있어서 그 생활에 참여한 이들의 관념이 아니라 의식 안에서 지각되지 않은 심오한 원인에 의거해야 한다는 생각이 지극히 생산적이라고 본다. 그리고 그러한 원인을 찾는 길은 개인들을 어떤 식으로 분류하여 결합체로 파악하느냐에 달렸다고 나는 생각한다. 역사학이 과학이 되고, 사회학 자체가 존립할 수 있는 길은 오로지 이 방법뿐이다. (라브리올라A. Labriola에 대한 뒤르켐의 비평: 「유물 사관에 관하여Essais sur la conception materialiste de l' histoire」, 『철학비평Revue Philosophique』, December 1897.)

나의 견해는 또한 폰 비제von Wiese의 견해와도 충돌한다. 그는 "개인의 문화적 목표는 차치하여 두고, 공동 생활의 결과 각 개인들이 상호간에 미치는 영향을 연구함으로써" 사회 생활을 해명하는 것을 사회학의 과제로 본다.[14]

그런데 뒤르켐의 경우 "개인들을 어떤 식으로 분류하여 결합체로 파악하느냐"는 생각이 바로 그 개인들의 "관념"과 *분리된* 채로 어떤 의미를 얼마나 가질 수 있는지가 치명적으로 중요한 문제이다. 마찬가지로, 당사자들의 "문화적 목표"를 사상하고 나서 그들 각 개인이 상호간에 미치는 영향을 ― 폰 비제가 말하듯이 ― 운위할 때 그러한 운위가 전달하는 바가 무엇일는지가 문제이다. 이 글의 논의가 앞으로 진전함에 따라 이러한 핵심적 문제들을 보다 직접적으로 다루게 될 것이다. 이 시점에서는 이러한 사고방식이 철학에 대한 나의 견해와 충돌할 수밖에 없음을 지적하는 데 그치고자 한다. 물론 나는 철학을 실재에 관한 인간 지식의 본질에 대한 탐구 및 나아가 그러한 지식의 가능성이 인간의 삶에 어떤 차이를 낳느냐에 대한 탐구라고 생각한다.

8 / 규칙: 비트겐슈타인의 분석

지금까지 나는 실재에 관한 인간의 이해라는 주제를 논하는 인식론

---

14) Raymond Aron, *Sociology*, Heinemann, 1957, p. 8을 보라.

적 논의가 인간 사회의 본질 및 인간과 인간 사이의 관계라는 문제에 빛을 던져준다고 주장하였다. 이 절에서는 그 양자 사이에 무슨 연관이 어떤 방식으로 맺어지는지를 보다 자세하게 설명해야겠다. 비트겐슈타인은 『철학 탐구』에서 *규칙을 따름*following a rule이라는 개념을 논의함으로써 인식론적 문제의 본질을 살피기에 보다 밝은 조명을 제공하였다. 이 절에서 나는 그가 제공해준 조명이 어떤 것인지를 설명함으로써 나의 목적을 달성하려 한다.

앞에서 언급한 바와 같이 버넷은 정신과 실재의 "접촉"을 언급하였다. 이 접촉의 예로서 한 눈에 명백한 것을 하나 들어 그 접촉을 구성하는 요소가 무엇인지를 살펴보자. 에베레스트 산이 최초로 정복된 해가 언제였는지에 관하여 내가 궁금해 하고 있다고 가정하자. 나는 혼자서 "에베레스트 산 등정은 1953년에 최초로 이루어졌다"고 생각한다. 그런데 이 예에서 내가 "에베레스트 산에 관하여 생각"하고 있다고 할 때, 그 문구가 뜻하는 바가 무엇일까? 나의 생각이 내가 생각하는 그 사물, 즉 에베레스트 산과 어떻게 연결되는 것일까? 이 문제를 좀 더 예리하게 제시하기로 하자. 이러한 경우 마음속의 상이 어떤 기능을 하는지에 관한 복잡한 논쟁을 피하고 싶기 때문에, 나의 생각이 말로 명시적으로 표현되었다는 가정을 덧붙이기로 한다. 이렇게 가정하고 나면 이제 여기서 논의의 초점이 되는 문제를 다음과 같이 정리할 수 있다. 즉, 내가 "에베레스트 산"이라는 단어들을 발화發話하였다는 사실에 어떤 요소가 들어 있길래 그로써 내가 히말라야 산맥의 최정상 봉우리를 의미한다고 할 수 있을까? 이 물음에 도달하기 위

사 회 과 학 이 라 는   발 상

하여 지금까지 이렇게 우회한 까닭은 정신과 실재가 맞닿는 "접촉"의 본질과 의미의 본질이라는 두 문제가 서로 밀접하게 연관이 있음을 부각하기 위함이었다. 한 단어가 무언가를 의미하는 용례로서 나는 그 단어가 무언가를 지칭하는 경우를 들었다. 그 까닭은 이런 형태의 의미에 어떤 논리적 또는 형이상학적 우선순위를 내가 특별히 부여하기 때문이 아니라, 단지 그러한 경우에 의미의 본질이라는 문제와 생각과 실재 사이의 관계라는 문제 사이에 특별히 놀라운 연관이 발견되기 때문이다.

이 물음에 대하여 우선 자연스럽게 떠오를 답으로서, "에베레스트 산"이라는 단어로 뜻하는 바를 내가 실제로 의미할 수 있는 까닭은 그 단어가 그렇게 정의되었기 때문이라고 해보자. 그 단어가 나에게 그렇게 정의된 방식으로는 온갖 종류가 있을 수 있다. 지도 위에서 에베레스트 산이 어디에 있는지 누가 나에게 보여 주었을 수도 있고, 그것이 세계에서 가장 높은 산이라 배웠을 수도 있고, 또는 비행기를 타고 에베레스트 산 위를 날면서 누군가가 그 꼭대기를 가리키면서 그것이 무엇이라고 가르쳐 주었을 수도 있다. 여기서 문제가 더욱 복잡해지는 것을 피하기 위해 가정이 하나 더 필요하다. 논리학 술어로 소위 *제시적 정의*ostensive definition에 논의를 국한시키기로 한다.

이제 그 입장을 다시 요약해보자: 누군가 나에게 에베레스트 산을 가리키면서 그 이름이 에베레스트라고 말해 주었다. 이러한 과거 행동의 덕택으로 나는 지금 "에베레스트 산"이라는 단어로 히말라야의 꼭대기를 *의미*할 수 있다. 여기까지는 별 문제가 없다. 그런데 여기서

다음과 같은 질문을 제기하여 보자. "에베레스트 산"이라는 나의 현재의 발화와 그러한 과거의 행동들 사이에는 어떤 연관이 있길래, 전자의 의미를 후자가 전자에게 부여할 수 있을까? 이 질문을 일반화하자면, 어떤 표현에 대한 정의와 그 이후의 쓰임새 사이에 어떠한 연관이 있을까? 다시 말하면, 정의에 "따른다"는 것이 도대체 무엇일까? 이 질문을 피상적으로 파악하면 뻔한 것을 묻는 것처럼 보일지도 모른다. 정의는 의미를 규정하는 것으로서, 그 단어를 올바른 의미로 사용하기 위해서는 곧 정의에 규정된 바와 같은 방식으로 사용하면 된다고 대답할 수 있을 것 같기도 하다. 물론 이 대답은 어떤 점에서 완벽하게 그리고 예외 없이 옳다. 그러나 철학적 난제를 제거하는 데에 도움이 되지 않는다는 점이 이 대답의 유일한 결함이다. 왜냐하면 여전히 그 경우 정의에 의하여 규정된 바와 *같은 방식*으로 그 단어를 사용한다는 것이 무엇을 말하는지가 다시 문제되기 때문이다. 어떤 한 용례가 정의에 의하여 규정된 바와 같은지 아니면 다른지를 어떻게 결정할 것인가?

이 물음이 실질 문제임은 다음과 같은 점에서 알 수 있다. 즉각적卽覺的으로 외부에 나타나는 외양만을 고려할 때, 제시적 정의는 우리가 히말라야 상공을 날면서 짓고 내는 몸짓과 소리로 구성된다. 그러나 이 예에서 내가 영어를 배우는 중이고 그리하여 선생이 그것을 가리키면서 동시에 낸 소리가 "에베레스트" 대신에 "산"이었다고 가정해 보자. 예를 이렇게 바꾸어 보더라도 마찬가지로, "산"이라는 단어의 의미를 내가 올바로 파악했는지는 결국 그 단어가 정의에 의하여 규

정된 바와 같은 방식으로 내가 계속해서 사용하는지에 달려 있게 될 것이다. 그런데 "산"이라는 단어는 그 올바른 쓰임새가 "에베레스트"라는 단어의 올바른 쓰임새와 같을 수는 없지 않은가! 따라서 이제 "같은"이라는 단어 역시 체계적 모호성의 한 예임이 분명하다. 어떤 두 개의 사물을 같다고 보아야 할지 아니면 다르다고 보아야 할지에 관하여는 그 질문이 발생하는 구체적 맥락이 어떠한지를 알기 전에는 결정할 수 없다. 이렇게 생각해서는 아니 될 것 같은 유혹이야 아무리 강하더라도, "같음"이라는 단어에 어떤 절대불변의 의미는 없다.

하지만 최소한 *같음* 그 자체는 같지 않은가?
하나의 사물이 그 자체와 동일하다는 점에서 결코 틀릴 수 없는 동일성의 표본을 상정하고 싶어지는 경우가 많다. "어찌 되었든 여기에는 여러 갈래의 해석이 있을 수 없는 것 아닌가? 네가 어느 한 사물을 본다면 너는 동시에 동일성을 또한 보고 있는 것"이라고 말하고 싶어진다.
그렇다면 두 개의 사물이 서로 같은 경우는 그 둘이 모두 어떤 하나의 사물과 같을 때라는 말인가? 그렇지만 그때 그 하나의 사물이 내게 보여주는 바를 그 두 개의 사물에 대해 어떻게 적용할까?[15]

"같음"이라는 단어에 어떠한 해석이 부착되느냐는 문제는 그 문제

---

15) Ludwig Wittgenstein, *Philosophical Investigations*, Part I, § 215.

가 어떤 맥락에서 제기되느냐에 달렸다고 나는 앞에서 말한 바 있다. 다음과 같이 말하는 것이 어쩌면 조금 더 적확한 표현인지도 모르겠다. "같음"이라는 단어에 특정한 의미를 부착시키는 것은 우리에게 주어진 일정한 *규칙*에 따름으로써 가능하다. "산"이라는 단어의 쓰임새를 다스리는 규칙에 준거하여, 에베레스트 산을 지칭할 때나 몽블랑 산을 지칭할 때나 그 단어를 같은 방식으로 사용할 수 있다. 그러나 몽블랑 산을 "에베레스트"라 일컫는 이는 그 단어로 에베레스트 산을 가리키는 사람과 같은 방식으로 그 단어를 사용하고 있다고 할 수 없을 것이다. 이런 점에서 볼 때, 한 단어가 의미를 가진다는 것이 무엇을 말하느냐는 문제는 누군가가 규칙을 따른다는 것은 무엇을 말하느냐는 문제로 이어지게 된다.

다시 한 번, 뻔해 보이는 대답에서부터 논의의 실마리를 찾아 보기로 한다. 어떤 사람이 같은 종류의 경우에 같은 방식으로 행동한다면 곧 그는 규칙을 따르고 있다고 말하는 것이 너무나 당연한 대답으로 보인다. 이 대답은 틀림없이 옳은 대답이다. 그러나 여기서 문제되는 바에 관하여는 아무런 진전도 이루지 못한다. 왜냐하면, 지금까지 우리가 살펴본 바와 같이, "같은"이라는 단어가 확정적인 의미를 가지게 되는 것 또한 일정한 규칙에 준거하여서이기 때문이다. "'규칙'이라는 단어의 쓰임새와 '같은'이라는 단어의 쓰임새는 서로 얽혀 있다. (그것은 '명제'라는 단어의 쓰임새와 '참된'이라는 단어의 쓰임새가 서로 얽혀 있는 것과 마찬가지이다.)"[16] 따라서 "같은"이라는 단어는 어떻게 의미를 가지게 되느냐가 이제 핵심적인 문제이다. 이 문제를 다른 말로 바꾸

면, 누군가의 행동을 두고 그가 규칙을 따르고 있다고 일컬음이 어떤 구체적 맥락 안에서 의미를 가지느냐는 문제이다.

"에베레스트"라는 단어가 방금 내게 제시적으로 정의되었다고 가정해보자. 이때 내가 의식적으로 "앞으로 이 단어를 *이* 산을 가리키기 위해서만 사용해야지"라고 결심을 했다 가정해보자. 이로써 그 단어를 장차 어떻게 사용하여야 올바른 사용이 될는지에 관한 문제가 원천적으로 해결되었다고 생각되기 쉽다. 우리가 말하고 이해하는 언어의 맥락에서 이 생각은 충분히 나올 만한 것이다. 하지만 우리네 사회에서 정착되어 있는 특정 제도 즉, 우리가 실제로 말하고 이해하는 언어가 이 생각에 전제되어 있다는 바로 그 사실 때문에 철학적 난제에는 아무 도움이 되지 못한다. 어떤 것이 가능한지의 여부를 탐구하려는 출발점에서 바로 그것을 전제할 수는 없기 때문이다. 무엇보다도, "제시적 정의에 맞추어 행동한다"는 것이 무엇을 말하는지를 설명하기 어려운 것과 마찬가지로 "나의 결심에 맞추어 행동한다"는 것이 무엇을 말하는지도 어려운 일이다. 여기 내 앞에 있는 산을 내가 아무리 힘주어 가리킨들, "이 산"이라는 단어들을 아무리 힘주어 말한들, 내 결심이 장차의 경우에 어떻게든 *적용되어야* 하는 것은 마찬가지이다. 그리고 지금 논의의 핵심문제가 바로 그 적용이라는 것에 담겨 있는 내용물이 무엇이냐는 것이다. 그러므로 어떤 종류이든 *공식*으로는 이 문제가 결코 풀리지 않는다. 왜냐하면, 어떤 공식이 제시

---

16) Ibid., Part I, § 225.

되더라도 그 공식이 어떻게 적용되는지에 관한 문제가 항상 수반되기 때문이다.

어떤 행동에 있어서 그 행위자가 모종의 규칙을 따르고 있는지 아닌지를 어떤 차이점에 준거하여 가려낼 것인가? 어떤 행동에 관해서든 우리가 논의를 복잡하게 하기로 하면 이런저런 공식의 틀에 짜맞추기가 불가능하지는 않다는 점에 이 문제의 어려움이 내재한다. 그렇지만 어떤 사람의 행동을 두고 어떤 특정 공식에 따르고 있다고 해석할 수도 *있다*고 해서 곧바로 그 사람이 실제로 그 공식을 적용하고 있다고 결론지을 수 없는 것 또한 분명하다. 그렇다면 이러한 경우들 사이에 무슨 차이점이 있을까?

한 사람 — A라 부르기로 하자 — 이 흑판에 1, 3, 5, 7의 순으로 숫자를 써 나간다고 가상해보자. 여기서 A는 곁에 있는 친구 B에게 그 수열을 계속해서 써 보라 한다. 이런 상황이라면 거의 예외 없이, 그 밖에 다른 생각을 할 까닭이 없을 테니까, 9, 11, 13, 15라 대답할 것이다. 그런데 여기서 A가 이를 틀렸다고 하면서 자기가 생각한 수열은 1, 3, 5, 7, 1, 3, 5, 7, 9, 11, 13, 15, 9, 11, 13, 15와 같이 진행한다고 말하면서 그 다음을 이어 보라고 B에게 물었다고 해보자. 여기서 B가 취할 수 있는 대안은 여러 가지가 있을 수 있다. 어쨌든 B가 그 중에서 하나를 취하고 A는 그것이 아닌 다른 것을 자기는 뜻했다고 하는 식으로 사태가 진행된다고 가정하자. 이런 식으로 계속되면, 언젠가는 B가 더 이상 견디지 못하는 순간이 오게 될 것이다. 그리고 A가 여태껏 제시한 숫자들이 물론 어떤 공식의 표현이라고 할 수는 있지

만, 어쨌든 A가 *수학의* 공식을 따르지는 않고 있다고 B는 말하게 될 것이다. B의 불평은 완전히 정당하다. A가 여기서 모종의 규칙을 따르고 있는 것은 확실하다. 그런데 그 규칙은 언제나 어느 단계에서나 B가 제시하는 수열과 다른 수열로 응대한다는 규칙이다. 이 역시 그 자체로서 일종의 규칙임에는 틀림없지만 산수에 속하는 종류는 아니다.

이 예에 덧붙여 A와 이 게임을 해 본 다른 사람이 여럿 있고, 그때마다 A는 상대방이 내놓는 수열이 맞았다고 받아들인 적이 없다고 해 보자. 그렇다고 하면 위와 같은 B의 반응이 정당하다고 할 수 있는 이치가 더욱 강화된다. 이제 이 모든 것이 규칙을 따른다는 개념의 중요한 특질을 시사해 주는 것이다. 그중 하나의 특질은 어떤 행태를 두고 그 주체의 행동이 규칙 준행의 범주에 속하는지의 여부뿐만 아니라 그의 행동에 대한 *다른 사람들의 반응*도 고려에 넣어야 한다는 점이다. 보다 세밀한 논지를 짚어 말하자면, 누구의 행동을 두고 그가 어떤 규칙에 따라 행동하고 있다고 일컬음은 다른 사람이 그가 준행하는 규칙을 원칙적으로는 발견할 수 있다는 가정이 말이 될 수 있는 상황에서만 이해 가능하다는 말이다.

이 점을 조금 더 면밀하게 따져 보자. A가 1, 3, 5, 7이라고 쓸 때 B가 9, 11, 13, 15 …… 라 응대한다. 이때 산수의 기본 몇 가지만이라도 배운 사람이 B의 입장에 처하였다면 *당연히* 이렇게 응대한다는 점이 매우 중요하다. 방금 내가 그 숫자들 다음에 "……"라 쓰고, 이 글을 읽는 독자 모두가 그것을 다른 방식이 아닌 특정한 한 가지 방식으로 해석하리라는 데에 내가 현실적으로 아무런 의심을 가지지 않는다

는 사실 또한 그 점을 극명하게 보여준다. "규칙의 결과들을 내가 **당연한 것으로** 미루어 받아들일 때, 내게 그 규칙은 그 결과들을 미리 낳는 것처럼 보일 따름이다. 그때 그것이 당연한 것은 내가 이 색깔을 '파랗다'고 부르는 것이 당연한 것과 마찬가지이다."[17] 비트겐슈타인의 이러한 성찰이 수학 공식에만 국한 되는 것이 아니라 규칙 준행의 모든 사례에 적용된다는 점을 이해하지 않으면 안 된다. 예를 들어, "에베레스트" 및 "산" 등과 같은 단어의 쓰임새에도 똑같이 적용된다. 일정한 종류의 훈련이 주어졌다고 할 때, 모든 사람이 이 단어들을 다른 사람 어느 누구나와 같은 방식으로 계속하여 사용하는 것이 당연한 일이다.

특정한 문맥에서 "같음"이라는 표현에 우리가 의미를 부여하여 사용할 수 있는 것은 바로 이 덕택이다. 어떤 한 사람의 행태가 규칙을 따르는 하나의 예가 될 수 있는 경우에, 그가 다른 방식이 아닌 바로 그 한 가지 방식으로 당연히 행동한다는 점이 그의 독특한 개성을 보여주는 데에 불과한 것은 아니다. 이 점을 깨닫는 것이 지극히 중요하다. 그가 무슨 일을 하는지 다른 사람이 포착할 수 있을 때에만, 나아가 그렇게 포착한 그 행동경로를 자신의 입장에서 스스로 따라 가는 일이 원칙적으로는 가능할 때에야, 그의 행태가 그 범주 — 즉, 규칙 준행의 범주 — 에 속한다고 말할 수 있다.

---

17) Ibid., Part I, § 238.

어떤 사람이 어떤 선을 하나의 규칙으로 사용하는데 다음과 같이 한다고 상상해 보라. 컴퍼스를 가지고 그 한 끝은 여기서 "규칙"이 되는 선 위를 진행하고 다른 끝은 그 규칙에 따라가는 다른 선 하나를 그린다. 한쪽 끝으로는 규칙선 위로 따라가는 한편으로 컴퍼스의 다리를 벌렸다 오므렸다 한다. 이 작업은 매우 정밀하게 이루어진다. 마치 규칙선 상의 위치가 자신이 그 시점에서 어떻게 해야 할지를 결정해 주는 듯 그는 두 눈을 규칙선으로부터 떼지 않는다. 그런데 우리는 그를 아무리 관찰해 보아도 컴퍼스 다리의 개폐에서 아무런 규칙성도 찾을 수가 없다. 그가 규칙선을 준행하는 방식이 무엇인지 그를 관찰만 해서는 알 수 없다. 이런 경우를 만난다면 우리는 대개 다음과 같이 말하고 싶은 기분이 들 것이다. "그에게는 원래의 선이 그가 어디로 갈지를 *암시해* 주는 것 같다. 하지만 그것이 규칙일 수는 없다."[18]

그것이 왜 규칙이 될 수 없을까? 왜냐하면 규칙을 따른다는 개념은 **실수한다**는 개념과 논리적으로 분리될 수 없기 때문이다. 누군가에 관하여 그가 규칙을 따르고 있다고 말할 수 있으려면, 그가 그 일을 바르게 하고 있는지 아니면 그르게 하고 있는지를 가릴 수 있어야 한다. 그렇지 않다면 그 행태 안에 규칙이라는 개념이 자리잡을 터전이 없게 된다. 즉, 그의 행동을 규칙에 따른다고 서술한들 아무런 의미를 전달하지 못하게 된다. 왜냐하면 그런 경우 그가 이렇게 행동하든 저

---

18) Ibid., Part I, § 237.

렇게 행동하든 마찬가지일 것이기 때문이다. 반면에 규칙이라는 개념이 가지는 한 가지 특성은 우리로 하여금 그것에 의거하여 어떤 행동을 평가할 수 있게 해준다는 점이다.

이제 실수한다는 데에는 무엇이 담겨 있는지를 살펴보자 — 이에 대한 고려는 물론 무언가를 바르게 한다는 데에는 무엇이 담겨 있는지에 대한 고려를 포함한다. **확립된 바** 바르다고 여겨지는 것에 어긋남이 곧 실수이다. 그렇기 때문에, 무언가 어긋났다고 *인식될 수도 있어야* 실수가 된다. 무슨 말이냐면, 만약 예를 들어 내가 어떤 단어를 사용함에 있어서 실수를 범했다면 그 말은 곧 다른 사람 누군가가 나에게 그 실수를 지적해 줄 수 있다는 말과 같다. 그렇지 않다면, 나는 다만 내가 좋은 대로 할 것이고 그때 나의 행동에는 아무런 외부적 견제가 없게 된다. 다시 말하면, 확립된 것은 아무것도 없게 된다. 어떠한 표준을 확립한다는 일은 다른 사람에 대한 고려가 전혀 없이 한 개인이 고립되어 할 수 있는 일이 결코 아니다. 왜냐하면 확립된 표준이란 한 사람의 행동에 대한 외부적 견제와 분리될 수 없는데, 그 외부적 제약을 가능하게 해주는 것은 오로지 다른 사람들과의 접촉뿐이기 때문이다.

혹 발생할지 모르는 오해를 피하기 위해서 약간의 섬세함을 추가해야 할 것 같다. 우리가 익히 아는 바, 인간 사회에서 그 안에 확립된 언어 및 제도와 병행하여, 한 사람이 *개인적* 행동규칙을 정하여 준수하는 일은 얼마든지 가능한 일이다. 이 점을 전적으로 인정하면서, 비트겐슈타인이 주장하는 바는 다음의 두 논점이다. 첫째, 그 개인적 규칙을 다른 사람이 포착하는 일, 나아가 어떤 행동이 그 규칙에 준한 행

동인지 판단하는 일 등이 원칙적으로 가능해야 한다. 둘째, 누군가 순전히 개인적인 행동규칙을 확립할 수 있다는 말이, *만약에* 사회적으로 확립된 각종 규칙을 가지고 작동하는 인간 사회에 대한 경험을 전혀 해보지 못한 사람을 상정想定하는 의미에서라면, 전혀 말이 되지 않는 소리에 불과하다. 이 부분의 철학에서 문제가 되는 것은 규칙을 따른다고 하는 *일반개념*이다. 그런 만큼, 그 개념의 내용물을 설명하려고 하면서 그 개념이 이미 전제되어 있는 상황을 미리 주어진 것으로 상정할 자유는 아무에게도 없는 것이다.

9 / 비트겐슈타인에 관한 오해 몇 가지

규칙이라는 현상이 사회적 맥락 안에서만 존재할 수 있다는 점은 철학에서 감각의 본질에 관하여 제기되는 문제에 빛을 던져줄 수 있다. 왜냐하면 그 점은 우리가 우리의 감각에 관하여 말할 때 사용하는 언어가 공공적으로 개방된 기준에 의해서 다스려진다는 함의를 가지기 때문이다. 언어의 기준은 많은 철학자들이 상상하듯 특정한 개인에게 한정되어 본질적으로 개인적인 요소에 근거하는 것이 결코 아니다. 『철학 탐구』에서 비트겐슈타인의 논의는 바로 이 문제와 아주 밀접하게 결부되어 있다. 그런데 스트로슨P. F. Strawson이 지적하는 바와 같이 비트겐슈타인의 주장은 또한, 다수의 개인으로 구성되는 공동생활에 기초하지 않은 언어가 어떤 특정 시점에서 혹 있을 수도 있지 않

겠느냐는 가능성을 부인하는 데에도 마찬가지로 적용될 수 있다. 이 점 때문에 스트로슨은 비트겐슈타인의 입장에 반대한다. 왜냐하면 그가 보기에 이는 우리 모두가 실제로 충분히 상상해 볼 수 있는 종류의 일을 상상할 수 없다고 여기어 배제하고 있는 것처럼 보이기 때문이다. 예를 들어, 인간 사회에서 성장해 본 적이 없이 어떤 무인도에서 홀로 자라난 한 사람이 자신의 소용에 따라 스스로를 위한 언어를 고안해 내는 일을 우리는 얼마든지 하나의 논리적 가능성으로서 상상할 수 있다고 스트로슨은 주장한다. 나아가 이 섬사람과 그에 대한 관찰자(B) 사이의 접촉도 상상할 수가 있다고 그는 말한다. 그때 이 관찰자는

　　화자의 단어 및 문장을 그의 행동 및 환경에 견주어 그 양자 사이에 일정한 상관관계를 발견한다. …… 그리하여 관찰자 B는 이 섬사람이 사용하는 단어의 의미(규칙적 쓰임새)에 관한 가설을 설정할 수 있다. 어쩌면 시간이 지남에 따라 그가 그 언어를 몸소 구사할 수 있게 될지도 모른다. 그렇게 된다면, 두 사람이 각기 사용하는 용법이 상대방의 용법에 대한 하나의 견제 역할을 하게 될 것이다. 그런데 이렇듯 운좋은 결과가 나오기 전에는 (언어의 사용이 이렇듯 *공유된* "삶의 형태"를 이루기 전에는) 그 언어의 단어들이 아무 의미도 아무 쓰임새도 가지지 못한다고 말해야 할까?[19]

---

19) P. F. Strawson, "Critical Notice", *Mind*, Vol. LXIII, No. 249, p. 85.

그렇게 말하는 것이 불합리함은 자명하다고 스트로슨은 보고 있는 것 같다. 비트겐슈타인의 원칙에 따르면 상상할 수도 없고, 따라서 서술할 수도 없는 종류의 상황을 스트로슨이 정연하게 그려내는 데 성공하고 있다는 점에서 그의 주장은 설득력이 있다. 그러나 이 설득력은 단지 외견상 그렇게 보일 뿐, 사실에 있어서 스트로슨은 문제의 핵심을 완전히 놓치고 있다. 그의 서술은 애초에 지금 논의되는 문제에 아무런 공헌이 될 수 없는 종류이다. 왜냐하면 그가 그런 상황을 서술하기 위하여 사용하는 개념들이 어떤 상황에서 어떻게 적용되어야 의미를 가질는지가 바로 지금 논의의 초점이 되는 문제이기 때문이다. 스트로슨은 "언어", "쓰임새", "단어", "문장", "의미" 등등의 단어들을 ― 인용부호 안에 넣지도 않고 ― 사용하는데, 바로 그 단어들이 그런 식으로 같이 쓰일 수 있는지가 지금 논의의 주제인 것이다. 관찰자 B가 "섬사람이 사용하는 단어의 의미(규칙적 쓰임새)에 관한 가설을 설정할 수 있다"는 말은 그 섬사람이 하는 행동을 의미, 언어, 사용 등등의 단어로 우리가 언표화할 수 있다는 바탕 위에서만 의미를 가질 수 있다. 비슷한 행동이 스트로슨의 예와 다른 경우 즉, 인간 사회의 맥락 안에서 일어난다면, 그것을 그와 같은 단어로 서술함이 지극히 합당한 일일 것이다. 그러나 지금 논의되는 예와 같은 경우에 피관찰자가 이런저런 동작과 소리를 행하고 발한다는 것만으로 *그의* 제반 행동을 그런 식으로 서술할 수 있다는 결론이 나올 수는 없는 것이다. B가 자신의 행동에 견주어 피관찰자의 행동을 파악하고 그 양자 사이에 모종의 상관관계를 설정할 수는 있겠지만, 이 사실로써 스트로슨

의 입장이 강화되는 바는 전혀 없다. 왜냐하면 언어 및 의미 등속의 범주가 특정한 방식으로 적용된다고 할 때 그러한 적용을 정당화해주는 근거는 그 범주에 의하여 서술되는 행동이 아니라 그 행동들이 수행되는 *사회적 맥락*이라는 것이 비트겐슈타인의 주장에 담겨 있는 논지의 핵심이기 때문이다.

이 점은 맬컴Norman Malcolm에 의하여 뚜렷이 부각된 바 있다. 맬컴은 다음과 같은 비유로 설명한다. 스트로슨의 예에서 암소 한 마리가 나타날 때마다 그 "언어 사용자"가 어떤 음향을 낸다고 치자. 이 경우 우리가 물어야 할 질문은 무엇 때문에 그 음향이 하나의 *단어*가 되고, 나아가 그것이 암소를 가리키는 단어가 되느냐는 것이다. 앵무새 역시 그와 비슷한 종류의 동작을 행할 수 있지만, 그것만 가지고 앵무새가 말한다 — 이해하면서 — 고는 할 수 없다. 스트로슨은 마치 이렇게 생각하는 것 같다: "그건 어려울 게 하나도 없다. 그 사람이 그 기호로 하여금 일정한 감각을 지칭하게끔 *정해 놓았다*" — 이 예에 맞추자면, 그 음향이 암소를 지칭하게끔 *정해 놓았다*.[20] 그러나 이는 앞 절에서 논의된 온갖 종류의 난문을 새삼 모두 불러 일으킨다. 어떤 음향의 최초 정의와 나중의 쓰임 사이에 어떤 관계가 있느냐가 지금 바로 논의의 초점이기 때문이다.

에이어A. J. Ayer도 비트겐슈타인의 입장에 대하여 비슷한 종류의 반론을 제기한 바 있다. 그는 "사회화되지 않은" 로빈슨 크루소의 활동

---

20) Norman Malcolm, *Philosophical Review*, Vol. LXIII, 1954에 기고한 논문 p. 554.

을 서술하려 시도한다. 그런데 스트로슨과 마찬가지로 에이어도 오로지 사회적 맥락에서만 의미가 도출될 수 있는 개념들을 사용하여 그 활동을 서술하고자 한다. 예를 들어 다음과 같은 대목을 살펴보자.

날아 지나가는 새 한 마리를 보고, 그 새가 실제로는 자기가 전에 이름 붙인 것과 다른 종류임에도 불구하고, 즉 만약에 그가 좀 더 면밀히 관찰하였다면 다른 이름을 붙여 주었을 만큼 충분히 다르더라도, 그는 (즉, "크루소"는) 그것이 같은 종류라고 생각할 수도 있을 것이다.[21)]

명백히 이 서술에는 이와 같은 상황에서 "이름 붙이기" 운운이 의미를 가진다는 전제가 담겨 있다. 뿐만 아니라, "다른 이름을 붙여 주었을 만큼 충분히 다르다"는 문구는 "동일성"이라는 개념에 우리가 부착시키는 의미와 관련하여 어렵고도 예리한 온갖 질문들을 쏟아지게 만든다. 왜냐하면 "충분한 차이"란 관찰대상 안에 절대적으로 주어지는 것이 결코 아니기 때문이다. 어떤 차이가 충분한 차이인지는 오로지 특정 맥락 안에서 그 당사자의 행위를 다스리는 특정 규칙에 의거함으로써만 의미 있게 논의될 수 있다. 그런데 에이어의 주장은 그것이 특정한 규칙 그 어느 것으로부터도 독립하여 의미를 가져야 한다는 조건을 불가결한 것으로 만든다. 왜냐하면 어떠한 사회적 맥락으

---

21) A. J. Ayer, "Can There be a Private Language?", *Proceedings of the Aristotelian Society*, Supplementary Volume. XXVIII.

로부터도 독립된 규칙의 가능성을 정립시키기 위한 하나의 토대로서 에이어가 그 개념을 사용하고 있기 때문이다.

에이어는 "누군지는 알 수 없겠지만 기호를 최초로 사용한 누군가가 있었으리라는 데에는 틀림이 있을 수 없다"고 말한다. 이 말로 그가 함축하는 바는 그러한 *최초의* 사용에 어떤 사회적으로 확립된 규칙이 전제될 수는 없지 않느냐는 것이다. 그리고 이 말이 맞다면 곧 기호의 사용 전반에 있어서 사회적으로 확립된 규칙이 논리적 선행요건일 수 없다는 말이 된다. 이 주장은 매력적이기는 하지만 오류이다. 언어가 없는 상태에서 언어가 있는 상태로 역사가 진행되었다고 생각하지 않을 도리가 없다는 사실로부터 곧바로 따라서 언어를 최초로 사용한 개인이 누군가 틀림없이 있었으리라는 결론이 도출되지는 않는다. 이는 줄다리기 시합에 최초로 참가한 사람이 틀림없이 있었으리라고 보는 것과 마찬가지, 아니, 사실은 그보다 더한 어불성설이다. 리즈Rush Rhees가 에이어에 대한 응답에서 적절하게 보인 바와 같이, 언어가 어떤 개인에 의하여 발명되었다는 생각은 넌센스에 불과하다.[22] 인류의 조상들 사이에 어떤 활동이 점점 자라나지만 그 어떤 것도 언어의 발명이라 일컬을 만하지는 못한 경우를 상상할 수 있다. 하지만 이러한 활동들이 일정한 정도로 ― 여기에 대고 정확히 *어느* 정도이냐고 묻는 자체가 착오이다 ― 정제되었을 때, 그 사람들이 언어

---

22) Rush Rhees, "Can There be a Private Language?", *Proceedings of the Aristotelian Society*, Supplementary Volume XXVIII, pp. 85~87.

를 가졌다고 일컬을 수 있다. 양의 변화가 질의 변화로 이어진다는 헤겔의 원칙과 비슷한 무엇이 여기에 적용될 수 있다. 그 원칙은 나중에 더욱 자세히 논의하기로 한다.

에이어는 비트겐슈타인의 입장에 대한 또 하나의 반론을 특별히 중요시하는 것 같다. 지금까지 내가 인용해 온 논문뿐만 아니라 그보다 나중에 나온 저서 『지식의 문제*The Problem of Knowledge*』에서도 에이어는 이 반론을 이용하여 자신의 주장을 펼친다. 비트겐슈타인의 주장 중에서 가장 중요한 한 가지는 다음과 같이 전개된다.

우리의 상상 안에서만 존재하는 어떤 표(사전 비슷한)를 하나 가상해 보자. 사전은 X라는 단어를 Y라는 단어로 번역하는 일을 정당화하는 근거가 된다. 하지만 그 표를 살펴보는 일이 오로지 상상 안에서만 가능하다고 할 때에도 그것이 정당화일 수 있을까? —"정당화는 정당화인데, 그 경우에는 주관적인 정당화가 되겠지."— 그렇지만 정당화는 무언가 그 자체로서 독립적인 그 무엇에 호소하는 것이다. —"그렇다고 하더라도, 하나의 기억을 확인하기 위하여 다른 하나의 기억에 호소할 수 있잖은가? 예를 들어, 내가 기차 출발 시각을 제대로 기억하고 있는지 불확실하다면, 나는 전에 보았던 시간표를 떠올려서 거기에 어떻게 적혀있었는지를 기억하려 할 거야. 이와 마찬가지 아닐까?"— 그렇지가 않다. 왜냐하면 이 모든 과정에서 실제로 *정확한* 기억이 최소한 하나는 반드시 있어야 하기 때문이다. 만약 기억 속에 떠오른 그 시간표의 정확성 자체가 *검증될* 수 없는 종류라면, 어떻게 그 기억에

근거하여 첫 번째 기억의 정확성을 확인할 수 있겠는가? (이는 마치 조간 신문에 난 기사가 사실인지를 확인하려고 같은 신문을 여러 부 사는 것이나 마찬가지이다.)

상상 속에 존재하는 전거가 전거가 될 수 없는 것은 상상 속에서 그려진 실험의 결과를 가지고 실험의 결과로 삼을 수 없는 것과 마찬가지이다.[23]

이에 대한 에이어의 반론은 언어의 쓰임새란, 그것이 아무리 공공적으로 확립되었다고 한들, 모두가 그와 같은 어려움에 직면하게 된다는 것이다. 왜냐하면, 에이어가 생각하기에, 개별 상황에서 누군가에 의한 단어의 쓰임새가 그 언어권의 다른 사람들에 의하여 비준되어야 한다고 할 때, 그 다른 사람이 말하는 바가 무엇인지를 *제대로 알아차리는* 것이 또한 문제가 되기 때문이다. "언제든지 실수가 일어날 수 있음은 확실하다. 그런데 확인되지 않은 어떠한 등식도 받아들일 수 없다고 한다면, 제대로 알아차릴 수 있는 것이 아무것도 없다는 말과 같다. 그때에는, 따라서, 언어를 서술적 의미로 사용하는 일이 아예 불가능하게 될 것이다."[24] 비트겐슈타인의 주장에 대하여 다음과 같은 물음을 특별히 짚어서 던지는 것을 보면, 스트로슨 역시 비트겐슈타인이 이와 같은 반론에 취약하다고 생각하는 것 같다. "우리의 일

---

23) Ludwig Wittgenstein, *Philosophical Investigations*, Part I, § 265.
24) A. J. Ayer, *The Problem of Knowledge*, Chapter 2, Section V.

상언어에서 아주 *간단한* 단어들의 쓰임새에 관하여 우리가 기억을 잘 못하고, 그리하여 다른 사람들은 어떻게 사용하는지에 비추어 스스로 를 교정해야 했던 적이 한 번이라도 있나?"[25]

　　그러나 이러한 반론은 착오에서 비롯된다. 어떠한 사실 인식도 확인되기 전에 받아들여서는 아니 된다는 말, 다시 말해서 스스로의 판단을 옳다고 여기어 자족하는 일이 우리에게는 결단코 불가능하다는 말을 비트겐슈타인은 한 적이 없다. 그런 주장이 곧 무한회귀를 낳는다는 것은 너무나 명백하기 때문에, 피론Pyrrhon과 같이 회의론의 체계를 완성하려는 사람을 제외한다면 그와 같은 주장을 고수할 사람을 생각하기란 힘든 일이다. 그리고 사실에 있어서 그와 같은 회의론은 비트겐슈타인이 의도하는 바와 아주 멀리 떨어져 있다. 실제로 비트겐슈타인은 "정당화는 어디에선가는 멈추어야 한다"고 역설한다. 이 입장은 그가 제창하는 신조 대부분에 있어서 초석이 되고 있다. 예를 들어, 일반적으로 규칙이 "당연한" 방식으로 준행된다는 지적만 보아도 무한회귀를 정면에서 부인하고 있는 것이다. 특정한 개인의 판단을 독립적 기준 ─ 그 개인의 의지에 독립하여 확립된 기준 ─ 에 비추어 검증하는 일이 *가능해야* 한다는 비트겐슈타인의 주장을 에이어와 스트로슨은 오해하고 있다. 그러한 검증이 *실제로* 행해지는 것은 오로지 특별한 사정에 따라 필요할 때일 뿐이다. 그런데 필요하다면 행해질 수 있다는 그 사실로 인하여, 그러한 검증이 필요하지 않은 경

---

25) P. F. Strawson, "Critical Notice", *in Mind*, Vol. LXIII, No. 249, p. 85.

우에 관하여 우리가 할 수 있는 말이 달라지게 되는 것이다. 언어의 특정한 쓰임은 그 자체로 고립되어 있지 않다. 그것은 언어가 사용되는 일반적 맥락 안에서만 이해 가능한 일이다. 실수가 발생하면 교정하고, 실수가 있을지도 모른다는 의심이 일어나면 확인하는 등의 절차는 바로 그 맥락의 일부로서 중요한 위치를 차지한다.

사 회 과 학 이 라 는   발 상

· 2장 ·

의미 있는
행태의 본질

1 ╱ 철학과 사회학

　앞 장의 제7절에서 나는 철학이 실재에 관하여 인간이 가질 수 있는 이해의 본질을 탐구하는 것이라고 할 때 그러한 철학이 사회 내의 인간 상호관계의 본질을 규명하는 데에는 어떻게 도움이 될 수 있는지 그 경로를 일반적인 차원에서 부각해보려 하였다. 제8절과 9절에서 논의한 바 비트겐슈타인의 여러 주장들로부터 이러한 생각은 유래하였다. 인간 지성 및 그와 관련된 여러 다른 개념들에 대한 철학적 규명이 가능하려면 그러한 개념들을 사회 내의 인간관계라는 맥락 안에 놓지 않으면 아니 됨을 비트겐슈타인은 보여 주고 있기 때문이다. 최근에 철학에서 일어났다고 일컬어지는 혁명이 진정한 것이라면, 바로

이 사실에 대한 강조 및 그 점으로부터 파생되는 함축에 대한 심오한 고찰이 있어서일 것이다. 비트겐슈타인의 탐구가 바로 그 전형적인 예라 할 수 있다. "수락되지 않을 수 없는 것, 즉 주어진 것은 —이렇게 말할 수 있으리라— 바로 삶의 형태이다."[1]

나는 앞에서 인식론과 철학 내의 주변분야 사이의 관계에 관하여 다음과 같이 말한 바 있다. 전자가 이해를 운위할 수 있기 위한 일반적 조건에 초점을 맞추는 데에 비하여, 후자는 특정한 상황에서 이해가 취하는 독특한 형태에 관심을 가진다. 비트겐슈타인의 표현을 빌어 쓰자면 이 점을 다음과 같은 문장으로 다시 쓸 수 있다. 과학철학, 예술철학, 역사철학 등은 각기 "과학", "예술" 등등의 이름으로 불리는 삶의 형태가 각각 지니는 독특한 본질을 규명하는 것을 주임무로 삼는다. 한편 인식론은 그 삶의 형태라는 개념에 무엇이 함유되어 있는지를 밝히려 한다. 규칙 준행이라는 개념에 대한 비트겐슈타인의 분석 및 그 분석의 와중에서 그가 제시한 개인 간 합의의 독특한 속성에 대한 설명은 모두 바로 그러한 인식론적 규명을 위한 기여인 것이다.

이 결론은 사회연구에 관한 우리의 사고방식과 관련하여 중요한 결과를 낳게 된다. 특히 일반사회학의 이론적 부분 및 사회심리학의 기초에 대한 여파가 크다. 잘 알려진 바와 같이, 사회의 여러 양상을 각기 나름대로 연구하는 제분야에 비하여 사회학은 과연 무슨 일을 하

---

1) Ludwig Wittgenstein, *Philosophical Investigations*, Part II, xi, p. 226.

는지에 대한 논란이 끊임없이 있어 왔다. 어떤 이는 사회학이 사회과학의 정수에 해당한다고 생각한다. 다시 말해서, 경제학이나 정치이론과 같은 분야의 사회연구가 낳은 결실을 종합하여 사회 일반에 관한 하나의 통합이론을 세우는 것이 사회학의 역할이라는 것이다. 하지만 이에 반하여, 사회학은 사회과학 내의 다른 연구분야와 같은 수준에서 다만 그 자신의 고유 연구분야에 국한될 뿐이라고 보는 이도 있다. 그런데 이러한 견해 중에서 어느 것을 채택하든지, 사회현상의 일반적 본질이 무엇이냐는 질문은 사회학이 결국은 불가피하게 직면할 수밖에 없는 문제이다. 또한 사회연구에 종사하는 여러 다른 분야들 역시 이 질문에 대하여 특별히 한 자리를 할애할 수밖에 없다. 왜냐하면 이 모든 연구분야들은 어떤 방식으로든 사회현상에 관심을 기울이는 것이고, 따라서 사회현상이라는 개념에 무엇이 담겨 있는지에 대한 확실한 파악이 요청될 수밖에 없기 때문이다.

　도시화, 인종 간 접촉, 사회적 계층화, 또는 사회적 상황과 정신적 축조물 사이의 관계 등등, 사회학Wissensociologie에 속하는 모든 연구 주제에 대하여 그 사이에 구분을 짓기란 사실 지극히 어려운 일이다. 그 주제들은 각각 하나의 *총체적* 현상이라는 특징을 가지고 있어서 전체 사회 및 사회의 본질과 연관되어 있다.[2]

---

2) Raymond Aron, *German Sociology*, Heinemann, 1957, p. 119.

그런데 지금까지의 논의에 의거하면, 사회현상의 일반적 본질을 이해하는 일, 다시 말하여 "삶의 형태"라는 개념을 규명하는 일이 다름 아니라 인식론의 목표임이 분명히 밝혀졌다. 인식론자의 출발점이 사회학자의 그것과 다름은 틀림없는 사실이다. 하지만 비트겐슈타인의 주장이 틀리지 않은 한, 사회현상의 일반적 본질이라는 문제에 인식론자도 언젠가는 맞닥뜨리지 않을 수 없는 것이다. 이는 사회학과 인식론 사이에 흔히들 생각하는 바와는 다른 종류의 관계, 그리고 그보다 훨씬 밀접한 관계가 있음을 의미한다. 널리 퍼져 있는 견해를 대충 요약하자면 다음과 같다. 모든 지적 탐구는 언젠가는 철학적 난제에 봉착하게 된다. 그것은 과학적 탐구의 발전 도상에서 일시적인 장애가 되기도 하지만, 또한 많은 경우에 근본 이론상의 혁명의 전조가 되기도 한다. 동시성同時性이라는 개념에 관하여 아인슈타인이 봉착했던 어려움이 결국 특수 상대성 이론이라는 혁명의 도래를 위한 전주곡이 되었던 경우가 그러한 좋은 예이다. 이런 종류의 어려움은 철학적 문제들에서 발견되는 종류의 어려움과 근사하다. 아울러, 과학적 탐구의 정상적 진행 과정 안에서 해결될 수 있는 특정 전문분야의 이론적 문제와는 그 성격이 뚜렷이 다르다. 여기서 한 걸음 더 나아가, 새로이 발전되고 있는 분야일수록 장차의 연구에 토대가 될 수 있는 이론적 기초가 정립되지 않았고, 따라서 철학적 난문들에 봉착하기가 보다 쉽다고 보는 이들도 있다. 이들은 그것을 겪고 넘어가야 할 일시적인 단계로 보면서 동시에 가능한 한 빨리 벗어나는 것이 바람직하다고 본다. 그러나 내 생각에 이러한 견해가 사회학에도 해당된다 함

은 잘못인 것 같다. 왜냐하면 사회학에서 발생하는 철학적 문제들은 사회학이 독자적인 과학으로서 발전하기 위해서 제거되어야 할 덤터기가 아니기 때문이다. 정반대로, 사회학의 핵심적인 문제 즉, 사회현상의 일반적 본질을 구명하는 과제는 그 자체가 철학에 속하는 문제인 것이다. 기실 그 부분의 사회학은 사실은 설자리를 잘못 찾은 인식론이라고 하는 것이 아주 섬세한 표현은 아니겠지만 틀린 말도 아닐 것이다. 내가 "설자리를 잘못" 찾았다고 부른 까닭은 그 문제들이 거기서 제기됨으로 말미암아 그것들이 과학적 문제의 일종으로 잘못 이해되고, 따라서 문제 자체가 잘못 설정되는 만큼 그 취급 또한 부적절하게 이루어지는 경우가 대부분이기 때문이다.

이러한 부적절의 한 예로서 사회심리학 교과서들에서 언어가 통상 어떻게 다루어지고 있는지를 살펴보자. 언어가 무엇이냐는 문제는 곧 사회 안에서 사람들이 다른 사람들과 교호하는 방식의 특징적 성격을 묻고 있다는 점에서 사회학에서 근원적 중요성을 가짐이 명백하다. 그럼에도 불구하고 많은 중요한 문제들이 전혀 다루어지지 않은 채로 방치되고 있다. 서로 다른 사회들이 보유하는 언어에 있어서 서로 대응되는 개념들 사이에 발견되는 세밀한 차이점을 각 사회에서 영위되는 삶을 특징짓는 관심의 차이에 상응한 것으로 설명하는 사례들은 많다. 이러한 예들은 그 자체로도 흥미가 있고, 만약에 인간이 언어를 가진다는 것이 어떤 종류의 일인지를 논의하는 데 소재로 예시될 수 있다면 큰 도움이 될 수도 있을 것이다. 그런데 실제로는 논의가 그 방향으로는 거의 진행하지 않는다. 그 대신에 언어를 가졌다는 개념,

그리고 의미나 이해 가능성 등 그 개념에 수반되는 많은 개념들이 지극히 당연시될 뿐이다. 그리하여 마치 언어 ─단어는 의미를 가지고 문장은 참 또는 거짓일 수 있다는 등등의 양상을 포함하여─ 가 처음부터 존재하였고, 그 다음에 그것이 인간들 사이로 들어가 인간관계의 특정한 사례들에 맞추어 변모를 겪는 것 같은 인상을 남긴다. 의미 등등의 여러 범주가 성립하기 위하여 인간 사이의 사회적 상호작용이 *논리적* 필수요소라는 점은 여기서 완전히 간과되고 있다. 예를 들어, 교과서들은 "개념은 사람들이 집단을 이루어 함께 살아가면서 상호작용하는 과정의 산물"이라고 가르친다.[3] 그러면서도 그 저자들은 기껏해야 특정한 개념 몇 개가 얼마만큼 해당 사회의 독특한 생활을 반영할 수 있을지를 논급하는 데에 그칠 뿐 더 이상은 나아가지 않는다. 개념의 존재 자체가 집단생활에 달렸다는 점은 전혀 논의되지 않는다. 그들이 논하는 이른바 "일반화를 담지하는" 개념들과 관련하여 이 사실이 얼마나 중요한지를 그들은 전혀 이해하지 못하고 있음이 이로써 드러난다. 왜냐하면 개념이 무엇인지를 설명하기 위하여 일반화라는 도구를 사용할 수는 없기 때문이다. 일반화를 먼저 하고 난 다음에 그것을 개념에 담는 것이 아니다. 사람들이 일반화를 애초에 할 수 있는 것이 바로 그들이 가진 개념 덕택인 것이다.

---

3) M. Sherif & C. Sherif, *An Ouline of Social Psychology*, New York, Harper, 1956, p. 456.

2 / 의미 있는 행태

규칙을 따른다는 것이 어떤 종류의 일인지에 관한 비트겐슈타인의 설명은 일차적으로 언어의 본질을 규명하려는 문제의식에서 출발하였다. 그런데 그것은 인간의 상호작용 가운데 언어 이외의 다른 형태의 것들을 조명하는 데에도 도움이 된다. 여기서는 그 도움이 어떻게 이루어지는지를 보이기로 한다. 물론 여기서 다루려고 하는 활동은 우리가 언어를 논할 때 사용했던 범주들이 마찬가지로 적용될 수 있는 형태의 활동들이다. 즉, *의미*를 가졌다거나 *상징적* 성격을 가졌다는 식으로 일컬어도 말이 되는 종류의 활동이다. 막스 베버Max Weber의 표현을 빌면, 인간의 행태라는 것은 "그 행위자 또는 복수의 행위자가 거기에 주관적 *의미*Sinn를 결부시킬 때에만 그리고 꼭 그 만큼만" 성립한다.[4] 이제 의미 있는 행태라는 이 개념에는 무엇이 담겨 있는지를 고려해보자.

베버는 그가 언급하는 "의미"란 "주관적으로 의도된" 어떤 것이라고 말한다. 또한 의미 있는 행태라고 하는 생각은 *동기* 및 *이유*라는 관념과 밀접한 관련이 있다고 그는 말한다. 어떤 행태에 관하여 그 행위자 또는 관찰자로 하여금 그것이 "이유"Grund있다고 여기게끔 하는 제반 사정이 이해 가능한 방식으로 정리되면 그것이 곧 "동기"라고 베버는 정의한다.[5]

---

4) Max Weber, *Wirtschaft und Gesellschaft*, Tübingen, Mohr, 1956, Chapter I.

이유가 있어서 행해지는 행동의 예를 몇 가지 살펴보기로 하자. N 이라는 사람에 대하여 다음과 같이 말할 수 있다고 가정하자 : 지난 총 선거에서 그는 노동당에 표를 주었는데 그 이유는 노동당이 집권하면 노사 간에 평화가 유지되리라고 생각하였기 때문이다. 이 설명은 어 떤 종류일까? 실제로 일어난 일이 다음과 같다면 이 설명의 타당성이 가장 선명한 경우가 될 터이다 : 투표에 앞서서 N이 노동당에 투표할 경우의 장단점을 따져 본 연후에 "노사 간의 평화를 유지하기 위해서 최선의 방도이므로 나는 노동당에 투표해야겠다"는 분명한 결론에 도 달하였다. 누군가가 어떤 행동을 이유가 있어서 한다고 할 때 이와 같 은 경우가 그 표본에 해당하는 경우라 할 것이다. N이 그와 같이 명시 적인 추론의 과정을 거쳤다고 하더라도 여전히 그 스스로 부여한 이 유가 그 행태의 진정한 이유인지의 여부에 대한 논란이 있을 수 있음 을 부인하자는 것은 물론 아니다. 매우 많은 경우에 그런 의심의 여지 가 전혀 없다는 사실이 여기서 주목해야 할 요점이다. 만일 이것이 그 렇지 않다면, 행동의 이유라는 개념이 그 의미를 전부 상실할지도 모 르는 위험에 봉착하게 될 것이다. (나중에 파레토Pareto의 주장을 논의할 때, 이 논점의 중요성이 더욱 부각될 것이다.)

내가 표본으로 든 경우가 베버의 개념에 포섭되는 유일한 형태는 아니다. 그러나 그 표본적 경우는 어떤 특질 하나를 적시하는데, 그 특질은 이 특정 사례를 벗어나 보다 일반적인 중요성 한 가지를 담고

---

5) Ibid.

있다는 것이 내 생각이다. N이 노동당에 투표한 것을 두고 O라는 관찰자가 위에 언급한 바와 같은 설명을 제시하였다고 가정하자. 이러한 부류의 경우에서는 O의 설명에서 사용되는 여러 개념이 O 및 그의 청중뿐만 아니라 N *자신에 의해서도* 포착되어야 한다는 점이 O가 제시하는 설명의 힘을 위한 관건이 된다. 다시 말하면, "노사 간의 평화를 유지한다"는 일이 무슨 일인지, 그리고 그 일과 노동당이 선거에 승리함으로써 집권하게 될 정부의 성격 사이에 어떤 연관이 있는지 등에 관하여 N이 스스로 어떤 식으로든 자신의 생각을 가지고 있을 때에야 그러한 설명이 설명력을 가질 수 있다는 말이다. — N이 특정한 문제에 관하여 가지고 있는 믿음이 맞는지 틀린지의 문제는 지금 논의되는 주제와 상관이 없다.

그런데 의미 있는 행태라는 것이 모두 이와 같이 명확한 것은 아니다. 중간에 위치하는 예를 몇 개 들어 보자. N은 그렇게 투표해야 하는 명확한 이유를 투표하기 전에 찾아내지 못했을 수도 있다. 그렇다고 해서 N의 행태에 대하여 다른 사람이 "N은 이유가 있어서 노동당에 투표했다"고 말할 수 없는 것은 아니다. N 자신은 모르는 이유를 관찰자가 끄집어 찾아낼 수도 있기 때문이다. 이러한 경우에도 물론 마찬가지로, 표본적 경우에서 그랬던 것처럼, 그러한 설명에 담겨 있는 여러 개념이 N으로서 파악할 수 있는 종류일 경우에만 그것이 설명으로서 성립된다. 만약 노사 간의 평화라는 개념 자체를 N이 파악할 능력이 없는데 그가 노사 간 평화의 증진을 원하는 이유로 어떤 일을 한다고 말한다면 어불성설에 불과할 따름이다.

내가 표본이라 부른 예로부터 더욱 먼 거리에 위치하는 예를 하나 들자면 프로이트Sigmund Freud가 『일상생활의 정신병리학*The Psycho-pathology of Everyday Life*』에서 다룬 사례 가운데에서 찾을 수 있다. N은 깜박 잊고 편지를 부치지 않았다. 그리고 그 일이 *단순한 망각*이었을 뿐 특별한 이유는 아무것도 없다고 주장한다. 프로이트를 추종하는 관찰자는 이 경우 그 이유가 N 자신에게 드러나지는 않았지만 그에게 "어떤 이유가 있었음"에 틀림이 있을 수 없다고 단언할 것이다. 어쩌면 과거에 고통스러웠고 따라서 기억 저편으로 몰아내고 싶은 어떤 사건과 편지 부치는 일을 N이 무의식 속에서 결부시켰을지도 모른다고 말할 것이다. 심상尋常하게 관찰하는 사람으로서는 아무런 의미도 찾을 수 없는 종류의 행동을 프로이트는 베버 식의 표현을 빌어 "의미 있는 방식으로 유도된meaningfully directed; sinnhaft orientiert" 행동으로 분류한다. 경계에 위치하는 여러 사례들을 논의하면서, 베버가 "전문가에게만" 그 의미가 드러나는 행동을 언급한 까닭은 바로 이런 종류를 가리키기 위함으로 보인다. 이런 점에서, 의미라는 것이 "주관적으로 의도된" 어떤 것이라고 한 베버의 정의는 매우 조심스럽게 해석되어야 한다. 예컨대 긴즈버그Morris Ginsberg는 이를 해석하기를, 다른 사람의 행태를 이해함에 있어 사회학자는 자신의 경험에 관한 내성적內省的 이해에 기초해야 한다는 의미로 받아들이는데,[6] 이는 성급한 해석이다. 베버에 대한 이런 종류의 오해는 그에 대한 비판자뿐만 아니라

---

6) Cf. Morris Ginsberg, *On the Diversity of Morals*, Heinemann, 1956, pp. 153 ff.

사회과학이라는 발상

통속적 추종자들 역시 공통적으로 저지르는 일인데, 이에 관하여는 뒤에서 좀 더 논의하기로 한다. 어쨌든 주관적 관점이 중요하다는 베버의 강조는 긴즈버그 식의 반박 여지를 전혀 허용하지 않는 방식으로도 충분히 해석가능하다. 프로이트 식의 설명[7] 역시 설명으로서 성립되기 위해서는 거기에 사용되는 범주들이 관찰자뿐만 아니라 행위자에게도 익숙한 것이어야 한다는 말을 베버가 하고 있다고 해석할 수가 있는 것이다. N이 X에게 — 이를테면 부채를 청산한다든가 하는 따위의 목적으로 — 보낼 편지를 잊고 부치지 않았다고 할 때, 그 이유로서 X가 자기를 타고 넘어 승진한 사실에 기인한 무의식적 반감이 그렇게 표현되었다고 해보자. 그런데 이때 만약 "자기를 타고 넘어 승진했다"는 말이 무슨 말인지를 N이 애초에 이해할 수 없다고 한다면 그러한 설명이 성립될 수가 없다. 실제 심리치료의 상황에서 프로이트주의자들이 그런 종류의 설명을 모색할 때, 환자 자신으로 하여금 제시된 설명의 타당성을 이해하도록 애쓴다는 사실을 이 맥락에서 새삼 상기해 볼 가치가 있다. 다시 말해서, 이는 그러한 설명이 "옳은" 설명이라 인정되기 위하여 거의 필수적으로 충족되어야 할 하나의 조건인 것이다.

어떠한 행위자가 지금까지 논의한 의미의 "이유" 또는 "동기"를 전혀 가지지 않고 행동한 경우에조차 의미 있는 행태라는 범주는 적용

---

7) 즉, 베버 식의 어법으로 일컫자면 "전문가에게만 그 의미가 드러나는 행동". 베버가 이 범주의 행동 역시 의미 있는 행동, 다시 말하여 "주관적으로 의도된" 행동 안에 포함시키고 있음을 염두에 둔다면 긴즈버그의 해석이 어디서 어긋나고 있는지를 알 수 있다. (역주)

될 수 있다. 『경제와 사회Wirtschaft und Gesellschaft』 제1장에서 베버는 의미 있는 행동과 "순전히 반응적인purely reactive; bloss reaktiv" 행동을 대조시킨다. 그리고 순전히 *전통적인* 행동은 이 양자 사이의 경계에 위치한다고 말한다. 그런데 파슨스Talcott Parsons도 지적하듯이, 베버가 이에 관하여 일관적이지는 않다. 즉, 그는 어떤 때는 전통적 행태를 다만 습관의 일종으로 간주한다. 다른 때에는 그것이 "일종의 사회적 행동으로서, 모종의 본질에 고착됨으로써 합리적 비판 또는 여타 종류의 비판으로부터 면제된다는 점에 그 전통성이 있다"고 말하기도 한다.[8] 이러한 행동의 한 예로 베버는 고착된 생활수준과 관련된 경제적 행태의 예를 든다. 노동 생산성이 증가할 때에 생활수준을 고양하는 데에 그것을 이용하는 대신 일을 덜 함으로써 생활수준을 그대로 유지하는 행태가 그러한 경우이다. 이런 의미의 전통을 단순한 습관과 동일시할 수는 없다고 파슨스는 지적한다. 그것은 *규범으로서의* 성격을 가지고 있다는 것이다. 다시 말하여, 이런 경우 전통은 여러 대안 중에서 특정 선택을 유도하는 일종의 표준으로 간주된다. 그런만큼, 이 종류의 행태 역시 *의미 있는*sinnhaft 것의 범주에 속함이 분명하다.

N이 노동당에 투표하기는 하였지만 사전에 어떤 고려도 없었을 뿐만 아니라 사후에 아무리 생각해 보아도 특별한 이유를 짜낼 수 없는 경우를 상상할 수 있다. 언제나 노동당에 투표하는 아버지 및 친구들

---

8) Talcott Parsons, *The Structure of Social Action*, Allen & Unwin, 1949, Chapter XVI.

을 따라 아무런 생각 없이 그냥 투표했다고 가정해보자. — 아버지와 친구들이 노동당에 투표한다는 사실이 N이 노동당에 투표한 *이유*를 구성하는 경우와 이 경우는 다르다. 이때 N이 이유가 있어서 행동하지는 않지만 그의 행동은 분명한 의미를 가진다. 그가 한 일은 **단순히** 종이 위에 어떤 표시를 한 데에 지나지 않는 것이 아니다. 그는 **투표를 한** 것이다. 여기서 내가 궁금한 것은 바로 이 의미를 그의 행위에 부여해 주는 것이 무엇이냐는 것이다. 왜 그것이 일종의 게임 아니면 종교적 의식의 일부가 아니라 투표 행위라는 의미를 가질까? 이 질문을 더욱 일반화하면, 의미를 가지는 행위와 그렇지 않은 행위를 우리가 구분하는 기준은 무엇일까?

「유물론적 역사 이해에 대한 슈타믈러의 '극복' R. Stammlers 'Überwindung' der materialistischen Geschichtsauffassung」이라는 논문에서 베버는 "비사회적" 존재 둘이 만나서 물건들을 순전히 물리학적 의미로 "교환"하는 경우를 가정하여 논의한다.[9] 베버는 말하기를, 이러한 사태를 일종의 *경제적* 교환으로 생각할 수 있는 바탕은 오로지 그 행위가 의미를 가질 때뿐이라고 한다. 나아가 현재 두 사람의 행위가 그들의 미래 행태를 향하여 모종의 규율을 수반하거나 또는 표상하여야 한다고 베버는 말한다. 의미 있는 행위는 상징적이다. 그것은 그 행위자로 하여금 미래에 다른 방식을 다 버리고 오직 특정한 방식의 행동 경로에 *발을 담그게* 한다는 의미에서 여타 여러 행동들과의 연관 안에

---

9) Max Weber, *Gesammelte Aufsätze zur Wissenschaftslehre*, Tübingen, Mohr, 1922.

서 이루어진다. 경제적 교환 또는 약속의 준수와 같이 즉각적으로 사회적인 의미를 가지는 행위에서 이 "발을 담근다"는 개념은 명백히 타당성을 가진다. 동시에 의미 있는 행태 중에서 보다 "개인적" 속성을 지니는 종류에도 그 개념은 역시 적용된다. 베버의 예를 계속 들어 보자. N이 책갈피에 종이 쪽지 한 장을 끼워 두는 것을 두고 그가 그것을 "책갈피를 표시하기 위하여 이용한다"고 일컬을 수 있는 것은 오로지 그가 다음에 어디서부터 읽을지를 결정하기 위하여 그 쪽지를 사용한다는 생각을 가지고 그렇게 행동했을 때뿐이다. 미래에 *실제로* 그가 반드시 그렇게 하여야 함을 —만일 그렇게 한다면 그 경우가 표본적 경우에 해당하겠지만— 주장하고 있는 것이 아니다. 만약 그가 그렇게 하지 않는다면 특별한 설명이 요청되리라는 점이 여기서 핵심적으로 중요하다. 물론 그 설명 자체는 잊었다든가, 생각이 바뀌었다든가, 또는 그 책에 싫증이 났다든가 등등 온갖 형태로 나타날 수 있을 것이다.

내가 지금 하는 행동으로 인하여 동시에 미래의 어떤 행동에 발을 담그게 된다는 생각은 앞 장에서 논의한 바 정의와 그렇게 정의된 단어의 차후 쓰임새 사이에 어떤 연관이 있는지의 문제와 그 형태에 있어서 동일하다. 내가 현재의 행동으로 인하여 미래의 어떤 행동에 발을 담그게 되는 것은 오로지 현재의 행동이 *어떤 규칙의 적용*일 때뿐이라는 결론이 그로부터 도출된다. 앞 장에서 주장한 바에 따르면, 오로지 행위가 사회적 맥락과 관계되어 있을 때에만 이것이 가능하다. 가장 개인적인 행위조차 의미를 가지려면 사회적 맥락 안에 놓아야 한다.

사 회 과 학 이 라 는 발 상

N의 투표행위로 돌아가 보자. 두 가지의 전제 위에서만 그것은 가능하다. 우선 N은 사회 안에서 살고 있어야 하며, 또 그 사회는 어떤 특정한 정치제도를 갖추어야 한다. 즉, 의회를 일정한 방식으로 구성하고 그 의회는 또한 정부와 일정한 방식으로 관계를 맺어야 한다. 만약에 그가 사는 사회가 가부장적 정치 구조를 가진 사회라고 해보자. 그렇다면 그의 행동이 선거에 의하여 정부가 성립되는 나라에서 투표자가 하는 행위와 겉으로는 아무리 닮아 보인다고 할지라도, 그가 특정한 정부 쪽에 "투표"하였다고 말한다는 것은 어불성설일 것이다. 둘째, 그러한 제도가 N 자신에게 어떤 정도로든 익숙한 것이어야 한다. 여기서 그의 행위는 그 나라의 정치생활에 대한 참여의 일종이어야 하는데 이는 곧 다음을 전제하는 것이다 : 현재 자신이 하는 행동과 선거 후에 집권하게 될 정부 사이의 상징적 관계를 그가 스스로 깨닫고 있어야 한다. 정치생활을 그런 식으로 조직하는 일이 생소한 사회에 "민주적 제도"가 외국인 통치자에 의하여 부과된 여러 사례들을 고려하여 보면, 이 조건이 지니는 힘이 더욱 분명해진다. 그러한 나라의 주민들로 하여금 종이쪽지에 표식을 하여 상자에 넣는 동작을 하도록 유인할 수는 있을 것이다. 그러나 단어의 의미가 유지될 수 있으려면, 그들이 스스로 하는 행동의 의미를 전혀 깨닫지 못하는 한, 그들의 행동을 "투표"라고 부를 수는 없는 노릇이다. 그런 식으로 이루어진 "투표"의 결과 특정한 정부가 집권하게 된다고 하더라도 이 점이 크게 달라질 수는 없다.

3 / 행동과 선념先念: precept

나는 의미 있는 행태를 분석함에 있어 규칙이라는 개념이 핵심적으로 중요하다고 지금까지 주장하였다. 그리고 의미 있는 행태 — 따라서 인간에게 특징적인 행태 — 는 모두, 의미 있다는 바로 그 사실로 인하여, 규칙에 따른 행동이라고 주장하였다. 그런데 이런 식으로 말하게 되면 꼭 필요한 구분 하나를 흐리게 된다는 반론이 제기될 수 있다. 즉, *어떤* 종류의 활동에서는 그 행위자가 규칙의 준수라는 틀 안에서 움직이지만, 다른 종류의 활동에서는 그렇지 않다는 구분이다. 예를 들어, 자유로이 사고하는 아나키스트의 삶을 두고 승려나 군인이 그러한 것과 같이 규칙에 의하여 제약받는다고 말할 수는 없는 노릇이다. 이토록 상이한 두 가지 삶의 형태를 단일한 근본범주 아래 포섭하려는 것은 잘못된 일이 아닐까?

이 반론은 규칙이라는 개념을 사용함에 있어서 얼마나 조심스러워야 하는지를 보여준다. 하지만 그 때문에 지금까지 내가 따라온 말하는 방식이 부적절하다든가 또는 혼미하다는 결론이 나오는 것은 아니다. 내가 규칙을 논할 때 의도한 바와 같은 선상에서 보면, 아나키스트 역시 그가 하는 일 안에서는 규칙을 따르고 있다고 말할 수 있다. 승려에 대하여 그렇게 말할 수 있는 것이나 마찬가지라는 사실에 주목하여야 한다. 이 두 종류의 사례 사이에 존재하는 차이점은 그 하나는 규칙 준행의 예이고 다른 하나는 그렇지 않은 데에 있는 것이 아니라, 그 각각의 경우 준행되는 규칙이 서로 다른 **종류**라는 데에 있다.

승려의 삶에서 작용하는 규칙은 빈틈없이 짜여져서 행태를 명시적으로 규율한다. 행동이 필요한 상황에서 개인의 선택에 맡겨지는 폭을 가능한 한 줄이려고 한다. 이와는 달리 아나키스트는 가능한 한 명시적 규범을 회피하고, 모든 행동의 근거를 "그 자체에만 초점을 맞추어" 고려한다는 데에서 자부심을 가진다. 즉, 구체적인 상황에서 어떠한 행동을 선택할지를 미리 결정하지 않는 종류의 규칙을 그는 따르고 있는 것이다. 그렇다고 해서 그의 행태를 서술함에 있어 규칙이라는 관념을 철저히 배제해야 한다는 얘기가 되는 것은 아니다. 다소 용장冗長하지만 매우 중요한 문구 하나를 써서 그 까닭을 설명하자면, 그 아나키스트가 살아가는 방식 역시 *하나의 살아가는 방식*이기 때문이다. 그것은, 예를 들어, 광기가 발동한 광인의 무의미한 행위와 구별되어야 한다. 아나키스트는 스스로 이유가 있어서 그렇게 행동한다. 명시적이고 융통성 없는 규칙에 의하여 통제되지 않겠다는 것으로 *하나의 목적을 삼고 있는* 것이다. 그가 선택의 자유를 보유하는 것은 사실이지만, 그의 선택은 여전히 의미 있는 선택이다. 행동의 선택이 사고에 의하여 인도되고, 저렇게 행동하지 않고 이렇게 행동할 때 어쩌면 그에게 훌륭한 이유가 있을 수도 있다. 그 아나키스트가 보이는 행태의 양식을 서술하기 위해서 필요한 이 모든 범주들이 곧 모종의 규칙을 전제하고 있다.

비근한 예를 하나 들어 보자. 영어로 쓰기를 배울 때, 복수 주어에 단수 동사를 사용하면 안 된다는 것과 같이 분명하게 고정된 문법의 규칙들을 배우게 된다. 이러한 규칙들은 대체로 수도修道 생활을 규율

하는 명시적 규칙에 상응하는 종류라 할 수 있다. 정확한 문법의 관점에서 볼 때 "they were"와 "they was" 사이에 개인의 판단에 맡겨진 선택의 여지는 없다. 문법에 맞추어 영어 문장을 쓸 줄 아는 사람에게 이 두 표현 중 어느 것을 써야 하느냐는 문제는 애초에 발생하지조차 않는다. 하지만 글을 배울 때 오로지 이런 것만을 배우는 것은 아니다. 예를 들어, 문체상의 준범準範도 역시 배우게 된다. 그런데 문체의 준범은 글 쓰는 이로 하여금 어떤 식의 문장을 쓸지에 관하여 하나의 지침을 제공하여 주는 것은 사실이지만, 저렇게 써서는 안 되고 이렇게 써야 한다는 식으로 문장을 *불러주는* 것은 아니다. 이와 같이 사람들은 각자 개인적인 문체를 가질 수 있는 반면에, 문법적으로는 ―물론 이 역시 일정한 한도 안에서만 타당한 말이지만― 맞는 문장 아니면 틀린 문장을 쓸 수 있을 뿐이다. 그렇다고 해서 문체를 규율하는 규칙은 아무것도 없다고 말한다면 명백히 잘못된 말일 것이다. 문체 역시 학습될 수 있고, 토론의 대상이 될 수도 있다. 그리고 그것이 그와 같이 학습될 수 있고 논의될 수 있다는 사실이 그것에 대하여 우리가 터득하여 보유하고 있는 이해의 정수精髓를 이루는 일부분이다.

이 논점에 대하여 제기된 반론 중에서 설득력을 갖춘 주장 하나를 택하여 검토해 보는 것이 어쩌면 이 논점을 보강하기 위해서 가장 좋은 방법일 것 같다. 『케임브리지 저널Cambridge Journal』에 발표한 일련의 논문에서 오크쇼트Michael Oakeshott가 그러한 반론을 펼친 바 있다.[10] 오크쇼트의 주장 대부분은 인간의 행태에 관하여 이 글에서 내가 제시하고 있는 견해와 일치한다. 따라서 그의 주장 중에서 나머지

부분을 비판하기에 앞서 나와 일치하는 부분을 먼저 살피기로 한다.

오크쇼트가 거부하는 주장이 한 가지 있는데, 그것을 그는 인간의 지성과 합리성의 본질에 관한 "합리주의적" 오해라 일컫는다.[11] 그리고 이에 대한 그의 거부는 내가 옹호해 온 입장과 아주 잘 부합한다. 오크쇼트가 오해라 일컫는 견해에서는, 인간 행태의 합리성이 외부로부터 전달된 것이라고 본다. 그 자체의 법칙에 따라 작동하며, 그러한 작동이 실제로 벌어지는 상황 즉, 개별 활동들의 구체적 형태에 의존하지 않고 원칙적으로 독립적인 지성의 기능에서 그 합리성이 나온다는 것이다.

오크쇼트가 반대하는 견해의 좋은 일례로는 흄의 유명한 주장 —흄을 그가 직접 명시하여 비판하지는 않았지만— 을 들 수 있다: "이성은 열정의 노예이고 또 그래야만 한다. 이성은 열정에 봉사하고 복종하는 일 이외에 어떠한 과업에 관해서도 능력이 있는 체해서는 아니된다." 이 견해에 따르면, 인간 행위의 목적은 자연이 인간의 감정을 어떻게 축조하느냐에 따라서 설정된다. 일단 목적이 그와 같이 주어진 연후에, 이성이 주로 할 일은 그 목적을 달성하기에 적합한 수단이 무엇인지 결정하는 일이다. 이는 곧, 인간 사회를 그 이외의 사회와 구별짓는 종류의 활동은 이렇듯 이성과 열정 사이에서 일어나는 교호 작용에 유래한다는 주장과 같다고 미루어 짐작할 수 있다. 이러한 그

---

10) 이 논문들은 『정치에 있어서 합리주의*Rationalism in Politics*』, (London, Methuen, 1962)라는 제목의 단행본으로 묶이어 출판되었다.

11) Cf., Michael Oakeshott, "Rational Conduct", *Cambridge Journal*, Vol. 4.

림에 반대하여 오크쇼트가 다음과 같이 지적한 것은 아주 정확하다 : "요리사라는 말이 뜻하는 바는 파이의 비전을 먼저 가진 연후에 그것을 만드는 일에 착수하는 사람이 아니다. 요리사란 요리의 솜씨를 갖춘 사람을 말할 뿐이다. 그가 앞으로 해야할 일 및 그가 지금까지 이룬 일 모두가 그 솜씨로부터 나온다."[12] 이 논지는 일반화할 수 있다. 그리고 일반화하면 다음과 같은 말이 될 것이다. 인간의 삶에서 추구되는 목표와 채용되는 수단이 사회활동의 형태를 창출하는 것이 결코 아니라, 활동의 여러 형태가 없다면 목표와 수단이 있을 수조차 없는 것이다. 예를 들어, 자신의 목표가 신과의 합일에 있다고 말하는 종교적 신비주의자가 있다고 해보자. 이런 목표를 추구하는 종교적 전통과 전혀 접점接點이 없는 이로서는 이 사람을 도저히 이해할 수가 없을 것이다. 어떤 과학자의 목표가 원자를 쪼개는 데에 있다고 할 때, 현대 물리학에 익숙한 사람만이 그를 이해할 수 있는 것도 역시 마찬가지 사실을 보여 준다.

인간 활동의 형식을 일군의 명시적 선념先念: precept으로는 결코 요약할 수 없다고 오크쇼트가 말한 것은 바로 이 때문이고, 또한 그가 옳다. 활동이 선념의 *너머에 있는* 것이다. 예를 들어 다음과 같은 방향으로 생각하려고 한 번 시도해보자 : 선념은 실제 행동에 적용되어야 한다. 이때 그것이 어떻게 적용되어야 하는지를 처방 내리기 위하여 한 단계 높은 종류의 선념을 형성할 수 있다고 해보자. 하지만 이런 식으

---

12) Ibid.

로 가다가는 곧 지극히 미끄러운 고갯길을 만나지 않을 수 없다. 논리학자 사이에서 크게 주목받은 논문 「거북이가 아킬레스에게 한 말」에서 루이스 캐롤Lewis Carroll이 지적한 바가 바로 그 고갯길이다.[13]

아킬레스와 거북이가 A, B, Z, 세 개의 명제를 가지고 토론하였다. 이 셋은 서로 관련이 있어서, A와 B로부터 논리적으로 Z가 귀결되는 것이었다. 이때 거북이는 아킬레스에게 만약 자기가 A와 B를 참으로 받아들이기는 하면서 "A와 B가 참이면, Z도 틀림없이 참"이라는 명제 (C)는 참으로 받아들이지 않는다면 어떻게 하겠느냐고 묻는다. 그리고 아킬레스에게 자기로 하여금 Z를 참으로 받아들이게끔 논리적으로 속박하여 보라고 도전한다. 아킬레스는 우선 거북이더러 C가 참임을 인정하라고 한다. 그리고 거북이가 그것을 인정하자 자신의 공책에 다음과 같이 적는다:

"A

B

C (A와 B가 참이면, Z도 틀림없이 참이다)

Z."

아킬레스는 이제 거북이에게 "네가 A, B, 그리고 C를 받아들인다면, Z도 역시 받아들여야 한다"고 말한다. 왜 그러냐는 거북이의 반문에 아킬레스는 "왜냐하면 그 결론이 *논리적*으로 도출되기 때문"이라고 대답한다. "만약 A, B, C가 모두 참이라면 Z도 참일 수밖에 없다

---

13) Lewis Caroll, "What the Tortoise Said to Achilles", *Complete Works*, Nonesuch Press.

(D). 내 생각에 너도 *그것*을 부인하지는 않을 것 같은데?" 거북이는 만약 아킬레스가 명제 D를 공책에 추가로 적어 넣는다면 D를 받아들이겠다고 한다. 이후로 다음과 같은 대화가 계속된다.

"자 이제 너는 A, B, C, 그리고 D를 받아들였다. 따라서 당연히 Z도 받아들여야 한다."

"정말 그래?" 하고 거북이가 천진스럽게 되받았다. "그 점을 명확히 해보자. 나는 A, B, C, 그리고 D를 받아들였다. 그런데 *아직도* Z를 받아들일 수 없다고 한다면 어떻게 할래?"

"그러면 논리가 네 목을 졸라서 *강제로* 그렇게 하게끔 만들고 말 거야!" 아킬레스가 승리감에 취해서 대답하였다. "논리는 너에게 '네게는 선택의 여지가 없어. A, B, C, D를 모두 받아들인 한, Z 역시 받아들이지 *않을 수 없다*'고 말할 거야. 따라서 너에게는 보다시피 선택의 여지가 없어."

"*논리*가 친절하게 알려주는 것이라면 무엇이든지 *적어 둘 만한* 가치가 있을 거야." 거북이가 말했다. "그러니 그것도 네 공책에 적어 넣어 주면 좋겠다. 그리고 그것을 E라고 부르자.

(E) 만약 A, B, C, D가 참이면, Z 역시 틀림없이 참이다.

이제 내가 *그것*을 받아들이기 전에는 Z를 받아들여야 하지는 않음이 분명하지? 그러므로 이것이 *반드시 필요한* 단계인 것 같아. 네 생각은 그렇지 않니?"

"그런 것 같구나" 하고 대답하는 아킬레스의 목소리에는 슬픔의 색

조가 묻어 있었다.

　이 이야기를 우리에게 전하는 해설자는 여기서 자기 갈 길을 간다. 그리고 몇 달 후 그가 여행을 마치고 돌아왔더니, 여전히 그 둘이 그 자리에 남아 있었고, 달라진 것은 다만 공책에 빈 자리가 거의 남아 있지 않았다는 데서 이 이야기는 끝난다.

　새삼스러운 일이지만 굳이 적시하자면, 이 이야기의 교훈은 논리의 핵심 부분에 해당하는 실제 추론 과정을 어떤 논리 공식으로 표상할 수는 없다는 것이다. 또, 일단의 전제로부터 어떤 결론을 이끌어내는 추론이 정당한지를 확인하기 위해서는, 그러한 결론이 정말로 도출됨을 확인하는 것으로 충분하다는 것이다. 더 이상의 정당화를 고집하는 것은 조심성이 지나친 정도가 아니라, 추론이 무엇인지에 관한 오해를 노정하는 일이 된다. 추론할 줄 알게 되는 일이 단순히 명제들 사이에 어떠한 명시적 논리 관계가 있는지를 배우는 일은 아니다. 그것은 무언가를 할 줄 알게 되는 일이다. 오크쇼트는 바로 이 점을 일반화하여 말하고 있다. 캐롤은 논리적 추론에 대해서만 언급하고 있고, 오크쇼트는 비슷한 주장을 인간 활동 전반에 대하여 펼치고 있다.

4／규칙과 습관

　앞 절의 논의는 제1장에서 약술된 입장과 잘 어울린다. 원칙, 신념,

정의定義, 공식 등등, 이 모두는 그것들이 실제로 적용되는 인간의 사회적 활동이라는 맥락 안에서 의미를 획득한다. 그런데 오크쇼트는 여기서 나아가 한 걸음을 더 내딛으려 한다. 즉, 그는 이 점이 다음과 같이 귀결된다고 생각한다 : 대부분의 인간 행태는 **습관** 또는 **관습**이라는 개념으로 충분히 서술될 수 있고, 규칙 및 내적 성찰과 같은 개념은 필수적이지 않다. 그런데 내가 보기에 이것은 실수인 것 같다. 지금부터 그 이유를 설명하겠다.

「바벨탑」이라 제목이 붙은 논문에서 오크쇼트는 두 가지 형태의 도덕을 구분한다. 하나는 "감성과 행태의 습관"이고 다른 하나는 "도덕적 기준의 성찰을 통한 적용"이다.[14] 여기서 그는 "성찰적" 도덕과 분리되어 "습관적" 도덕이 존재할 수 있다고 생각하는 것 같다. 그에 따르면, 습관적 도덕에서는 상황에 대한 대처가 "행태에 관한 어떤 규칙을 우리 자신에게 의식적으로 적용함으로써도 아니요, 도덕적 이상의 구현이라 인지되는 행위에 의해서도 아니라, 행태의 일정한 습관에 따라 행동함으로써" 이루어진다. 이러한 습관은 선념에 의하여 습득되는 것이 아니고, "습관에 의하여 일정한 방식으로 행동하는 사람들과 더불어 삶으로써" 습득된다. 이렇듯 오크쇼트는 일정한 규칙이 *의식적*으로 적용되고 있는지의 여부가 습관적 행태와 규칙에 의하여 다스려지는 행태를 구분하는 관건이라 생각하는 것 같다.

이에 대한 반론으로서 나는 다음과 같이 말하고자 한다. 어떤 사람

---

14) Michael Oakeshott, "The Tower of Babel", *Cambridge Journal*, Vol. 2.

의 행동이 어떤 규칙의 적용인지의 여부는 그가 그 규칙을 *형상화할* 수 있는지가 아니라, 그의 행동과 관련하여 어떤 일을 바르게 하는 방식과 그릇되게 하는 방식을 구별하는 것이 말이 되는지의 여부에 달렸다. 그것이 말이 되는 경우라면, 그와 같이 행함에 있어서 그가 모종의 규준을 적용하고 있다고 말할 수 있을 것이다. 그때, 그가 그 규준의 형태를 실제로 의식하고 있느냐의 여부 및 제시할 수 있는지의 여부는 여기서 상관이 없다.

어떤 일을 하는 방법을 습득한다는 것은 단순히 다른 사람이 하는 일을 모방함과 같지 않다. 시작은 그렇게 될 수 있다. 그러나 학생의 터득 정도를 선생이 평가할 때 초점은 그가 모방만 해서는 할 수 **없는** 부분을 수행할 능력이 있는지의 여부에 놓이게 될 것이다. 이런 사정을 비트겐슈타인은 매우 훌륭하게 서술하였다. 그는 우리더러 자연수의 수열을 배우는 사람의 경우를 생각해 보라고 한다. 어쩌면 처음에 그는 그의 선생이 쓰는 대로 모방할 수밖에 없을지도 모른다. 선생이 손을 잡아 이끌어주는 경우도 충분히 생각할 수 있다. 하지만 나중에 언젠가는 "똑같은" 일을 스스로 해보라는 말을 듣게 될 것이다.

이미 여기서 그 말을 듣는 사람의 반응 가운데 정상적인 것과 비정상적인 것이 나오게 된다. …… 예를 들어, 그가 숫자들을 혼자서 옮겨 쓰기는 하지만 그 순서가 올바르지 못한 경우를 상상해 볼 수 있다. 즉, 이 숫자 저 숫자를 무질서하게 옮겨 쓰는 경우이다. 그렇게 되면 *바로 그 순간* 소통이 끊긴다. 또는 그가 순서에서 "실수"를 범하는 경

우도 있을 수 있다. —이 경우와 앞의 경우의 차이는 물론 빈도의 문제일 것이다.— 아니면 그가 *체계적*으로 실수를 범할 수도 있다. 예를 들면, 숫자를 하나씩 건너뛴다든지, 또는 0, 1, 2, 3, 4, 5 …… 의 수열을 1, 0, 3, 2, 5, 4 …… 와 같이 옮겨 적을 수도 있다. 이런 경우에 대개 우리는 그가 잘못 이해했다고 말하게 된다.[15]

여기서 요지는 선생이 보여준바 본을 따름에 있어 학생이 이렇게 할 가능성도 있고 저렇게 할 가능성도 있음이 *중요하다*는 점이다. 그러니만큼 선생의 본을 따르는 습관뿐만 아니라, 어떤 방식으로 따르면 괜찮고 다른 방식은 안 된다는 깨달음도 함께 획득해야만 한다. 다시 말하면, 기준을 적용할 수 있는 능력을 획득하여야 하는 것이다. 선생이 하듯 같은 식으로 일을 하는 것뿐만 아니라, *무엇이 같은 방식에 해당하는지*를 습득하여야 한다.

이 구별의 중요성은 비트겐슈타인의 예화를 한 단계 더 미루어 생각해 보면 뚜렷해진다. 자연수의 수열을 배운다는 것은 단순히 눈 앞에 제시된 유한한 개수의 숫자를 순서대로 베끼는 일과는 다르다. 제시되지 않은 숫자들도 *계속하여 써 나갈 수 있는 능력*이 여기에는 포함되는 것이다. 어떻게 보면, 이는 곧 그가 최초에 눈으로 본 것과는 *다른* 일을 행하여야 한다는 측면이 있다. 그럼에도 불구하고, 거기서 준행되는 *규칙과의 관련 안에서*, 그 일은 원래 제시된 것과 "같은 식"

---

15) Ludwig Wittgenstein, *Philosophical Investigations*, Part I, § 143.

이라 판정되는 것이다.

    습관을 가진다는 것은 같은 종류의 일을 지속적으로 행하는 성향의
획득이라 말하는 데에 일리가 있다. 또, 규칙을 습득한다는 것이 무엇
인지에 대해서 그렇게 말하는 데에도 일리가 있다. 이 두 가지 일리는
분명히 서로 다르다. 그리고 그 양자가 다르다는 사실이 아주 많은 것
을 시사한다. 동물이 어떤 습관을 형성하게 되는 경우를 생각해보자.
이런 경우는 "기준을 성찰을 통해 적용"한다고 운위할 수조차 없는 경
우이다. N이 자기의 개에게 사탕 하나를 코 위에 떨어지지 않게 올려
놓고 자기가 명할 때까지 먹지 말도록 가르치는 경우를 상상해보자.
그 개는 N의 행동에 대하여 일정한 방식으로 반응하는 성향을 획득하
게 된다. 즉, 이 경우는 행태주의자들에게 전가傳家의 보도寶刀인 자극
과 반응이라는 범주와 아주 잘 어울리는 종류이다. 하지만 이때 N이
과학자가 아니라 평범한 애견가일 따름이라면, 그는 행태주의의 어법
과는 전혀 다른 방식 즉, 그 개가 "솜씨를 익혔다"고 말할 것이다. 이
렇게 말하게 되면 자극-반응의 개념틀 밖에 위치하는 범주로써 개가
한 일을 평가할 가능성이 열린다. 그만큼 그 가능성을 자세히 살필 가
치가 있다. N은 이제 그 개가 그 일을 "올바로" 또는 "그르게" 했다고
말할 수 있다. 그런데 이것이 개를 의인화하여 말한다는 점에 주목할
필요가 있다. 그런 식으로 말할 수 있으려면, 먼저 *인간의* 활동 및 그
규범이라는 준거가 요청된다. 여기서는 동물에게 그러한 것들이 비유
적으로 사용되고 있다. 개에 관하여 솜씨를 익혔다고 하는 말이 이해
될 수 있는 것은 오로지 그 개가 인간과 맺고 있는 관계에 의거할 때

뿐이다. 인간과 완전히 유리된 의미에서라면, 아무리 자세히 개의 행태를 서술하더라도 "솜씨를 익혔다"는 말이 무슨 말인지를 밝히는 데에는 도움이 되지 못한다.

무엇이 "명령이 내려지면 언제나 같은 종류의 일을 한다"에 해당하는지를 결정하는 주체가 그 개가 아니라 N이라는 사실을 지적하는 데에도 동일한 논점이 함축된다. 개가 그것을 결정한다고 말한다면 실로 어불성설일 것이다. 그 개가 "언제나 같은 종류의 일을 한다"고 하는 진술이 의미를 가질 수 있는 것은 오로지 N의 목적과 관련될 때뿐이다. 이 경우 솜씨라는 개념 역시 그러한 N의 목적을 구성하는 하나의 요소인 것이다.

그런데 개의 경우에는 습관의 획득에 "같은 종류의 경우에 같은 종류의 행동"이 무엇을 뜻하는지에 관한 *그 개의* 이해가 함유되어 있지는 않지만, 사람의 경우에 누가 어떤 규칙을 획득하였다고 일컬어지기 위해서는 그 사람이 먼저 반드시 바로 그 이해에 도달하여야만 한다. 그리고 오크쇼트가 습관의 개념으로 서술하고 싶어하는 형태의 활동과 관련하여서도 이 점은 마찬가지이다. 법학에서 발견되는 비근한 예를 생각해 보면 도움이 될 것 같다. 두 가지 형태의 도덕에 관한 오크쇼트의 구별은 여러 면에서 성문법과 사례법 사이의 구별과 유사하다. 로스코 파운드Roscoe Pound가 성문법을 "규칙의 기계적 적용"이라 간주하고 사례법에는 "직관"이 함유된다고 말할 때의 태도는 오크쇼트가 위의 구별을 지을 때의 태도에 상응한다. —파운드의 "직관"은 오크쇼트가 정치를 논의하면서 사용한 "암시intimation"라는 개념을

생각나게 한다.[16] 이런 식의 구별이 도움이 되는 경우도 있을 것이다. 그러나 지금까지 우리가 논의해 온 바 규칙 준행이 성문법의 적용에서와 마찬가지로 선례의 해석에도 함유되어 있다는 사실이 그 때문에 가려져서는 아니 될 것이다. 오토 칸-프로인드Otto Kahn-Freund는 이 점을 다음과 같이 지적한다 : "하나의 결정과 다른 결정 사이에 연결고리로서 어떤 원칙이 반드시 필요하다. 이 때문에 사법행위는 단순히 편리를 위한 절차 너머에 위치하는 어떤 영역이 되는 것이다."[17]

과거의 선례가 새로운 종류의 사례에 적용되어야 할 필요가 발생할수록 그 규칙의 본질과 중요성이 현저히 드러나게 된다. 선례에서 내려진 결정을 *구성하는 요소*가 무엇인지를 법정은 따져 보아야 한다. 그리고 그 선례에서 모종의 규칙이 적용되었다고 간주할 수 있는 맥락을 떠나서는 그러한 물음은 그 자체가 말이 될 수 없다. 이때 법정의 당사자들이 이 점을 ―내가 지금 표현한 방식으로― 의식하느냐의 여부는 여기서의 논의와 상관이 없다. 또한 법 이외의 형태의 인간 활동에 있어서도, 비록 그 경우 법과 같이 명시적인 규칙을 찾아보기는 힘들겠지만, 그런 경우라도 이 점은 마찬가지이다. 과거의 경험이

---

16) Cf., Michael Oakeshott, *Political Education*, Bowes and Bowes, 1951.

17) Karl Renner, *The Institutions of Private Law and their Social Function* (Routledge & Kegan Paul, 1949)에 붙인 칸-프로인드의 서문. 파운드에 관한 출전은 Roscoe Pound, *Introduction to the Philosophy of Law*, 제3장이다. 사법적 선례의 해석에 어떻게 규칙 적용의 양상이 포함될 수 있는지에 관해서는 레비E. H. Lévy가 실례를 덧붙여 일목요연하게 설명한 바 있다. E. H. Lévy, *An Introduction to Legal Philosophy*, University of Chicago, Phoenix Books, 1961.

현재의 행태와 관련하여 의미를 가지는 까닭은 전적으로 인간 행동이 규칙을 현시顯示하기 때문이다. 가령 단순히 습관만이 문제가 된다고 하더라도 우리의 현재 행동에 대한 과거 행동 방식의 **영향**을 운위할 수 없는 것은 아니다. 그러나 그 경우 그것은 단순히 인과적 영향에 지나지 않을 것이다. 그 개가 N의 명령에 지금 특정한 방식으로 반응하는 것은 과거에 그 개에게 일어났던 일들이 있기 때문이다. 자연수의 수열을 100을 넘어 계속하라는 요구를 받았을 때 내가 그 수열을 특정한 방식으로 이어나가는 것은 과거에 받은 훈련 때문이다. 그러나 이 두 경우에 "때문"이라는 말은 상이한 방식으로 쓰이고 있다. 그 개는 그러한 방식으로 반응하도록 *조건 지어진* 반면에, 나는 내가 배운 바를 **토대로 하여** 홀로 해 나갈 때에도 어떤 방식이 올바른 방식인지를 알고 있는 것이다.

5/ 내적 성찰

습관적 양식에 속하는 행태에 관하여 오크쇼트가 말한 바 많은 부분은 지금까지 내가 규칙에 의해 다스려지는 행태에 관하여 말한 바와 대동소이한 것처럼 들린다.

관습은 언제나 개별 상황의 뉘앙스에 따라 적응하고 굴절한다. 이 말이 어떻게 보면 역설적으로 보일 수도 있겠다. 왜냐하면 우리는 여

태까지 관습은 눈이 멀었다고 배워왔기 때문이다. 하지만 이는 모르는 사이에 널리 퍼져버린 그릇된 관찰의 일례일 따름이다. 관습은 눈이 멀지 않았다. 단지 "박쥐처럼 눈이 멀었을" 뿐이다. 관습적 행태의 전통 —또는 어떤 다른 종류의 행태의 전통이라도— 을 공부해본 사람이라면 엄격성도 불안정도 그 행태의 특성과는 거리가 멂을 알게 된다. 둘째, 이러한 형태의 도덕 생활은, 국지적 변이에 국한되지 않은 의미에서, 스스로 변화하는 능력이 있다. 실상, 전통적 행동 방식 및 전통적 기술 등에 있어서 고정불변인 것은 아무것도 없다. 그 역사는 곧 계속되는 변화의 역사인 것이다.[18)]

그렇기는 하지만, 오크쇼트와 나 사이의 문제가 단순히 표현방식의 차이에 불과한 것은 아니다. 오크쇼트는 그 자신 스스로 변화와 적응을 언급하면서도 그것이 원칙에 대한 성찰과는 무관하다고 주장하는 반면에, 나는 그러한 성찰의 *가능성*이 지금 논의되는 종류의 적응능력에서 핵심적 위치를 차지한다고 말하고 싶기 때문이다. 이러한 가능성이 없다면, 우리가 지금 다루는 주제는 의미 있는 행태가 아니라 어떤 자극에 대한 단순한 반응이거나 또는 그야말로 맹목적인 습관의 발현에 불과하게 될 것이다. 이로써 지금 내가 의미 있는 행태란 사고 속에 미리 내재하는 원칙을 단순히 실천하는 것일 뿐이라고 주장하려는 것은 아니다. 그러한 원칙은 그 자체가 행위의 구체적 경로를 통하

---

18) Michael Oakeshott, "The Tower of Babel", op. cit.

여 발생하며, 그러한 행위와의 관련 안에서만 이해 가능하다. 동시에 마찬가지로, 원칙 발생의 구체적 맥락을 제공해주는 행위 역시, 그러한 원칙이 구체화되는 하나의 양상으로서 파악될 때에만 포착될 수 있다. 행위의 원칙principle —또는 준칙maxim— 이라는 개념과 의미 있는 행동이라는 개념은 이와 같이 서로 *맞물려 있다*. 이는 비트겐슈타인이 지적한 바 규칙이라는 개념과 "같다"는 개념이 서로 맞물려 있음과 아주 비슷하다.

그 맞물림을 확인하기 위하여 이제 오크쇼트가 두 형태의 도덕을 대조시키고 그 대조에 관하여 말하는 바를 살펴보기로 하자. "여기서 내가 어떻게 행동해야 할까?"의 형태를 띠고 일어나는 딜레마는 명시적으로 형성된 규칙을 자의식을 가지고 따르려고 하는 사람에게만 발생하지 습관적 양식의 행태를 생각 없이 따르는 사람에게는 발생하지 않는다고 오크쇼트는 말한다. 일상적으로 겪는 여러 가지 일들에서 각 규칙들이 실제로 어떻게 적용되는지에 관한 토대가 없이 그러한 명시적 규칙을 준행하려는 사람에게 그런 종류의 내적 탐색의 필요성이 더욱 자주 그리고 더욱 절실하게 일어나리라는 점은 오크쇼트가 주장하듯이 사실일 수도 있겠다. 그러나 해석 및 일관성이라는 문제, 즉 *성찰*의 문제는 전에 경험해보지 못한 상황에 대처해야 하는 어느 누구에게나 발생하게끔 되어 있다. 급속한 변화를 겪는 사회에서는 그 문제가 더욱 자주 발생할 것이다. 그 사회의 전통관습적 행동양식이 붕괴되었다는 것이 유일한 까닭은 아니다. 더욱 중요한 이유는 그러한 양식의 행태가 유지되어야 한다고 말할 때, 새로이 대두된 상황의 생소함 때

　　　　　　　　사 회 과 학 이 라 는　　발 상

문에 무엇이 "그러한 양식의 유지"에 해당하는지가 불분명하기 때문이다. 물론, 이 모두가 결국 전통의 붕괴로 *이어질* 수도 있다.

오크쇼트는 서양의 도덕이 직면한 곤경을 다음과 같이 표현한다 : "우리의 도덕 생활은 이상의 추구라는 풍조가 지배하고 있다. 이는 정착된 행동양식을 무너뜨리는 풍조이다."[19] 그러나 어떤 종류가 되었든 정착된 행동양식은 불안정한 환경이 무너뜨릴 따름이다. 환경의 변화에 대응하여 의미 있는 발전을 엮어나갈 수 있는 생활양식이 있을 수 있다면, 그것은 오로지 그 양식 자체가 스스로 처방하는 행태에 관하여 그 의의를 평가할 수 있는 수단을 그 양식 내부에 구비하고 있을 때일 뿐이다. 물론 습관 역시 외부 조건이 변화함에 따라 변할 수 있다. 그러나 단순히 변화하는 습관을 기록해 놓은 것이 인류의 역사는 아니다. 역사란 인간들이 자신들의 행동양식 중에서 중요하게 여긴 부분을 새로이 당면한 상황에서도 유지·전승하려는 노력들로 이루어진 이야기인 것이다.

사실을 밝히자면, 성찰에 대한 오크쇼트의 태도는 그 자신이 그 앞에서 밝힌 중요한 논점과 병립할 수 없다. 그는 "도덕 생활이란 복수의 대안이 존재하는 행위"라고 말한다. 이 "대안"이 행위자의 눈 앞에 행위자가 의식할 수 있는 형태로 나타나야 할 필요는 없다. 그러나 그의 눈 앞에 대령될 *수는 있는* 것이어야 함은 분명하다. 이 조건은 오로지 그 사람이 달리 행동했어야 했다는 비판에 대해서 행위자 스스로

---

19) Ibid.

자신의 행동을 변호할 수 있을 때에만 충족된다. 아니면 적어도 달리 행동한다는 것이 무슨 일이었을지를 그 자신이 *이해할* 수는 있어야 한다. 주인의 명령에 따라 사탕을 코 위에 올려 놓는 개는 달리 반응한다는 것이 무엇인지에 관해서 아무 생각도 가지지 못한다 —왜냐하면 그때 그 개는 스스로 하고 있는 일이 무엇인지에 관하여 아무 생각도 없기 때문이다. 따라서 그 개에게는 지금 하고 있는 행태에 대한 대안이란 있을 수 없다. 다만 자극에 반응하고 있을 뿐이다. 반면에 돈을 훔칠 기회가 마련되어 있고 절실하게 그것을 필요로 하건만 그렇게 하지 않는 정직한 사람의 경우를 생각해보자. 달리 행동한다는 생각이 그의 의식 속에서 꼭 반드시 일어나야 할 필요는 전혀 없다. 그러나 그 여부와는 상관없이, 그에게는 달리 행동할 대안이 있는 것이다. 왜냐하면 자신이 어떤 상황에 처해있는지, 그리고 자신이 하는 —또는 차마 삼가 행하지 않는— 행위의 본질을 그가 이해하고 있기 때문이다. 무언가를 이해한다는 것은 그 반대 또한 이해하는 일이다. 정직하게 행동한다는 것이 어떤 것인지를 내가 이해한다는 것은 곧 정직하게 행동하지 않는 것이 어떤 일인지를 내가 이해하는 것에 더함도 덜함도 없이 똑같다. 이해의 산물로 이루어지는 행위가 곧 대안이 존재하는 행위이고, 나아가 오직 그것만이 그렇게 되는 소이所以가 바로 여기에 있다.

· 3장 ·
과학으로서의
사회연구

1 / 존 스튜어트 밀의 "도덕과학의 논리"

앞 장에서 나는 제1장에 제시된 철학관이 사회 안에서 인간이 행하는 여러 활동의 본질을 논하는 데에 어떻게 연결되는지를 보이려 하였다. 이 장에서는 만약 우리가 자연과학의 방법에 기초하여 사회를 이해하려 한다면 부딪치게 될 어려움 몇 가지를 살펴보려 한다. 존 스튜어트 밀John Stuart Mill의 입장을 검토함으로써 논의를 시작하겠는데, 그를 택한 이유를 들자면 두 가지가 있다. 첫째는 현대의 사회과학자들이 항상 명시적으로 천명하는 바는 아니지만 그들 대부분이 공유하는 사고방식의 저변을 흐르는 입장을 밀이 소박한 만큼 순결한 형태로 대변하였기 때문이다. 둘째는 사회연구를 과학으로 보는 해석 중

에서 보다 복잡하게 발전된 입장을 내가 뒤에서 검토하려고 하는데, 그 입장은 밀의 입장에 담겨 있는 명백한 결함을 치유하려는 시도의 일환으로 파악될 때에 — 실제 역사에 있어서 그 기원이 그러하다고 주장할 마음은 전혀 없다 — 가장 잘 이해될 수 있기 때문이다.

오늘날 많은 사람이 그런 것과 마찬가지로, 밀은 "도덕과학"의 현황을 "과학의 체면에 흠집"으로 여겼다. 그것을 제거하는 방법은 "증거에 주목한 사람이라면 누구나 그 얻어진 결과에 만장일치로 동의하는" 연구분야에서 사용되는 방법을 일반화하는 것이라 생각하였다.[1] 이 때문에 그는 사회연구의 철학을 과학철학의 여러 지류 가운데 하나쯤으로 여겼다. "만약 내가 지금까지의 서술에서 과학적 탐구 방법의 일반적 특성을 열거하는 데 성공하였다면, 도덕과학 및 사회과학에서 적용될 수 있는 탐구 방법 역시 이미 틀림없이 그 안에 들어 있을 것이다."[2] 이는 곧 밀이 자신의 『논리학 체계A System of Logic』 제6권의 제목을 그렇게 붙이기는 하였지만 사실은 "도덕과학의 논리"라는 것이 특별히 따로 존재한다고는 믿지 않았음을 함축한다. 그것이 다른 어떤 과학의 논리나 마찬가지이고, 그러한 보편적 논리를 도덕과학의 독특한 연구 주제 각자에 적용할 때에 생기는 어려움을 극복하기만 하면 된다고 보았기 때문이다.

밀의 논의는 따라서 그런 어려움을 주요 과제로 삼아 다루고 있다.

---

1) John Stuart Mill, *A System of Logic*, Book VI, Chapter I.
2) Ibid.

반면에 나는 그의 논의에서 당연시되고 있는 테제의 타당성을 검토하려 한다. 그것을 이해하기 위해서는 우선 과학적 탐구 일반에 대하여 밀이 어떻게 보고 있는지에 시선이 미쳐야 한다. 밀의 견해는 인과관계의 본질에 관한 흄의 생각들에 기초를 두고 있다.[3] 즉, A가 B의 원인이라는 말은 A와 B 사이에 어떤 이해 가능한 —또는 신비스러운— 관계가 존재한다는 주장이 아니다. 단지 시간 안에서 B가 A에 뒤이어 일어났다는 사실로 인하여 우리가 우리의 경험 안에서 A와 같은 사건의 뒤에는 언제나 B가 일어난다고 일반화할 수 있는 경우의 집합에 속하는 하나의 사례임을 말할 뿐이다.

만약 과학적 탐구라는 것이 곧 인과적 선후를 확립하는 일이라면, 일반화가 가능한 분야라면 어디서든지 과학적 탐구가 가능할 것처럼 보인다. 실제로 밀은 그보다 한 걸음 더 나아갔다 : "항상적 법칙에 맞추어 서로서로 잇따라 일어나는 것이라면 어떠한 사실도 그 자체로서 과학의 주제가 되기에 적합하다. 그러한 법칙이 아직 발견되지 않았다든지, 지금 우리가 가지고 있는 자원으로는 발견불능이라고 해서 그 점이 달라지지는 않는다."[4] 다시 말하면, 획일성이 있는 곳이면 어디에나 과학이 있을 수 있고, 그 획일성이라는 것은 우리가 아직 그것을 발견하지 못하였을 뿐만 아니라 그것을 발견하여 일반화된 형태로 틀을 잡을 수 있는 능력조차 없을 때에도 여전히 존재한다는 것이다.

---

3) David Hume, *Enquiry into Human Understanding*, Sections IV-VII; J. S. Mill, op. cit., Book II.
4) J. S. Mill, ibid., Book VI, Chapter III.

밀은 당시의 기상학을 예로 들었다. 대기 조건의 변화가 모종의 규칙성에 따른다는 것은 누구나 알고 있다. 따라서 그것이 과학적 연구의 주제로서 적격이라는 것이다. 이 연구가 아직 일천한 수준에 머무르는 까닭은 다만 "그러한 현상의 근저에 있는 사실들을 관찰하기가 어렵기" 때문이다. 조류潮流의 이론 —밀은 이것을 "조류학"Tidology이라 불렀다— 은 보다 나은 수준에 있다. 조류의 흐름의 일반적 원인이 되는 현상이 무엇인지 과학자들이 발견하였기 때문이다. 하지만 개별적 상황에서 조류가 어떻게 일어나게 될지에 대해서는 과학자들도 아직 정확한 예측을 하지 못한다. 그 까닭은 달의 인력이 효력을 미치는 데 있어서 여러 가지 지역적 조건들이 차이를 낳는데 그것들이 너무나 복잡하기 때문이다.[5]

밀은 "인간 본성의 과학" 역시 최소한 조류학 정도의 수준까지는 발전할 수 있으리라 생각하였다. 변수가 워낙 복잡하기 때문에, 사회적 상황이 확률적으로 어떤 결과로 연결될지에 대한 통계적 일반화를 얻는 정도에 그칠지도 모른다. "인간의 성격을 결정하는 인자는 너무나 많고 또 다양하기 때문에 …… 그것들을 모아 놓은 사례 가운데 정확하게 서로 닮은 것은 아무것도 없다." 그럼에도 불구하고,

　　사회에 대한 탐구에서 근사한 일반화approximate generalization는 대부분의 현실적 목적에 비추어 볼 때 정확한 일반화에 상당한다고 보아야

---

5) Ibid.

한다. 무작위적으로 추출된 개인에 관해서는 확률적으로밖에 말할 수 없는 것이라도 대중의 성격 및 집단 행동과 관련하여 확인되면 확실성을 얻게 되는 것이다.[6]

지구상의 서로 다른 장소에서 조류의 흐름이 불규칙하다고 해서 조류를 다스리는 규칙적 법칙이 없다고 말할 수 없는 것이나 인간의 행태의 경우나 마찬가지라는 것이다. 개인 간의 여러 차이점은 고도로 분화된 개인적 상황에 관한 법칙의 작동으로 설명되어야 한다. 따라서 궁극적으로는 대체적인 통계적 일반화는 충분하지가 않다. 그러한 일반화는 "스스로가 기인하고 있는 자연의 법칙과 연역적으로 연관되어야 한다." 이 자연의 궁극적 법칙을 밀은 "정신의 법칙"Laws of Mind이라 명명하고, 『논리학 체계』 제6권 제4장에서 논의하고 있다. 이 법칙은 "경험법칙"empirical laws과 그 종류에 있어서뿐만 아니라 그 일반성 및 정확성의 정도에 있어서도 다르다. 모든 과학적 법칙과 마찬가지로 이 법칙도 획일성, 즉 "정신 상태 사이의 선후 순서에 관한 획일성"을 표현하는 명제이다. 그런데 밀은 이 문제가 결국 생리학적 상태와 정신 상태 사이의 선후 순서에 관한 문제와 융합되어야 할지를 자문한다. 그리고 나서는, 비록 그 융합이 언젠가는 상당한 정도까지 가능할 수도 있겠지만 그렇다고 해서 생리학에 의지하지 않는 자율적 심리법칙을 정립할 가능성이 줄어들지는 않는다고 결론을 내린다.

---

6) Ibid.

정신의 법칙을 토대로 하여 "인성학Ethology, 또는 인성의 발달에 관한 과학"이 건축될 수 있다.[7] 이는 곧 인간의 정신적 발달에 관한 연구인데, 밀은 특정한 인간의 개인 사정에 정신의 일반법칙이 작용함으로써 나타나는 소산이 바로 인간의 정신 발달이라고 보았다. 그러므로 그는 인성학을, 관찰과 실험을 주로 하는 심리학과 달리, "전적으로 연역적인" 연구라 여겼다.

인성형성의 법칙은 정신의 일반법칙에서 나오는 파생적 법칙으로서, 그 일반법칙으로부터 연역에 의하여 획득되는 것이다. 이 연역은 일단의 구체적 사정이 주어졌다고 상정하고 나서, 그 사정들이 인성의 형성에 어떤 영향을 미칠지를 정신의 일반법칙에 입각하여 궁구함으로써 이루어진다.[8]

인성학과 심리학의 관계는 동력학과 이론물리학의 관계와 같다. 인성학은 "중준위 공리中準位 公理: axiomata media"를 원칙으로 삼는데, 그것은 정신의 일반법칙에서 추론되어 "단순 관찰에서 나오는 경험법칙"의 산출로 이어진다.

가장 낮은 수준의 경험법칙을 발견하는 것은 역사학자의 임무이다. 그렇게 발견된 역사의 경험법칙에 대하여, 그것이 어떻게 하여 인성학의 중준위 공리로부터 그리고 궁극적으로는 심리학의 일반법칙으

---

7) Ibid., Book VI, Chapter IV.
8) Ibid.

사 회 과 학 이 라 는   발 상

로부터 추출되는지를 밝히는 일이 사회과학자의 목표이다. 이 생각은 밀에 있어서 소위 "역연역법逆演繹法: Inverse Deductive Method"이라는 생각으로 이어진다. "앞 세대가 나중 세대에 미치는 영향"이 누적되는 효과 때문에 역사적 사정들은 너무나 복잡하다.[9] 따라서 아무도 특정 역사 상황이 어떤 결과를 낳을지 예측하기에 충분히 자세한 지식을 얻을 수 있으리라 기대할 수 없다. 그러므로 대규모 역사의 전개를 다룸에 있어, 예외적인 경우를 제외하고는, 사회과학자는 무슨 일이 일어날지 기다려 보는 수밖에 없다. 그 이후에 그 관찰의 결과에 "사회에 관한 경험법칙"의 형태를 부여하고, 마지막으로는 "그것을 인간 본성의 법칙과 연관지어야 하는데 그 연관은 그러한 법칙들이 궁극적 법칙으로부터 자연히 결과할 수밖에 없는 파생적 법칙임을 연역적으로 보임으로써 이루어진다."[10]

사회과학을 이렇게 보는 것이 몇 가지 오해에 기인한다는 사실은 이미 포퍼Karl Popper가 시사한 바 있다. 특히 그는 밀의 "심리학주의", 즉 하나의 사회적 상황에서 다른 사회적 상황으로 발전하는 현상을 궁극적으로 개인의 심리에 입각하여 설명할 수 있다는 신조를 비판하였다. 그는 또한 역사학에서 이루어지는 발견에 대하여, 그것을 *추세*의 진술이 아니라 "사회에 관한 경험적 *법칙*"으로 간주하는 태도가 혼동에 기인함을 밝혔다.[11] 여기서 나는 밀의 견해에 담겨 있는 다른 요

---

9) Ibid., Book VI, Chapter X.
10) Ibid.

소 몇 개에 초점을 맞추려 한다. 사회연구에 관한 밀의 입장이 포퍼가 천명한 바보다 훨씬 근원적인 반론에 노출되어 있음이 그로써 분명해지기를 바라는 마음이다.

2 / 정도의 차이와 종류의 차이

밀은 모든 설명이 기본적으로 동일한 논리적 구조를 가진다고 생각하였다. 그가 사회적 변화나 자연적 변화를 설명할 때에 각각 입각해야 할 원칙들이 기본적으로 동일하다고 믿게 된 것은 바로 이 때문이다. 도덕과학과 관련된 방법론적 문제를 *경험적* 문제로 간주함 역시 그 자연적 귀결이다. 다시 말하면, 사회과학이 이룰 수 있는 것이 무엇이냐는 물음에 대하여 기다려 보자는 태도를 취하게 되는 것이며, 그리하여 결과적으로 철학자가 할 일은 아무것도 없게 되고 만다.

그러나 문제는 결코 경험적인 것이 아니라 *개념적인* 것이다. 경험적 연구가 사실이라고 밝혀주는 것이 무엇일는지가 문제가 아니고 *어떻게 말해야 말이 되는지*에 관하여 철학적 분석이 어떤 내용을 현시해 줄는지가 문제이다. 이제부터 나는 인간 사회라는 생각 자체에 자연과학적 종류의 설명과는 양립할 수 없는 개념틀이 함유되어 있음을

---

11) Karl Popper, *The Open Society and Its Enemies*, Routledge & Kegan Paul, 1945, Chapter 14; *The Poverty of Historicism*, Routledge & Kegan Paul, 1957, Section 27.

보이고자 한다.

　"훨씬 더 복잡할 따름"이라는 문구의 주변에 밀의 입장이 가지는 수사학적 강점과 논리적 약점이 모두 걸려 있다. 이 입장에서는 환경에 대한 인간의 반응이 다른 생물체의 그것과 다르다는 점을 인정하지만 그 차이가 단지 복잡성의 차이일 뿐이라고 본다. 따라서 인간의 경우에 발견하기가 매우 어렵기는 하지만 그럼에도 불구하고 모종의 획일성이 존재한다는 것이다. 그 획일성을 표현하는 일반화 또한 여타 일반화와 그 논리적 바탕이 똑같다고 간주된다.

　그런데 인간의 반응이 다른 생명체의 반응보다 훨씬 복잡하다고 할 때, 훨씬 복잡한 것만이 *유일한* 차이는 아니다. 왜냐하면 한 관점에서 보면 복잡한 정도의 차이로 보이는 것이 다른 관점에서 보면 종류의 차이로 보이기 때문이다. 보다 복잡한 행태에 대하여 우리가 적용하는 개념들은 덜 복잡한 것에 적용하는 개념과 논리적으로 다르다: 제1장에서 에이어와의 연관 안에서 언급했던 바 헤겔이 운위한 "양이 질로 변환되는 법칙" 비슷한 것의 한 예가 바로 이것이라 할 것이다. 그런데 불행히도 이에 관한 헤겔 자신의 설명 그리고 나중에 엥겔스가 그것을 좀 더 다듬어 제시한 설명 모두가 밀이 저지른 실수와 비슷한 종류의 실수를 범하고 있다. 즉, 물리적 변화와 개념적 변화를 구별하지 못하고 있는 것이다. 그들이 드는 예는 온도의 양적변화에 따라 물이 얼음으로 갑자기 질적변화를 일으키는 경우와, 모발의 개수가 줄어드는 양적변화의 동일선상의 한 점에서 모발 있는 사람이 대머리로 바뀌는 질적변화 등이다.[12]

한 양동이의 물을 얼리기 위해서 온도를 몇 도나 낮추어야 할까? 이 질문에 대한 답은 실험을 통하여 확정될 수 있다. 밀 한 노적가리를 쌓으려면 밀알을 몇 개나 모아야 할까? 이 질문에 대답하는 데에는 실험이 아무런 도움이 되지 않는다. 왜냐하면 얼음과 물을 구별하는 기준에 비하면 노적가리와 노적가리 아닌 것을 구별하는 기준은 너무나 모호하기 때문이다. 명확한 경계가 없다. 액튼H. B. Acton이 언급한 예를 들자면 생명체와 무생명체 사이에도 그러한 명확한 구분은 없다. 그렇다고 해서 생명과 무생명의 차이가 "정도의 차이에 불과"한 것은 아니다. 액튼은 "그 경계선을 어디에 그을지는 우리가 선택해야 하는 문제이지, 사실이 우리에게 정답을 알려주는 것은 아니"라고 말한다. 하지만 경계에 위치한 경우에는 그러한 선택의 여지가 있을 수도 있겠지만 다른 경우에는 그렇지 않다. 예를 들어 지금 이 글을 쓰고 있는 내가 살아 있는지 아닌지의 여부가 나 또는 어느 누군가가 어떻게 *결정하느냐에* 달려 있지는 않은 것이다.

심하게 다친 고양이의 반응은 도끼에 찍혀 넘어진 나무의 반응보다 "훨씬 복잡"하다. 그런데 누가 이를 두고 그 차이가 단지 정도의 문제라고 한다면 그 말을 이해할 수 있을까? 우리는 말하기를 그 고양이가 "아파서 몸부림친다"고 한다. 이제 이 매우 복잡한 움직임을 내가 시간-공간 좌표를 사용하여 순전히 기계적인 방식으로 서술하였다고 해

---

12) H. B. Acton, *The Illusion of the Epoch*, Cohen & West, 1955, 제2장, 제7절을 볼 것. 이 원칙이 어떻게 사회학의 특정 문제에 적용되는지에 관한 자세한 사례는 Karl Renner, op. cit. 를 참고할 것.

보자. 그러한 서술 역시 일어나고 있는 일에 대한 서술임은 고양이가 몸부림친다고 하는 진술이 그런 것이나 마찬가지일 것이다. 그러나 그 둘이 서로 대체될 수는 없다. 몸부림의 개념을 사용한 진술이 말하는 바에는 그 개념을 사용하지 않는 진술로써는 아무리 자세하더라도 결코 근접할 수가 없다. 몸부림이라는 개념은 시-공 좌표상의 움직임이라는 개념과 전혀 다른 틀에 속한다. 그리고 고양이를 생명체라 이를 때 보다 적합한 개념은 후자가 아니라 전자인 것이다. 생명체의 운동 역학을 연구함으로써 살아있는 생명이라는 개념을 조명할 수 있으리라 생각하는 사람은 개념상의 오해에 빠져 있을 따름이다.

내가 앞에서 논의했던 예에서 어떤 솜씨를 배운 개와 언어의 규칙을 배운 사람 사이의 대조에도 비슷한 고찰이 해당된다. 이 경우 사람이 훨씬 복잡한 것은 분명한 사실이다. 그러나 더욱 중요한 것은 그 두 경우에 적용될 수 있는 개념들 사이의 논리적 차이이다. 사람은 그 규칙을 배워 이해하는 반면에, 개는 단지 일정한 방식으로 반응하기를 배울 뿐이다. 이러한 개념상의 차이가 반응의 복잡성의 차이에 수*반되기는 하지만 후자의 틀로써 설명될 수는 없다.* 앞의 논의에서 시사한 바와 같이 사람이 활동하는 사회적 맥락의 저변에는 이해라는 개념이 뿌리박고 있는데, 고양이는 그 맥락에 속하지 않는 것이다.

사회과학자 중에는 자연현상 및 사회현상 각각을 서술·설명하기 위하여 통상 널리 사용되는 개념 사이에 차이가 있음을 인정한 이들도 있다. 그러나 그들은 사회과학자가 이러한 비과학적 개념틀에 집착할 필요는 없다고 주장한다. 이런 식의 사고방식에 들어 있는 오류

몇 가지는 다음 장에서 다루기로 한다. 왜냐하면 밀이 거기에 동조하는 것은 아니기 때문이다. 밀은 일상적 화법에서 사용되는 개념으로 인간 행태를 서술하면 과학적으로 합당할지의 여부는 문제로 삼지조차 않는다. 정신의 법칙이란 "사고, 감정, 의지, 감각" 사이에서 변하지 않는 순서를 밝혀주는 고준위高準位: high-level 인과적 일반화이다.[13] 그가 같은 책 제2장에서 자유의지설自由意志說: Libertarianism을 반박할 때 사용한 범주 역시 "성격 및 성향", "동기", "목적", "노력" 등등 통상적인 개념들이었다. 그렇다면 이제 행태에 관하여 이와 같은 용어들로 이루어지는 설명을 인과적 형태의 일반화에 근거하여 해석하려는 시도를 검토해보자.

3 / 동기와 원인

밀을 단순히 옛날 사람으로 치부하여 일축한다고 해서 문제가 해결되지는 않는다. 왜냐하면 오늘날에도 여전히 그의 접근법이 번성하고 있기 때문이다. 뉴컴T. M. Newcomb이 자신의 유명한 사회심리학 교과서에서 동기를 논의한 부분을 살펴보면 이 점을 알 수 있다.[14] 동기에 주목하여 어떤 사람의 행위를 설명하는 것을 일종의 인과적 설명으로

---

13) J. S. Mill, op. cit., Book VI, Chapter IV.
14) T. M. Newcomb, *Social Psychology*, Tavistock Publications, 1952, Chapter II.

간주한다는 점에서 뉴컴은 밀에 동조한다. 한편, 동시에 뉴컴은 밀과는 달리 동기를 심리적 상태가 아니라 생리적 상태로 본다. 뉴컴에 따르면 동기란 "육체적 에너지로 하여금 촉발·동원되어 환경의 일부를 향해 선택적으로 작용하게끔 하는 생체의 상태"이다. 그리고 그는 또한 "충동"을 "어떤 식으로 활동하는 경향의 출발점이 되는 육체적 상태로서, 참지 못할 느낌으로서 나타난다"고 정의한다. 이를 보면 그가 모종의 기계적 모형을 염두에 두고 있음이 분명하다. 인간의 행동이 마치 시계가 보이는 행태와 비슷하게 파악되고 있다. 감긴 태엽에 담겨 있는 에너지가 기계 장치를 통하여 전달되고, 그에 따라 바늘의 규칙적 회전이 일어난다는 식이다.

동기에 입각한 설명이 생리학적 설명으로 환원되리라는 꽁트의 주장에 대하여 밀이 경계한 바를 뉴컴은 왜 받아들이지 않을까? 생리적 상태라는 것의 정체가 과거에는 불분명했는데 지금은 확정되었기 때문인가? 그 때문은 전혀 아닐 것이다. 왜냐하면 뉴컴 자신이 말하고 있듯이, "동기 비슷한 것으로서 심리학자가 여태까지 발견해 낸 것은 아무것도 없"기 때문이다. 동기를 "생체의 상태"로 보는 것은 어떤 특별한 까닭이 있는 것이 아니라, 물에 빠진 사람이 지푸라기라도 잡으려는 것과 마찬가지의 일인 것이다. 뉴컴은 스스로 궁리하건대 그렇게 보지 않으려 해볼 때, 그 대안이라 할 만한 것들이 도저히 받아들일 수 없기 때문에 할 수 없이 그 견해를 취하지 않을 수 없다고 보고 있다. 자신의 생리학적 견해에 대하여 상상이라도 해볼 수 있는 대안은 오로지 둘 뿐이라고 그는 생각한다. "동기란 심리학자의 상상력을

그려주는 물감에 불과하다"고 보든지, 아니면 일련의 행태에 결부된 동기라는 것이 실상은 그 행태 자체에 다름 아니라고 보는 것이 그것이다. 그런데 이 둘 모두 도저히 받아들일 수 없다는 것이다.

나아가 비록 방증이기는 하지만, 보다 적극적으로 설득력 있는 증거 몇 가지도 뉴컴의 상상력 안에서는 활약하고 있다. "첫째, 일련의 행태가 연속해서 일어날 때에 그 방향을 상수로 놓더라도 그 강도 및 절실한 정도는 각양각색일 수가 있다." "그러한 차이를 설명할 수 있는 유일한 방법은 동기가 생체의 실제 상태에 상응한다고 보는 것이다." 뉴컴은 배고픔, 갈증, 성욕 등등, 명백하게 생리적 충동에 속하는 사례들을 중점적으로 거론함으로써 자신의 입장에 유리하도록 저울추를 달았다. 게다가 동물 — 동기라는 개념이 동물의 행태에 적합한지 여부가 전혀 분명하지 않은데도 — 에 관한 실험에 호소함으로써 그러한 충동에 있어서 생리적 측면만이 고려되게끔 하고 있다. 하지만 줄리엣에 대한 사랑이 로미오의 행태에 스며드는 과정을 설명하려고 하면서, 성적 흥분으로 인하여 전류가 흐르는 창살에 불구하고 짝을 찾아가는 생쥐를 설명할 때나 마찬가지의 언어를 사용한다면 말이 잘 될까? 세익스피어 식의 서술이 훨씬 더 나은 것이 아닌가?

더욱이 이런 종류의 설명은, "생체의 실제 상태"가 실제로 확인되어 그로써 설명될 수 있는 부류의 행태와 적절히 연결되지 않는 한, 그리고 그렇게 되기 전에는 공허하기가 뉴컴이 거부하는 다른 종류의 설명들이나 난형난제이다. 그리고 이 측면의 문제점에 관하여는 그가 언급하는 사실들이 아무런 **증거**도 구성하지 못한다. 뉴컴이 열거하는

사례들을 가지고 우리가 말할 수 있는 최대치는 그러한 사례가 존재한다는 것만으로 동기를 육체적 상태로 보아야 할 독립적으로 타당한 이유가 있을 수 없음이 증명되지는 않는다는 말에 지나지 않는다. 뉴컴이 원용하는 바, 1927년에 제이가르닉Zeigarnik이 발표한 "실험적 증거"와 관련지어 생각하면 이 점이 특히 분명해진다. 이 실험은 다음과 같이 이루어졌다. 일군의 사람들을 모아서 그 각자에게 스무 가지씩의 과업을 주면서 엄격한 시간 제한이 있다고 말해 주었다. 그러나 얼마의 시간이 주어졌는지는 알려주지 않았다. 그리고 나서 실제로는 그 사람들 각자가 시간을 얼마를 들였든, 각기 맡은 일의 반을 끝냈을 때 시간이 다 되었다고 하면서 더 이상 일을 하지 못하게 했다. 그랬더니 그 사람들은 보통 사람들보다 그 끝내지 못한 과업의 성격에 관하여 보다 잘 기억하고 그 일들을 끝내고자 하는 욕구를 보다 강하게 드러내는 경향을 보였다는 것이다. 이에 대하여 뉴컴은 다음과 같이 말한다 :

> 어떤 특정한 목표를 이룩하기 위하여 에너지가 마치 따로 준비되어 있고, 동기화의 한 요소가 바로 그러한 에너지의 동원이라는 점이 이러한 증거에 의하여 시사된다. 실험적 데이터는 물론 그러한 이론을 위한 최종적 "증명"이 되지는 못한다. 그렇기는 하지만, 그 데이터는 그 이론과 일관될 뿐만 아니라, 실험의 결과를 그 이론 말고 다른 방식으로는 설명하기도 어렵다.[15]

그런데 이 증거들로부터 그러한 결론을 "시사"받는 사람은 그렇게 믿게끔 미리 준비되어 있는 이들뿐이다. 실은 여기 예시되고 있는 사실을 특별한 방식으로 설명해야 할 필요성 자체가 애초에 그다지 뚜렷하지가 않다. 제이가르닉이 부각한 행태는 다음과 같은 식으로 보아도 충분히 이해 가능하다. 관심이 촉발됨에 따라, 그들은 스스로 시작한 일을 끝내지 못함을 답답해 했다고 보아서 충분한 것이다. 만약 이러한 서술이 과학으로는 불충분하다고 생각하는 이가 있다면, 뉴컴식으로 말하는 것이 우리의 이해를 얼마나 증진시키는지를 자신에게 먼저 반문해 볼 일이다. 동기를 생리학적으로 해석하는 데에는 사실 매우 간단하면서도 설득력 있는 반론이 있다. 그것은 다음과 같은 간단한 반박이다. 우리가 어떤 행동을 이해하고자 할 때, 그 동기를 발견하는 일은 곧 그 행동에 대한 우리의 이해를 증진하는 일이다 : 인간의 행태에 대하여 "이해"라는 말이 적용될 때, 그 뜻하는 바가 바로 이 점인 것이다. 그런데 실제에 있어 이는 우리가 사람들의 생리적 상태에 관하여는 대단한 지식을 갖추지 않은 채 찾아내는 종류의 것이다. 그러므로 동기라는 항목과 생리적 상태와는 아무 상관이 없다. 뉴컴이 이토록 간단한 이치를 받아들이지 못하는 까닭은, 이렇게 말하게 되면 동기에 입각한 설명이 모두 무의미한 동어반복 또는 근거 없는 상상의 산물 정도로 전락하지 않을까 걱정되기 때문이다. 하지만 동기에 대한 생리학적 해석을 거부하는 것이 곧 동기에 대한 전면적 부

---

15) Ibid., p. 117.

인으로 이어져야 할 필요는 전혀 없는 것이다. 이제 그렇다면 동기에 입각한 설명이 과연 무엇으로 구성되는지에 대한 적극적 해명이 이루어져야 할 순서이다. 그런데 그에 앞서 제거되어야 할 오해가 몇 가지 더 있다.

앞에서 살펴본 바와 같이 밀은 동기를 생리학적으로 파악하기를 거부하였다. 그렇지만 여전히 그는 동기에 입각한 설명을 인과적 설명의 일종으로 정립하고 싶어했다. 그가 아주 명료하게 입장을 내보이는 것은 아니지만, 다음과 같은 생각을 은근히 옹호하고 싶어하는 것 같다: 동기라는 것은 하나의 특정한 정신적 발현인데, 이때 "정신적"이란 데카르트적 의미, 즉 전적으로 의식의 영역에 속한다는 의미이다. 이 의미에서 예를 들어 치통은 정신적이고 그 통증을 유발하는 것 즉, 이빨에 난 구멍은 물리적이다. 누군가가 이빨에 구멍이 났지만 의식하지 못한다는 말은 말이 되지만, 그가 치통이 있는데 의식하지 못한다는 말은 성립하지 않는다. 따라서 "느껴지지 않은 통증"은 그 자체로 모순을 일으키는 표현이라는 것이다. 이제 밀과 뉴컴 사이의 차이점을 다음과 같이 재구성할 수 있다. 뉴컴은 동기(치통)를 생체의 상태(이빨의 구멍)와 동일시하려 하는데 반하여, 밀은 그 둘이 서로 다름을 고집하면서 모든 동기(치통)에 상응하여 특정한 종류의 생리적 상태(이빨의 부식)가 있는지의 여부 자체가 확인된 바 없다고 주장한다. 밀의 생각에는, 그렇지만 순전히 의식의 영역에 속하는 사건인 동기와 그로 인하여 초래되는 행동 사이의 인과관계를 우리가 연구할 수는 있다는 것이다. 그러한 연구는 어떤 특정한 정신적 사태의 발생이

어떤 행동과 연결되는지를 면밀히 관찰함으로써 이루어진다. 이는 마치 원동기의 고장이 어떤 경우에는 카뷰레터의 막힘과 결부되고 다른 경우에는 스파크 플러그의 이상과 관련이 있음을 우리가 발견할 수 있는 것과 마찬가지라는 것이다.

이러한 밀의 설명은 우리 자신에 관하여 우리가 발견할 수 있는 사실 가운데 몇 가지 종류와 상당히 잘 부합된다. 예를 들어, 어떤 종류의 두통을 편두통의 전조로 결부시킬 수가 있다. 그리하여, 내가 그런 종류의 두통을 경험할 때마다 그로부터 한 시간 안에 나 자신이 침대에 누워 아주 불편한 상태에 처하리라는 것을 예측할 수가 있다. 그런데 이런 경우 나의 두통을 두고 그 편두통의 *동기*라 일컬을 사람은 아무도 없을 것이다. 물론 그것을 편두통의 *원인*이라 부르는 것 역시 정당화될 수 없다. 과학적 방법에 관하여 밀이 취하는 입장의 타당성과 관련한 일반적 난제가 바로 여기서 튀어나온다. 하지만 그러한 일반적 난제들은 현재의 논의의 범위를 벗어나기 때문에 다루지는 않겠다.

4/ 동기, 성향, 그리고 이유

밀이 옹호하는 종류의 견해에 대하여 라일Gilbert Ryle이 반론을 펼친 바 있다. 즉, 어떤 사람의 동기를 운위하는 것은, 육체적이든 정신적이든 관계없이, 어떤 사건에 관한 운위가 아니라 그와 같이 특정한 방식으로 행동하는 그 사람의 성향에 대한 운위라는 것이다. "어떤 동기

로부터 어떠한 행동이 행하여졌다는 설명은 돌멩이에 부딪혀서 유리가 깨졌다는 설명과 유사한 종류가 아니라 아주 다른 종류이다. 그것은 돌멩이에 유리가 부딪혔을 때, 그 유리가 깨지기 쉬운 성질을 가졌기 때문에 깨졌다는 설명에 보다 가까운 종류이다."[16] 이와 같은 라일의 견해 역시 여러 방면의 반론을 침묵시키지 못한다. 우선, 동기에 입각한 설명을 뉴컴이 걱정했던 바 일종의 공허한 얘기로 축소시킬 위험이 여기에 있다.[17] 또한, 과거 경험과 이질적인 행태를 어떤 사람이 보이더라도 그러한 행동의 동기를 운위할 수 있다는 사실에서 라일의 설명은 어려움에 봉착한다. 전에는 전혀 질투의 성향을 보이지 않던 사람이 어떤 특정한 경우에 질투심에 사로잡혀 행동하였다고 말한다고 해서 모순될 것은 아무것도 없다. 사실은 누군가가 예상과 달리 행동할 때가 바로 동기에 입각한 설명이 특히 요청되는 때인 것이다.

어쨌든 여기서 논의되고 있는 주제와 관련된 점만을 고려하자면, 라일의 주장이 여러 면에서 밀의 주장과 다르기는 하나 충분히 다르지는 않다는 점이 더욱 중요하다. 인과의 서술이나 마찬가지로 성향의 서술 역시 무엇이 일어났는지에 관한 관찰의 일반화에 근거한다. 그러나 어떤 행위를 한 사람의 동기에 대한 서술은 그와 같지 않다. 그것은 차라리 그가 그렇게 행동할 이유에 대한 해명과 비슷하다고 보는 것이 보다 나은 이해일 것이다. N이라는 대학 강사가 런던에 가

---

16) Gilbert Ryle, *The Concept of Mind*, Hutchinson, 1949, p. 87.

17) 이와 비슷한 논점을 기치Peter Geach 역시 지적한 바 있다. Peter Geach, *Mental Acts*, Routledge & Kegan Paul, 1957, p. 5 참조.

려고 하기 때문에 다음 주의 강의를 휴강하겠다고 말하는 경우를 생각해보자. 이것은 특정한 이유로 하여 특정하게 행동하겠다는 의도에 대한 서술이다. 그런데 이 경우 N이 휴강하려는 자신의 의도를 런던에 가려는 자신의 욕구로부터 **추론**하지는 않는다. 누군가가 유리에 돌을 던졌다는 사실 또는 유리의 쉽게 깨지는 성질 등으로부터 유리가 곧 산산조각이 나리라는 것을 추론하는 것과는 사뭇 다르다. 자신의 미래 행동에 대한 예측이 옳다는 *증거*의 일환으로 그 이유를 제시하고 있지는 않은 것이다.[18] 오히려 그는 이로써 자신의 의도를 *정당화*하고 있다. 그의 서술은 그 형태에 있어서 "이런저런 인과 요인이 있다. 그러므로 이런 일이 일어날 것이다"와 같지 않고 "나에게는 이런저런 성향이 있다. 따라서 나는 결국 이런 일을 하게 될 것"이라는 식도 아니다. 그의 서술은 형태상 "이런저런 점을 고려할 때 이렇게 행동하는 것이 사리에 맞다"는 식인 것이다.

이 점은 다시 앞의 제2장 제2절에서 밝힌 나의 주장과 연관되며, 그리하여 동기에 관한 라일의 설명을 교정할 한 가지 길을 제공한다. 어떤 사람의 동기에 대한 서술은 일정한 종류의 상황에서 특정한 종류의 방식으로 행동하는 그의 성향을 서술하는 "법칙과 같은" 명제로 이해되어야 한다고 라일은 말한다.[19] 하지만 N의 경우 그의 이유를 이해하기 위한 준거로서 어느 형태의 "법칙과 같은 명제"를 제시하든, 그

---

18) Cf. Wittgenstein, *Philosophical Investigations*, Part I, §§ 629 ff.
19) Gilbert Ryle, op. cit., p. 89.

러한 명제는 — N의 성향을 운위하는 것이 아니라 — 그가 속한 사회에서 사리에 맞는 행태에 관하여 현재 널리 수락된 기준을 운위하지 않을 도리가 없는 것이다.

"이유"라는 말과 "동기"라는 말이 동의어는 아니다. 동기에 입각한 설명이 대부분 "정당화"에 해당한다고 보는 것은 어불성설이다. 사실 동기가 어쩌니 하는 말은 정당화이기보다는 비난인 것이 보다 흔한 일이다. 예를 들어, N이 질투심에 사로잡혀 자신의 아내를 살해하였다는 말이 그가 사리에 맞게 행동했다는 말일 수 없는 것은 분명하다. 하지만 그것은 곧 그의 행동이 우리의 사회에서 익숙한 양식의 행태라는 관점에서 *이해 가능*하고, 그 나름의 맥락에 부합하는 제반 고려에 준행한다는 말은 된다. 이들 두 양상은 서로 맞물려 있다. 무엇이 상황에 부합하는지의 문제에 관하여 수락된 기준이 있어서 참고할 수 있을 때에만 인간은 "고려를 토대로" 행동할 수가 있다. 초서Chaucer의 소설에서 크레시다를 향한 트로일러스의 행태는 오로지 궁정연애의 관습이라는 맥락 안에서만 이해 가능하다. 트로일러스를 이해하는 데에는 그 관습에 대한 이해가 전제된다. 왜냐하면 그의 행동이 의미를 끌어오는 것은 바로 그 관습으로부터이기 때문이다.

지금까지 나는 N의 의도와 그가 그러한 의도를 가지는 이유 사이의 관계가 일종의 예측과 그것을 뒷받침하기 위한 증거 사이의 관계와 상이함을 지적하였다. 그런데 N 및 그가 처한 사정을 잘 알고 또 그가 어떤 종류의 고려사항을 중요하다고 여기는지에 관하여 익히 알고 있다면, 이 지식을 토대로 하여 그가 어떻게 행동할지 예측할 수가 있을

것이다. "N에게는 기질상 질투심이 있다. 그 방향으로 그의 감정이 자극을 받으면 그는 난폭해지는 경향이 있다. 그렇게 되면 그를 더 이상 자극하지 않도록 조심해야 한다." 여기서 화자話者는 N의 행태를 예측하는 증거의 일부로서 그의 동기를 참조하고 있다. 동기라는 개념을 이 화자가 이미 소유하고 있다는 조건이 *주어졌다면*, 이런 일이 가능하기는 하다. 그러나 원인이라는 개념과는 달리, 애초에 동기라는 개념이 예측을 가능하게 해주는 기술의 일환으로서 학습되는 것은 아니다. 동기가 무엇인지를 배우는 일은 그가 사는 사회에서 삶을 규율하는 표준을 배우는 일에 속한다. 그리고 표준을 배운다는 일은 다시 사회적 존재로서 살아가기를 배우는 일에 속하는 것이다.

5 / 규칙성의 탐구

환경에 대한 한 개인의 반응을 인과적으로 일반화하는 식으로는 인간의 행태를 설명할 수 없으며, 그의 행동에 의미를 부여해 주는 삶의 방식 및 사회 제도에 대한 이해가 선행되어야 한다는 점은 밀의 추종자라도 인정할 수 있을지 모른다. 그리고 나서, 그 점은 그렇다 치더라도 밀의 입장의 근간이 흔들리지는 않는다고 반격해 올 가능성이 아직 남아 있는 것 같다. 왜냐하면 사회 제도를 이해하는 일 역시 여전히 경험적 일반화의 문제로서 그 근본에 있어서 자연과학과 궤를 같이 한다는 주장이 있을 수 있기 때문이다. 이 견해는 바꾸어 말하면

사 회 과 학 이 라 는   발 상

사회 제도란 뭐니뭐니해도 일종의 획일성이며, 획일성은 오로지 일반화로써만 포착된다고 보는 견해이다. 이 절에서는 이러한 주장을 검토하기로 한다.

규칙성 또는 획일성이란 같은 종류의 상황에서 같은 종류의 사건이 지속적으로 재발함을 말한다. 그러므로 획일성에 대한 서술은 필연적으로 동일성에 관한 판단을 전제할 수밖에 없다. 그런데 이는 논의를 제1장 제8절에서 우리가 이미 논했던 바로 되돌리고 만다. 거기서 나는 동일성의 기준 자체가 반드시 모종의 규칙에 따라 상대적임을 밝힌 바 있다. 이 말은 곧 하나의 관점에서 보면 질적으로 유사하다고 판정되는 두 사건이 다른 관점에서 보면 상이하다고 판정된다는 말이다. 따라서 어떤 종류의 연구에서 어떤 종류의 규칙성이 추구되는지를 묻는 것은 곧 그 연구에서 동일성의 판단이 어떠한 규칙에 따라 이루어지는지를 묻는 것과 같은 일이다. 그러한 판단은 그보다 선행하며 제각기 나름의 규칙에 따라 규율되는 인간 행태의 양식과의 관련 안에서만 이해 가능하다.[20] 물체를 다루는 과학에서 그 분야의 연구자들이 따르는 절차를 규율하는 규칙이 이러한 규칙에 해당한다. 예를 들어 수소를 리튬에 조사照射하는 코크로프트-월턴 실험Cockcroft-Walton bombardment과 같은 경우에, 핵물리학이 다루는 문제와 절차에

---

20) 흄은 『인간본성론A Treatise of Human Nature』 서문에서 다음과 같이 말했다. "정도의 차이는 있지만, 모든 과학이 인간의 본성에 관계된다는 점은 명백하다. 그 가운데 혹 이로부터 멀어지는 것이 있지만 한 때 아무리 멀어졌더라도 그 당시가 지나면 결국 다시 돌아오게 된다." 이러한 흄의 지적은 이 글의 주제와 근대 철학사를 가장 오랫동안 강력하게 지배한 원동력 하나와의 사이에 어떤 관계가 있는지를 다시 한 번 상기시킨다.

관하여 아무것도 모르는 사람은 그 현장에 있다고 하더라도 아무것도 해득할 수 없을 것이다. 사실 그가 목격한 일이 무슨 일인지를 누가 물리학적 용어로 서술하여 준다고 해도 그러한 서술은 그로서는 이해할 수 없는 종류일 것이다. 왜냐하면 핵물리학자들의 활동 영역에서 "조사照射: bombardment"라는 말이 전하는 의미와 다른 영역에서 그 말이 전하는 의미가 다르기 때문이다. 그러한 실험에서 무슨 일이 벌어지는지를 이해하려면 핵물리학자들이 하는 일의 본질이 무엇인지를 배워야 한다. 그리고 그것을 배울 때에 배워야 할 것 가운데에는 핵물리학자들이 동일성의 판단을 내리는 데 적용되는 기준 역시 포함된다.

다른 모든 규칙과 마찬가지로 그러한 규칙 역시 공통된 활동이라고 하는 사회적 맥락에 토대를 둔다. 따라서 어떤 과학자 한 사람의 활동을 이해하기 위해서는 두 가지의 관계를 고려하여야 한다. 첫째는 그 연구자와 그가 연구하는 현상 사이의 관계이고, 둘째는 동료 과학자에 대한 그의 관계이다. 그가 "규칙성을 탐색하고 있다"든지 또는 "획일성을 찾고 있다"는 말이 말이 되기 위해서는 그와 같은 두 관계 모두가 필수적이다. 그런데도 과학적 "방법론"에 관하여 글을 쓰는 이들은 첫 번째의 관계에만 집중하여 두 번째 관계의 중요성을 간과하는 경우가 너무나 많다. 그 두 관계가 각기 다른 유형에 속한다는 점은 다음을 고려해 보면 명료해진다. 연구되는 현상들은 과학자에게 연구의 *대상*으로서 다가온다. 과학자는 그것을 관찰하고 거기서 일정한 사실을 찾아낼 뿐이다. 그런데 어떤 사람이 이런 일을 한다고 우리가 말하는 데에는, 이미 그 사람이 일정한 의사소통의 양식 — 물론 이

양식의 쓰임새는 이 양식 나름대로의 규칙에 따라 이루어진다 — 을 가지고 있다는 전제가 수반된다. 왜냐하면 무언가에 주목하여 지각한다는 것은 곧 주목되고 지각되는 특성을 인지한다는 것인데, 이는 곧 그러한 특성에 관한 모종의 *개념*이 이미 그 사람에게 있었음을 뜻하기 때문이다. 그리고 이는 그러한 특성을 가리키기 위하여 모종의 기호를 나름대로의 규칙에 맞추어 사용할 수 있을 때에만 가능한 일이다. 이와 같이 우리는 한 과학자가 동료 과학자들에 대하여 가지는 관계로 결국 돌아오게 되는 것이다. 그러한 맥락 안에서만 그가 그러한 규칙을 따르고 있다고 말을 할 수가 있기 때문이다. 그러므로, N이 다른 사람과 똑같은 규칙을 따르고 있다고 말하기 위해서는 그와 그의 동료들 사이의 관계가 전제되어야 하는데, 그 관계가 단순히 관찰의 관계일 수는 없다. 왜냐하면 그의 동료들이 어떠한 행태를 보이는지를 N이 인지하고 그 행태를 자신의 행태에 있어서 준범準範으로 삼기로 결심하였다는 사실이 곧 그 관계를 의미하지는 않기 때문이다. 이 둘을 동일시한다는 것은 곧 "그의 동료들이 어떠한 행태를 보이는지를 인지한다"는 것이 무엇인지를 동료들에 대한 N의 관계와 *무관하게* 해명할 수 있다는 전제 위에서만 가능하다. 그런데 지금 우리 논의의 목표가 바로 다름아닌 "그의 동료들이 어떠한 행태를 보이는지를 인지한다"는 것이 무엇인지를 밝히는 데에 있다. 그리고 그 때문에 그와 같은 전제는 지금까지 밝힌 바와 같이 옳지가 못한 것이다. 리즈Rush Rhees의 말을 빌면 다음과 같다 : "우리의 반응방식이 일치하는지의 여부에 눈길을 돌리지 않고도 서로가 서로를 이해함을 우리는 알 수

있다. 그런데 내가 너에게 무슨 말을 하는 일이 가능하고, 또 네가 나에게 무언가를 가르치는 일이 가능한 *까닭*이 바로 모두 우리가 반응 방식에 있어서 일치하기 때문이다."[21]

탐구의 와중에서 과학자는 자신의 연구 분야에 관련된 개념들을 적용하고 발전시킨다. 이러한 적용과 변용에 대해서는 현상도 "영향"을 미치고 동료 과학자들도 "영향"을 미친다. 그런데 그 개념들은 현상에 *대하여*, 그리고 동료 과학자들이 *함께 참여한 가운데* 적용된다. 그만큼 그 두 종류의 "영향"은 상이하다. 일면 그 과학자는 — 자신이 행한 실험의 와중에서 — 현상에 대한 관찰에 근거하여 개념을 개발하고 발전시킨다. 반면에 그는 동시에 기성의 활동 형태에 그의 동료 과학자들과 함께 참여함으로써만 그 일을 할 수가 있다. 여기서 참여라고 내가 말했지만, 그것이 반드시 어떤 직접적·물리적 접촉 또는 동료 참여자와의 직접적인 교류를 함축하는 것은 아니다. 중요한 것은 그 과학자들이 일반적으로 동일한 한 가지 종류의 활동에 모두 참가하고 있다는 점이다. 그들은 모두 그 활동을 유사한 방식으로 *배워 익혔다*. 그러므로 그들은 자신들이 무슨 일을 하고 있는지에 관하여 서로 통할 *능력*을 갖추었다. 그리하여 그중 한 사람이 하고 있는 일이 나머지 사람들에게 원칙적으로는 이해 가능한 일이 되는 것이다.

---

21) Rush Rhees, "Can There be a Private Language?", *Proceedings of the Aristotelian Society*, Supplementary Volume XXVIII.

6 / 사회 제도의 이해

사회 제도의 이해란 곧 그 안에서 활동하는 사람들의 행태에서 나타나는 규칙성을 관찰하고 그것을 일반명제의 형태로 표현하는 일이라는 것이 밀의 견해이다. 이제 사회학적 연구자의 입장이 자연과학자의 입장과 그 주요 논리의 틀에 있어 — 넓은 의미에서 — 상응한다고 볼 수 있다면, 다음과 같은 귀결에 이르게 된다. 두 개의 상황에서 동일한 일이 일어났다든지 또는 동일한 행동이 수행되었다든지 하는 판단을 사회학자가 내릴 때 그 판단에 적용되는 개념과 기준은 *사회학적 탐구를 규율하는 규칙과의 관련 안에서* 이해되어야 한다. 그런데 여기에 어려움이 따른다. 자연과학자의 경우에 있어서는 이 규칙이 한 가지 종류 즉, 과학자의 연구를 규율하는 규칙뿐이었다. 그런데 사회과학자의 경우에는 그의 연구 행위뿐만 아니라 *그가 연구하고자 하는 대상*도 역시 인간의 활동이며, 따라서 규칙에 따라 수행되는 것이다. 그리고 이 경우 그 활동과 관련하여 "같은 일을 한다"는 것이 무엇인지를 구체적으로 결정해주는 것은 사회학자의 연구를 규율하는 규칙이 아니라 그가 연구하려는 사람들의 활동을 규율하는 규칙이다.

예를 하나 들어 고찰해보면 이 점이 더욱 뚜렷해질 수 있을 것 같다. 누가복음(18장 9절)에 나오는 바리새인과 세리稅吏의 이야기를 보자. 여기서 "신이여, 내가 저들과 같지 않음을 감사"한다는 바리새인과 "나와 같은 죄인에게 자비를 베푸소서" 하고 기도하는 세리가 서로 동일한 종류의 일을 하고 있는가? 이 질문에 답하기 위해서는 기도라

는 관념에 무엇이 함유되어 있는지에서부터 출발해야 하고, 따라서 그것은 곧 **종교적**인 질문이 된다. 환언하면, 이 두 사람의 행동이 같은지 다른지를 결정하기 위하여 합당한 기준이라는 것이 종교 자체에 속하는 그 무엇이라는 말이다. 그리하여 "이 두 사람의 행동이 같은 종류의 활동에 속하나?" 하는 질문에 답을 종교 사회학자가 얻고자 할 때, 그 답은 사회학이 아니라 종교로부터 유래하는 기준에 의하여 얻어지게 되는 것이다.

그런데 이제 종교 사회학자가 내리는 동일성의 판단 — 아울러 그에 따르는 일반화 — 이 종교로부터 유래하는 기준에 근거한다면, 종교적 활동을 수행하는 사람들과 사회학자 사이의 관계가 단순히 관찰 대상과 관찰자 사이의 관계일 수는 없다. 오히려 그것은 과학적 탐구 활동에 동참하는 과학자와 동료 과학자들 사이의 관계와 유사할 것이다. 이 점을 보다 일반화하여 말하면, 사회 활동의 양식을 이해하는 일이 일종의 규칙성에 관한 지식의 획득이라고 말해서 아니 될 까닭은 없겠지만, 여전히 그때 그 지식의 본질은 물리적 규칙성에 관한 지식과 아주 많이 다를 수밖에 없다. 그러므로 사회적 행태의 형식을 연구하는 연구자의 활동을 기계의 작동을 연구하는 공학기사의 활동에 견주는 것은 원칙에서부터 큰 오류를 저지르고 있는 것이다. 그리고 밀이 주장하듯이, 이에 대하여 여기서 문제되는 기계가 여느 물리적 기계보다 엄청나게 복잡하다고 말한다고 해서 나아질 것은 아무것도 없다. 사회학도를 공학기사에 견주고자 한다면, 공학이라는 것 — 즉, 공학이라는 활동 — 이 무엇을 하는 것인지를 배워나가는 도제徒弟에

해당한다고 보는 편이 오히려 나을 것이다. 왜냐하면 사회현상에 대한 사회학도의 이해를 공학기사의 경우에 견준다면, 그 기사가 연구하는 기계적 체계에 대한 이해라기보다는 동료 기사들의 활동이 무엇을 하는 활동인지에 대하여 그 기사가 가지는 이해와 훨씬 비슷하기 때문이다.

아주 상식적인 차원에서 일컬어지는 다음과 같은 말에도 이 점이 그대로 반영되어 있다 : 종교 사학자 또는 종교 사회학자가 자신이 연구하는 종교 운동을 이해하고 그 안에서 활동하는 이들의 삶을 규율하는 제반 고려사항을 이해하기 위해서는 그 자신 모종의 종교적 감수성을 가져야만 한다. 예술사를 공부하는 이로서 자신이 다루는 시대의 예술가들이 직면한 문제를 이해하기 위해서는 모종의 미학적 감각을 갖추어야 한다. 만약 그것이 결여되어 있다면, 그 자신이 하는 일을 *예술*에 관한 역사로 만들어 줄 바로 그 무엇을 빠뜨리는 셈이 된다. 어떤 사람들을 보았더니 어떤 동작들을 행하더라는 식의, 그 정체가 아주 흐릿한, 외면적 서술만이 남게 될 터이기 때문이다.

동료들의 활동에 대한 공학기사의 이해를 내가 예로 들기는 했지만, 그와 같이 비성찰적 종류의 이해에 그쳐야 한다고 주장하는 것은 아니다. 내가 주장하고 싶은 바는 어떠한 성찰적 이해이든지 그것이 진실로 이해이기 위해서는 거기에 참여하고 있는 사람들의 비성찰적 이해를 전제하여야 한다는 점이다. 이를 과학적 자료에 대한 자연과학자의 이해와 견주는 것이 얼마나 방향을 잘못 잡고 있는지는 이 점만 보아도 분명하다. 사회 일반, 또는 특정한 사회 생활의 양식을 성

찰적으로 연구하는 학도가 어떠한 활동 형태를 연구함에 있어, 연구 대상 활동의 맥락이 아니라 그 자신의 연구 행위의 맥락에서 유래한 개념을 사용할 필요를 느낄 수는 있다. 그렇지만 여전히 그가 그렇게 사용하는 기술적技術的 개념에는 그 연구의 대상이 되는 활동 영역에 속한 개념들에 대한 사전 이해가 함축되어 있는 것이다.

예를 들어, 유동성 선호라는 개념은 경제학의 기술적 개념이다. 이 말은 사업가들이 사업을 벌이면서 사용하는 말이 아니라 일정한 종류의 사업적 행태의 본질과 결과를 *설명하기* 위하여 경제학자들이 사용하는 말이다. 하지만 그 말은 사업 활동의 영역 내에 속하는 개념들과 논리적으로 연관되어 있다. 왜냐하면 경제학자가 그 말을 사용할 때에는 사업하는 것이 무슨 일인지에 대한 그의 이해가 전제되어 있고, 또한 사업한다는 말에는 다시 돈, 이익, 비용, 위험부담 등등의 사업적 개념들이 함유되어 있기 때문이다. 경제학자의 이러한 설명이, 이를테면 신학의 일부가 아니라, 다름아닌 경제 활동에 대한 하나의 설명이 되는 까닭은 오직 그의 설명이 이처럼 그 연구 대상 활동에서 유래하는 개념들과 관계를 맺고 있기 때문이다.

마찬가지로 심리분석가가 환자의 신경증적 행태를 설명함에 있어서도 환자 자신은 모르는 요인에 주의를 기울이고 그로서는 이해할 수 없는 개념을 사용할 수 있다. 심리분석가의 설명에서 환자의 유년 초기의 사건이 언급된다고 가정해보자. 그러한 사건들의 서술에는 우리의 사회에서 예컨대 가족 생활이 이루어지기 위해서 필요한 여러 개념에 대한 이해가 전제되기 마련이다. 왜냐하면, 그 아이와 그의 가

족 사이의 관계에도 그러한 개념들이 어느 정도로든 스며들어 있을 수밖에 없기 때문이다. 그런데 예를 들어 어떤 심리분석가가 트로브리안드Trobriand 제도諸島의 원주민 사이에서 신경증이 어떻게 발생하는지를 연구한다고 하자. 이러한 경우에는 프로이트가 우리의 사회에서 발생하는 상황을 염두에 두고 개발한 개념을 아무 생각 없이 그냥 적용할 수는 없다. 프로이트의 개념을 적용하려면 우선 그 섬 사람들 사이에서 아버지라는 관념이 어떤 의미를 가지는지, 그리고 그 관념이 자신의 사회에서 통하는 아버지의 관념과 어떤 면에서 다른지 등등을 스스로 따져 묻고 탐구해야 한다. 그리고 그러한 탐구의 와중에서 심리학 이론 자체가 이와 같은 새로운 상황의 신경증을 설명하기에 보다 적합한 형태로 변모하게 되는 일이 거의 불가피한 결과일 것이다.

과소평가되고 있는 철학자인 콜링우드R. G. Collingwood가 『역사의 관념The Idea of History』에서 표현한 바와 같은 역사적 회의론이 지금까지의 논의에 입각하면 상당히 정당화된다.[22] 자신이 속한 사회 또는 자신에게 매우 익숙한 형식으로 삶이 이루어지는 사회에서 일어나는 상황을 누군가가 다룰 때라면 반드시 이러한 고려들이 전면에 나와야 할 필요는 없다. 하지만 연구 대상이 연구자가 소속한 사회와 문화적으로 유리된 사회라면 이 고려들은 아주 절실한 실제적 함축을 가진다. 관념론자들이 이른바 "감정이입"이나 "역사적 상상력"에 부여하

---

22) R. G. Collingwood, *The Idea of History*, Oxford University Press, 1946.

는 무게가 바로 이런 점에서 유래하는 것이다. — 물론 그렇다고 해서 이런 종류의 개념이 그 나름대로 여러 가지 난제를 불러 일으킨다는 사실을 부인하는 것은 아니다. 이는 관념론을 특징짓는 또 하나의 신조 즉, 인간 사회를 이해하는 일이 철학자가 하는 활동과 밀접하게 연관되어 있다는 신조와도 연결이 된다. 이 글의 처음 두 장에서 그 신조에 이르기까지의 논의를 진행하였고, 마지막 두 장에서 다시 그것으로 돌아갈 것이다.

7 / 사회연구에서 예측

앞 장에서 오크쇼트에 관하여 논의할 적에 자발적 행태란 그에 대한 대안이 있는 행태라는 사실의 중요성을 지적한 바 있다. 무언가를 이해한다는 데에는 그 역에 대한 이해가 포함되어야 하기 때문에, 이해력을 가지고 X라는 일을 수행하는 사람이라면 동시에 X아닌 무엇을 한다는 것이 어떠한 일인지를 상정할 능력을 갖추어야 한다. 지금이 말은 경험적 진술이 아니라 이해력을 가지고 무슨 일을 한다는 개념에 무엇이 함유되느냐에 관한 언명이다. 이제 N의 행태를 O가 관찰한다고 가정해보자. N이 어떻게 행동할지를 O가 예측하고자 한다면, N이 어떠한 개념들을 통하여 자신이 속한 상황을 파악하고 있는지에 관하여 O가 익숙해져야만 한다. 이것이 이루어진 연후에 O는 N의 성격에 관한 자신의 지식을 토대로 N이 어떤 결정을 내리리라고

사 회 과 학 이 라 는 발 상

자신 있게 예견할 수 있다. 그런데 이때 O가 그러한 예측을 내리기 위하여 사용하는 개념들은 N이 실제로 그 예측과 다른 결정을 내리게 되는 경우와도 병립될 수 있는 종류이다. 예측이 N의 실제 결정과 어긋난다고 하더라도, 그것만으로 O가 계산을 잘못하였다는 결론이 반드시 도출되지는 않는다. 왜냐하면 일련의 "계산"이 서로 다른 여러 개의 가능한 결과 가운데 어느 것과도 연결될 수 있다는 점이 바로 이때 그 결정이라는 행위의 본질적 성격에 해당하기 때문이다. 이는 자연과학의 예측과는 사뭇 다르다. 자연과학에서는 어떤 예측이 맞지 않는다면 곧 자료가 틀렸거나 불충분하든지, 계산을 잘못하였든지, 이론에 결함이 있었든지, 어쨌든 예측자 편에 무언가 실수가 있었음이 함축된다.

다음과 같은 고려가 이 점을 밝히는데 도움이 될 것 같다. N이 직면한 결정의 본질을 O가 이해하기 위해서는, N이 스스로 처한 상황의 성격을 파악하는 데 있어서 어떤 기준을 적용하는지, 그리고 그 기준은 어떠한 규칙에 의해서 제공되는지를 O가 깨달아야 한다. 누군가가 어떤 규칙에 따라 행동하는지를 안다면 그리고 구체적 사정이 주어진다면 대부분의 경우 그가 어떻게 행동할지를 예측할 수 있다. 예를 들어 N이 다음과 같은 규칙을 따르고 있음을 O가 안다고 생각해보자: "영에서 시작하여 1,000에 이를 때까지 2씩 더하라." N이 104를 쓰는 것을 보았다면, 그 다음에는 106을 쓰리라는 것을 O는 예측할 수 있다. 그런데 가끔은 N이 어떤 규칙을 따르는지를 O가 확실히 안다고 하더라도 N의 다음 행동을 예측하기가 전혀 불확실한 경우도 있다.

그 규칙을 따른다는 것이 *무엇으로 구성되는지*에 관한 질문이 고개를 내미는 경우가 그러하다. 예를 들면, 여태까지 규칙 적용의 맥락을 구성한 상황과는 현저하게 다른 상황에 처하였을 때가 그런 경우이다. 이러한 경우에 규칙은 가능한 대안의 범위를 여전히 제한하기는 하지만, 그 상황이 어떤 결과로 이어질지에 관해서는 확정을 지어주지 못한다. 미래에 대한 그러한 확정은 다만 실제로 그 대안 중에서 하나가 선택되고 나머지가 거부됨으로써만 이루어진다. 그러한 확정이 그와 같이 일어난 후에라도, 또 다시 새로운 조건이 발생한다면 그 규칙을 새로운 상황 아래에서는 또 어떻게 해석해야 하느냐는 문제가 필연적으로 발생하는 것이다.

이러한 고려는 역사적 전통이 발전한다는 생각과 관련하여 약간의 빛을 던져줄 수 있다. 앞에서 내가 언급한 바와 같이, 밀은 역사적 추세와 과학적 법칙이 유사하다고 생각하였고 포퍼는 그러한 사고방식에 대한 수정을 꾀하였다. 포퍼는 추세에 관한 서술에는, 진정한 법칙의 경우와는 달리, 특정한 최초 상황이라는 준거가 포함됨을 지적하였다. 나는 이제 여기에 조금 더 수정을 가하려 한다. 설사 특정한 최초 상황이 주어졌다고 하더라도, 역사적 추세가 어떻게 진행될지 확정적인 예측을 할 수는 없다. 왜냐하면, 그 추세가 계속될지 아니면 중단될지의 여부가 인간의 결심에 달렸으며, 그러한 인간의 결심은 그에 선행하는 조건에 의하여 결정되는 것이 아니다. 다만 그것들을 "결심"이라 부름으로써 표현되는 의미가 그러한 선행조건의 맥락 안에서만 존재할 수 있을 따름이다.

　　　　　　　　사 회 과 학 이 라 는　 발 상

내가 방금 한 말과 관련하여 노파심에서 나오는 두 마디를 덧붙여야겠다. 때때로 결심을 예측하는 일이 가능하다는 사실을 내가 부인하는 것이 아니다. 그러한 경우라 할지라도 그 예측이 근거하고 있는 증거와 그 예측 사이의 관계가 과학적 예측에서의 그것과 성격상 다르다는 점이 내가 말하고 싶은 바이다. 그리고 내가 지금 역사적 추세가 그 참여자들에 의하여 의식적으로 의지되고 의도된다고 말하고 싶어지는 덫에 빠진 것도 아니다. 논지의 초점은 그러한 추세가 부분적으로는 거기에 참여한 사람들의 의도 및 결심의 소산이라는 것이다.

역사적 전통이 전개되는 와중에 숙고, 주장, 상대방의 견해를 압도하는 역사 해석 등등이 포함될 수 있다. 또는 어쩌면 모종의 합의된 타협책, 또는 서로 상반되는 학파의 대두 등이 역사의 진행을 선도할 수도 있다. 이러한 예로는 하이든의 음악과 모짜르트의 음악, 그리고 베에토벤의 음악 사이의 관계를 생각할 수가 있다. 다른 예로는 모두가 맑시즘의 전통에 근거했다고 주장하면서도 — 각기 나름대로 일리가 있는 것도 사실이다 — 동시에 서로 대립되는 학파들도 있다. 종교가 발전하는 데 있어서 정통과 이단 사이의 상호작용이 어떠하였는지를 생각해 보라. 또는 경기 중에 공을 집어 들고 뛰어 가버린 럭비 Rugby의 소년 때문에 축구 경기가 어떻게 변모했는지를 생각해 보라.[23] 축구 경기의 전례에 관한 지식으로부터 그런 혁명을 예측하기가 불가능한 것은 흄의 철학을 그의 선배들로부터 예측하기가 불가능한

---

23) 럭비는 원래 영국의 지명. 이 소년으로 하여 럭비 경기가 출현하게 되었음. (역주)

것이나 마찬가지일 것이다. 여기서 험프리 리틀턴Humphrey Lyttleton의
일화를 상기해 볼 만하다. 재즈가 어디로 흘러가고 있는지를 누가 묻
자, 그는 "재즈가 어디로 가고 있는지를 내가 알았다면 지금 벌써 거
기에 가 있을 거요"라고 대꾸했다.

시 한 편이 어떻게 쓰여질지 또는 하나의 새로운 발명이 어떻게 이
루어질지를 예측하는 일에는 곧 그 시를 쓰고 그 발명을 이룩하는 일
이 포함된다고 모리스 크랜스턴Maurice Cranston이 지적했을 때, 그가
말한 바도 본질적으로 같은 논지이다. 이는 그 시를 실제로 쓴 사람
또는 그 발명을 실제로 이룬 사람만이 그것을 예측할 수 있다는 말이
전혀 아니고, 애초에 예측이 불가능하다는 말인 것이다. 만일 한 사람
이 어떤 시를 썼다면, 한 사람이 어떤 발명을 이루었다면, 또 다른 누
군가가 그 시를 쓰리라고 또는 그 발명을 이룩하리라고 예측할 가능
성은 그가 그렇게 했다는 사실로 하여 이미 사라져 버린 것이다. "그
는 그것을 예측할 수 없다 — 그 일이 일어나리라고 그 일이 일어나기
전에 미리 말할 수는 없게 되었기 때문에. He could not predict it because
he could not say it was going to happen before it happened."[24]

혹 이러한 고려들이 사소한 논리적 말꼬리 잡기에 불과하다고 여기
고 싶은 유혹이 있을 것이다. 그러나 그러한 여김 자체가 실수이다.
순전히 경험적 영역에 속하는 가능성을 선험적으로 봉쇄하기 위한 규
제를 꾀하는 이는 불가능한 과업과 씨름하고 있는 것이다. 그러한 사

---

24) Maurice Cranston, *Freedom: A New Analysis*, Longmans, 1953, p. 166.

사 회 과 학 이 라 는   발 상

람들이 실상 밝혀주는 것은[25] 사회 생활에 대한 우리의 이해에 핵심이 되는 개념들은 과학적 예측이라는 활동에서 중심 역할을 하는 개념들과 어떻게 하더라도 양립될 수 없다는 사실일 뿐이다. 이런 종류의 사회적 발전을 과학적으로 예측할 수 있는 가능성을 우리가 운위한다면, 그야말로 우리는 스스로 무슨 말을 하고 있는지를 이해하지 못하면서 그렇게 하고 있는 것이다. 우리에게는 그것을 이해할 방도가 없다. 왜냐하면 거기에 아무 뜻이 없기 때문에.

---

25) 그들의 시도 및 그 결과가 하나의 오시범誤示範으로서 이를 우리에게 보여준다는 뜻. (역주)

·4장·
정신과
사회

1 / 파레토: 논리적 행위와 비논리적 행위

    제3장에서는 우리가 사회적 사건들에 관하여 생각할 때 정상적으로 작용하는 사고의 틀이 과학적 설명에 속하는 개념들과는 논리적으로 양립되지 않음을 보이고자 하였다. 그 주장에서 중요한 일부분은 전자의 경우 사고의 틀이 곧 사회 생활 자체에 포함되는 것이지 단지 그러한 사회 생활에 대한 관찰자의 서술에만 포함되는 것이 아니라는 점이다. 그런데 사회 생활에 대한 연구자의 참여라는 개념에 대해서 매우 강력한 반론을 제기하는 사조가 있다. 참여 연구라는 생각으로 인해 혼동이 일어나고 잘못된 방향에 빠지게 되는 경우가 그렇지 않은 경우보다 많다는 점에서 그것을 폄하하는 주장이 있다. 예를 들어,

제1장의 말미에 인용한 뒤르켐의 주장과 같은 것이 이에 속한다. 파레토Vilfredo Pareto가 『정신과 사회The Mind and Society』에서 주장한 바도 역시 이와 흐름을 같이한다. 그는 사람들이 행동함에 있어서 그들이 가지고 있는 생각이 얼마나 영향을 미치는지에 관심을 주로 집중하였다. 이런 점에서 그의 책의 영역본에 그와 같은 제목이 붙은 것은 원저자의 관심에 대한 번역자의 충실한 이해를 보여준다 하겠다.[1] 어쨌든, 파레토는 인간의 행태에 미치는 정신의 영향이 흔히 생각하는 것보다 훨씬 덜 근본적인 수준에서 일어난다고 생각하여 그 점을 경험적으로 밝히고자 노력하였다. 그리고 그는 나아가, 그러므로 사회학자는 자기 나름의 개념을 새로이 개발하여야 하고, 참여자들의 관념에는 가능한 한 주의를 쏟지 말아야 한다고 주장하였다. 나는 이제 이러한 파레토의 시도를 검토하려 한다. 이 검토는 두 개의 논점을 부각하기 위한 방향으로 설계되어 있다. 첫째, 파레토는 본질적으로 철학적인 주제를 경험적 · 과학적 주제로 파악하는 착각을 범하였다. 둘째, 그의 결론은 사실에 비추어 틀렸다.

파레토의 출발점은 사회학에 과학적으로 접근한다는 것이 무엇을 말하는지에 대한 고려이다. 그의 답을 대충 정리해 보면, 엄밀하게 경험적인 준거를 가지는 개념만을 사용하고, 이론을 관찰과 실험으로써 엄격하게 통제하며, 추론이 항상 논리적 엄밀성에 따라야 한다는 것

---

1) 파레토가 쓴 책의 이태리어 원제는 *Trattato di soziologia generale*. 직역하면 『일반 사회학 논고』가 된다. (역주)

이다. 이를 일컬어 그는 "논리-실험적logico-experimental" 접근법이라 부른다. 사회학자에게 자료는 서로 더불어 살아가는 인간들의 행동이다. 그 가운데 파레토는 지적 내용물을 표현하는 행태를 꼽아 특별한 주의를 기울인다.

> 어떠한 인간 집단에도 그 내부에서 널리 통용되는 서술적, 개념적, 또는 여타 다른 종류의 명제들이 있다. 이러한 명제들은 논리 또는 사이비-논리에 따라 결합되고, 아울러 다양한 종류의 사실에 관한 서술의 살이 붙어서 이론, 신학, 우주관, 형이상학의 체계 등을 구성한다. 이것들을 신념의 차원에서 보면 나름대로 무언가 고유한 특장이 있을지도 모르겠으되, 그와는 상관없이 외부적 시각에서 보자면 그 명제와 이론들은 모두가 실험적 사실들이다. 그리고 우리에게는 그것들을 실험적 사실로 간주하고 그에 합당하게 다루어 검사해야 할 의무가 있다.[2]

사람들이 품고 있는 명제 및 이론들이 그들의 행태와 어떤 관련을 맺는지에 관하여 파레토가 제시하는 견해가 지금 우리의 관심사이다. 예를 들어, 기독교 신학의 명제들은 기독교 의식儀式들이 구체적으로 행해지는 데에 어떤 관련이 있나? 이 질문이 모호하다는 파레토의 지적은 옳다. 이 질문은 여러 가지 의미를 가질 수 있다. 우선, 신학 이론

---

2) Vilfredo Pareto, *The Mind and Society*, New York, Harcourt Brace, 1935, Section 7.

이 정당화하고자 하는 행동을 위하여 합당한 이유를 실제로 구축하는 데에 그 이론이 성공하고 있는지를 묻는다고 볼 수 있다. 아니면, 흔히들 말하듯이 어떤 사람의 행태가 정말로 그 사람이 품고 있는 생각에 따라 규율되는 것인가, 그렇지 않고 그 사람이 그러한 생각을 더 이상 품지 않더라도 계속하여 그와 같은 행태를 보이게 되는 것인지를 물을 수도 있다. 파레토는 이 두 질문 모두에 대답하는 것이 과학적인 "논리-실험적" 사회학의 기능이라고 생각한다. 그리고 그 기능을 위하여 두 가지 매우 주요한 구분을 행한다. 첫째는 *논리적* 행동과 *사이비–논리적* 행동 사이의 구분이고(i), 둘째는 *잔기*殘基: residues와 *파생*派生: derivations의 구분이다(ii).

구분 (i)은 사람들이 품고 있는 이론이 그들의 행동을 위하여 타당한 이유를 어느 정도 구성해 주는지의 문제에 도움을 줄 목적에서 고안되었다.

> 목적에 합당한 수단을 사용하며, 목적에 수단을 논리적으로 연계시키는 행동이 있다. 이와는 달리 그러한 특질이 결여된 종류의 행동도 있다. 각각 그 객관적 및 주관적 양상을 고려할 때, 이 두 종류의 행동은 매우 상이하다. 주관적 관점에서 보면 거의 모든 인간의 행동은 논리적 종류에 속한다. 고대 희랍 수부水夫의 눈에는 포세이돈에게 제물을 바치는 일이 노를 젓는 일과 마찬가지로 항해를 위한 논리적 수단으로 보였을 것이다. …… 이제 그 행동을 수행하는 이의 주관적 입장뿐만 아니라 보다 포괄적 지식을 갖춘 다른 사람의 입장에서 보았을

때에도 수단과 목표가 논리적으로 연계될 때에만 그 행동을 *논리적 행동*이라 부르기로 해보자. 다시 말해서, 방금 설명한 바와 같은 의미에서 주관적으로 보나 객관적으로 보나 논리적인 행동을 그렇게 부르기로 하자. 그와 다른 여타 행동은 *탈논리적*non-logical ─이는 "비논리적 illogical"이라는 말과는 결코 같을 수 없다─ 이라 부르기로 하자.[3]

그렇다면 논리적 행동이란 다음과 같은 조건을 충족하는 행동이다. (a) 그 행위자의 생각에 그 행동은 어떤 결과를 낳을 것으로 생각되고, 그러한 결과를 이루고자 하는 목적으로 그 행위자에 의해서 수행된다. (b) 그 행위자가 그리는 결과를 그 행동이 실제로 낳는 경향이 있다. (c) 그 행위자는 스스로 믿는 바에 대하여 훌륭한 근거(파레토가 훌륭한 근거라 여기는 것 즉, 논리-실험적 근거)를 가지고 있다. (d) 그 추구되는 목표는 경험적으로 확인할 수 있는 것이어야 한다. 기준이 이렇게 여럿이라는 점은 그만큼 하나의 행동이 탈논리적일 수 있는 형식 역시 다양함을 의미한다. 그러한 형식 중에서 가장 중요한 몇 가지를 살펴보기로 하자. 어떤 행동에 있어서 그 행위자가 그로써 특별히 어떤 목표를 이루고자 생각하는 것이 아니라면 그것은 탈논리적이 될 것이다. 베버가 합목적적合目的的: zweckrational에 대칭되는 것으로서 제시한 합가치적合價値的: wertrational 행동이라는 말로 의미한 바가 이것인 것 같다. 그런데 파레토는 이런 종류의 행동이 매우 드물고 듬성

---

3) Ibid., Section 150.

듬성 발생한다고 생각한다. 그 까닭은 "인간에게는 자신의 행동에 논리의 광택을 입히고 싶어하는 경향이 두드러지기 때문"이라고 한다.[4] (어떻게 우리가 어떤 행동을 두고 겉만으로라도 그것이 논리적이니 운운할 수 있을 것인지에 관하여 파레토가 목적과 수단이라는 범주 말고는 아무것도 전혀 생각하지 못하고 있다는 사실이 여기서 흥미롭기도 하고 또한 중요하기도 하다.) 다른 예로는, 행위자는 어떤 목적을 위하여 행하였지만 그 행동이 그와 다른 결과를 낳거나 또는 아무 결과도 낳지 않는다면 그 행동은 탈논리적인 것이 될 것이다. 파레토에 따르면 이렇게 되는 까닭 중의 하나는 그려진 목표가 사실에 실재하는 것이 되지 못하고 "허상적 虛像的: imaginary"이기 때문이다. 그것이 "허상"인 이유는 "관찰과 경험의 영역 밖에 위치"하기 때문이다.[5] 파레토는 영혼의 구원이 이런 종류의 "허상적" 목표의 한 예라고 몇 번이나 말하고 있다. 혹은 그려진 목표는 비록 완벽하게 실재하더라도 그 행위자가 생각하는 방식으로는 획득할 수 없을 수도 있다. 이런 유형에는 주술呪術 행위 및 "자유경쟁의 상황 아래 사업가들이 사용하는 여러 가지 책략(예를 들면, 임금 삭감)" 등이 속한다고 파레토는 말한다.[6]

그런데 이들 상이한 유형의 행동들을 —그리고 그 이외의 많은 행동들을— 모두 하나의 단일 범주 안에 포섭하게 되면 심각한 난점들이 발생하리라는 것이 뻔하다. 여기서 나는 그 가운데 한 가지 난점에

---

4) Ibid., Section 154.
5) Ibid., Section 151.
6) Ibid., Sections 160 & 159.

만 논의를 집중시키기로 하겠다. 그것은 "탈논리적" 행위와 "비논리적" 행위 사이에 구분을 짓기가 어렵다는 점이다. 『정신과 사회』 제150절에서 파레토가 이 둘이 "결코 같을 수 없다"고 주장하였음은 위의 인용문에서 보인 바 있다. 또한 파레토는 나중에 "공학에서의 실수는 탈논리적 행동이 아니"라고 말함으로써 그 점을 다시 주장하고 있다.[7] 그러면서도, 자유경쟁 하에서 피고용인들의 임금을 삭감함으로써 자신의 이윤을 증대하려고 생각하는 사업가의 실수는 탈논리적 행동이라고 그는 말하고 있다. 하지만 공학에서 실수가 사업가의 (파레토는 만약 독점의 상황이라면 그와 같은 사업가의 발상이 실수가 아닐 수도 있다고 한다) 실수와 어떻게 다르기에 이 양자가 결코 같을 수 없이 다른 부류에 속할까? 또, 이 경우 사업가의 실수를 정말로 주술적 의식의 수행에 비견할 수 있을까? 군이 비견하고자 한다면 그것은 오히려 주술적 의식 중에서 *실수*에 해당하는 부류와 상응한다고 보아야 할 것이다. 사업가의 실수는 사업 행태라는 *범주*에 속하는 하나의 특정 부류에 (그렇듯 특정한 부류의 예를 들자면 많은 유사한 예를 들 수 있다) 해당하는 행동이다. 반면에 주술적 행위는 그 자체로 하나의 범주를 *구성하는* 것이다. 주술은 그러한 행위가 발생하는 사회에서 나름대로 독특한 역할을 수행하며 그 나름의 고려에 따라 행하여진다. 그리고 이 점은 사업 활동에 관해서도 마찬가지로 말할 수 있다. 그러나 파레토가 언급하는 것은 사업 활동 가운데 *잘못 인도된* 종류이기 때문에, 그것에 관

---

7) Ibid., Section 327.

하여는 이 말이 맞지 않는다. 왜냐하면 방금 말한 "나름의 독특한 역할"이나 "나름의 고려"라는 문구의 내용은 오로지 사업 활동이라고 하는 전체 집합의 목표와 본질에 입각함으로써만 이해될 수 있기 때문이다. 반면에 파레토처럼 주술을 과학 활동의 목표와 본질에 입각하여 이해하려 한다면 필연적으로 그것을 *잘못* 이해하게 될 것이다.

어떠한 행동의 일반적 범주 — 이는 곧 사회 생활의 한 양식이다 — 와 그 범주 내부의 특정 부류에 해당하는 행위 사이의 구분은 탈논리적 행태와 비논리적 행태 사이의 구분에 대하여 핵심적 중요성을 지닌다. 파레토가 뜻하고자 하는 바를 추정컨대, 어떤 행동이 *비*-논리적이라 함은 논리상의 실수가 거기에 포함되어 있다는 의미일 것이다. 반면에 어떤 행동이 **탈**-논리적이라 함은 논리의 기준이 거기에 적용될 가능성 자체를 부인하는 것이다. 다시 말하면 탈논리적 행동에 관하여 그것이 논리적이라든지 또는 비논리적이라고 운위하는 자체가 말이 되지 않는 것이다. 이는 공간에 위치하지 않는 어떤 것 — 예컨대, 덕德 — 에 관하여 대형이니 소형이니 하고 말하는 것이 말이 되지 않는 것이나 마찬가지이다. 그런데 이 구분의 함의를 따름에 있어서 파레토는 철저하지 못하다. 일례로 그는 "탈논리적"이라는 말을 논리적으로 경멸하는 의미로 사용하려 애를 쓰는데, 이는 마치 덕이 대형 물체가 아니라는 점으로부터 따라서 그것이 소형 물체라 결론짓는 것과 같다. 이러한 문제가 일어나는 까닭의 대부분은 이 글에서 내가 몇 가지 주장을 통해서 분명히 하려는 바를 파레토가 보지 못하였기 때문이다. 즉, 논리의 기준이 신으로부터 직접 건네받은 선물이 아니라

여러 가지 삶의 방식 및 사회 생활의 양식 안에서 발생하고 그 맥락 안에서만 이해 가능하다는 점이 그것이다. 이는 다시 그와 같은 사회 생활의 양식 자체에 대하여 논리의 기준을 적용할 수는 없다는 함의를 가진다. 예를 들어 과학은 그러한 양식 가운데 하나이고 종교 역시 다른 하나의 양식이다. 이 각자는 나름대로 독특한 이해 가능성의 기준을 가지고 있다. 그리하여 과학에서든지 종교에서든지 논리적이라 일컬어지는 행동도 있고 비논리적이라 일컬어지는 행동도 있다. 예를 들면 과학에서 적절한 절차를 따라 이루어진 실험의 결과를 거부한다면 비논리적일 것이다. 한편 종교에서 누가 신의 힘에 대항하여 자신의 힘을 내세울 수 있다고 여긴다면 비논리적일 것이다. 이런 예는 무수히 들 수 있다. 하지만 과학 활동 자체 또는 종교적 행위 자체가 논리적이라든지 비논리적이라든지 하는 것은 말이 되지 않는다. 이 둘모두가 탈논리적인 것이다. (물론 이런 식으로 말하는 것은 서로 다른 사회 생활의 양식 사이에 각 특성들이 중첩될 수도 있는 여지를 남겨두지 않는다는 점에서 지나친 단순화이다. 예를 들자면, 종교적인 이유로 하여 일생을 과학에 헌신하는 사람도 있을 수가 있다. 따라서 내가 말하려는 바를 표현하기 위해서는 여기서 말한 것보다 훨씬 복잡하게 말을 해야 하겠지만, 내가 말하고자 하는 바의 내용에 관하여 그 때문에 어떤 차이가 발생한다고는 생각하지 않는다. 파레토가 말하려는 것은 과학 자체가 논리적 행태의 한 형식 — 사실은 논리적 행태라면 마땅히 그래야 하는 **표준** 형식 — 이며 반면에 종교는 탈논리적 — 논리적으로 경멸적인 의미에서 — 이라는 것이다. 그런데 내가 지금까지 밝힌 바와 같이 바로 그 생각이 용인될 수가 없는 것이다.)

파레토가 "탈논리적"과 "비논리적"을 적절히 구별짓지 못한 데에는 더욱 깊은 까닭이 있다. 인간 사회의 작동에 관하여 완전히 중립적으로 어느 편도 들지 않는 이론을 생성해내기 위해서는 오로지 "논리-실험적" 기준에 의하여만 통제되는 방법을 채택하여야 한다는 그의 믿음이 여기에 결부된다. 자연과학이 어떠한지에 관한 자신의 견해로부터 파레토는 이 방법을 유추하여 상정한다. 이런 관점에서 본다면 사회적 존재에 *관한* 이론 중에서 그와 반대되는 이론들 — 즉, 여타 *사회학적* 이론들 — 을 그가 "논리-실험적" 기준에 입각하여 비판하는 것은 정당하다 할 수 있다. 그런데 그는 여기에 그치는 것이 아니라 이보다 더한 일을 항상 시도한다. 즉, 그가 연구하는 대상에 속하는 관념 및 이론마저 같은 기준으로 평가하려 한다. 그러나 이로써 그는 근본적 혼동에 휘말리게 된다. 즉, 논리-실험적 기법을 적용함으로써 자기 자신이 배제하려는 종류의 방식 바로 그것과 한 편이 되고 마는 것이다. 그는 이처럼 당혹스러운 처지에 있다. 그리고 여기서 그의 관심을 끈 문제가 과학보다는 철학에 속한다고 주장함으로써 내가 강조하려 하였던 바를 파레토의 그와 같은 처지가 다시 한 번 예시해 준다. 이는 철학이 *어느 편도 들지 않는* 탐구라는 말의 독특한 의미와 연관된다. 제1장에서 나는 어찌하여 철학의 주 관심이 상이한 여러 분야에서 각기 세계가 이해 가능한 것으로 나타나게 되는 각 방식을 밝히고 비교하는 데에 있는지를 언급한 바 있다. 그때 나는 또한 그러한 철학적 탐구가 어찌하여 상이한 삶의 제형식을 조명하고 비교하는 일로 연결되는지를 설명하였다. 이렇듯 철학이 아무 편에도 가담하지 않음

은 철학이 사물에 대한 그 자신의 설명을 조명하여 살피는 일에도 마찬가지로 관심을 기울인다는 사실로부터도 뚜렷해진다. 따라서 철학이 그 자신의 존재에 관하여 관심을 가진다는 것은 단순히 나르시소적 기벽奇癖이 아니라 철학이 하고자 하는 일의 본질적 부분인 것이다. 이 과업을 수행함에 있어서 철학자는 어떠한 연구분야가 되었든 이해 가능성의 본질을 신상神像으로 만들어 모시려는 가식假飾 즉, 실재에 이르는 비밀 열쇠를 소유하려는 가식을 특별히 경계하여야 한다. 왜냐하면 이해 가능성이라는 것이 수많은 다양한 형태를 띤다는 깨달음이 곧 실재에 이르는 열쇠 같은 것은 없다는 깨달음과 연관되기 때문이다. 그런데 파레토가 저지르는 실수가 바로 이것이다. 논리적 행위와 탈논리적 행위 사이의 구분에 관한 그의 논의에는 과학적 이해 가능성 — 실은 그가 잘못 이해한 과학적 이해 가능성 — 을 이해 가능성의 일반적 표준으로 삼으려는 시도가 포함되어 있다. 그리하여 그는 과학이 실재에 이르는 열쇠를 소유하고 있다고 주장하는 것이다.

과학은 철학과는 달리 사물을 이해 가능한 것으로 만드는 그 나름대로의 방식 안에 국한되어 있다. 그 내부에서는 다른 종류의 방식이 모두 배제된다. 다른 말로 표현하자면, 과학은 자신의 기준을 자의식 없이 적용한다. 왜냐하면 그러한 문제들에 관하여 자의식을 가진다는 것이 *바로* 철학이기 때문이다. 자연을 탐구하는 데에 이 비철학적인 자의식 부재는 대체로 옳으며 적절한 일이다. (특수 상대성 이론이 형성되기까지 아인슈타인이 거쳐 가야 했던 어렵고도 치열한 시기 같은 것은 이에 대한 예외라 할 것이다.) 하지만 인간의 사회를 탐구하는 데 있어서 그러

한 자의식의 부재는 하나의 재앙이다. 인간 사회는 각기 그 자체의 본질이 서로 다르고 서로 경쟁하는 삶의 방식들로 이루어져 있으며, 그 각 방식들이 사물에 대한 이해 가능성이라는 항목을 각기 나름대로 포함하고 있는 것이다. 그들 서로 경쟁하는 사고방식에 관하여 어느 편도 들지 않으면서 조망하는 일은 철학에 독특하게 맡겨진 과제이다. 과학, 종교, 또는 그 어느 무엇에게 상을 수여하는 일과 철학은 전혀 무관하다. 어떤 특정한 부류의 세계관을 (파레토처럼 일관성도 유지하지 못한 채 사이비 과학적 세계관을 제시하려는 식으로) 옹호하는 것은 철학이 하는 일이 아니다. 비트겐슈타인의 말을 빌자면, "철학은 모든 것을 원래 있던 자리에 그냥 놓아둔다".

이와 관련하여 콜링우드의 주장 하나를 상기해 볼 만하다. 원시 사회의 주술 행위에 관하여 "과학적" 인류학자들이 제시하는 설명을 가면을 벗기고 들여다 보면 종종 "우리의 것과는 다른 문명을 비웃고 경멸하려는 반쯤은 의식적이기까지 한 음모"를 찾을 수 있다고 그는 비판하였다.[8] "과학적 객관성"을 왜곡하여 사용한 예로서 고전에 해당하는 것은 린드R. S. Lynd가 쓴 책 『무엇을 위한 지식인가?』에서 찾아 볼 수 있다.[9] 지금까지 이 글의 주장을 흐름대로 따라온 사람에게는 린드의 주장에 어떤 철학적 혼동이 들어있는지가 분명할 것이다.

---

8) R. G. Collingwood, *The Principles of Art*, Oxford University Press, 1938, Book I, Chapter IV.
9) R. S. Lynd, *Knowledge for What?*, Princeton, 1945, p. 121, footnote 7.

2 / 파레토: 잔기殘基와 파생派生

이 논지를 더욱 발전시키기 위하여 지금부터 파레토의 구분 중에서 두 번째의 것, 즉 *잔기*와 *파생*의 구분을 논의하기로 한다. 이 구분은 두 가지 기능을 수행하도록 고안되었다. 그 첫째는 우리가 인간 사회를 관찰할 때에 *반복적으로* 나타나는 특질을 부각하는 기능이다. 그러한 특질이야말로 과학적 일반화에 잘 어울리는 주제일 것이다. 누구든지 상이한 역사적 시기에 상이한 사회들의 엄청난 다양성에 주목한다면, 어떤 종류의 행동은 거의 변함이 없이 계속하여 발생하는 데 반하여 다른 종류의 행동은 매우 불안정하여 시대에 따라 항상 변화하며 한 사회와 다른 사회 사이에서 커다란 차이를 보인다는 점에 흥미를 느끼게 될 것이라고 파레토는 주장하였다. 이때 그 항상적이고 반복되는 특질을 그는 "잔기殘基: residues"라 불렀다. 잔기란 가변적 특질을 고려에서 배제하고 났을 때 남아 있게 되는 것을 가리킨다. 가변적 요소들에는 "파생派生: derivations"이라는 이름을 붙였는데, 이는 파레토가 주장하기에 경험적으로 관찰하여 발견하여야 하는 종류의 행동들이 구체적으로 나타나는 모습을 가리키는 말이다. 다시 말하면, 이 범주에 속하는 주요 원소로는 사람들이 자신들이 왜 그렇게 행동하는지를 설명하기 위하여 사용하는 여러 형태의 이론을 들 수 있다. 파생은 "정신이 [잔기에] 입각하여 작동할 때에 그 작동 양태를 표상한다. [파생이] 훨씬 더 가변적인 까닭은 바로 이 때문이다. 왜냐하면 상상의 움직임을 반영하기 때문이다".[10] 잔기에 비하여 파생이 그토록

　　　　　　　　　사 회 과 학 이 라 는　　발 상

불안정하고 가변적이기 때문에, 사람들의 행태에서 그 자신들이 품고 있는 생각이나 이론이 실제로 별 영향을 미치지 못한다고 보아야 한다고 파레토는 우리에게 촉구한다. 사람들이 어떤 특정 방식으로 행동할 때에 왜 그렇게 행동하는지에 관하여 그들 자신이 어떤 이론을 품고 있다는 점은 타당한 설명이 되지 못한다는 것이다. 왜냐하면 그러한 이론들이 폐기된 이후에도 여전히 그러한 행태는 계속될 수 있기 때문이다. 분명히 파생의 개념은 예를 들어 마르크스의 "이데올로기" 및 프로이트의 "합리화"라는 개념과 여러 면에서 비견될 만하다. 하지만 내가 강조하고 싶은 점은 과학적 일반화의 주제로서 적절하다고 여겨지는 종류의 공통적 특질을 상이한 사회 사이에서 파레토가 발견할 수 있는 것은 오직 바로 이 개념적 구분을 통해서라는 사실이다. 다시 말하면, 사회학적 획일성이 존재한다는 주장과 사회적 사건에 대하여 인간의 지성이 미치는 실질 영향이 과대평가되고 있다는 주장이 같은 선상에서 서로 맞물려 있는 것이다.

파레토가 그 구분을 어떻게 적용하는지 자세한 예를 하나 인용해 보자.

기독교인들에게는 세례라는 관습이 있다. 그러한 기독교적 절차만을 아는 사람으로서는 그것이 분석될 수 있는지의 여부 또는 어떻게 분석될 수 있는지를 알 수 없을 것이다. 더욱이 우리에게는 그에 관한

---

10) Vilfredo Pareto, op. cit., Section 850. 〔 〕는 원치의 첨가.

설명이 하나 마련되어 있다. 즉, 세례의 의식은 원죄를 제거하기 위하여 경하敬賀 속에서 수행된다는 설명이다. 하지만 이것만으로 충분하지는 않다. 만약 그것과 동일한 종류에 속하면서도 각기 상이한 여러 사실들을 우리가 또한 가지고 있지 않다면, 세례라고 하는 복잡한 현상에서 그 핵심 요소들을 추출해내기가 매우 어려울 것이다. 그런데 우리에게는 그것과 동일한 유형에 속하면서 각기 다른 사실들이 있다. 이교도들에게도 역시 정수淨水라는 것이 있어서 정화淨化의 목적으로 그것을 사용한다. 그러나 세례 중에는 이와 달리 물의 사용이 항상적恒常的 요소가 아님을 보여주는 사례들도 있다. 정화를 위하여 피가 사용되는 경우도 있고, 다른 물질이 사용되는 경우도 있다. 이것이 전부인 것도 아니다. 마찬가지의 결과를 낳기 위한 의식儀式들이 수도 없이 많이 있다. …… 따라서 주어진 사례는 a라는 항상적 요소와 b라는 가변적 요소로 이루어져 있다. 후자는 개인의 순결성을 회복하기 위한 구체적 수단 및 그 수단의 효능을 설명해 줄 수 있는 논리적 추론으로 구성된다. 물이 물질적 오염뿐만 아니라 도덕적 오염까지 씻어줄 수 있다는 막연한 감상을 인간은 가진다. 그러면서도 통상 인간은 그러한 행동을 그런 식으로는 정당화하지 않는다. 그런 식의 설명은 너무나 간단하여 받아들일 수가 없는 것이다. 그리하여 좀 더 복잡하고 젠체하는 설명을 찾아 나선다. 그리고 그가 원하는 것이 안성마춤으로 마련되어 있음을 발견하게 되는 것이다.[11]

---

11) Ibid., Section 863.

추론의 집합 전체는 받아들이는 한편으로 그 안에 있는 헛된 종류를 지적하는 것이 아니라 추론의 집합 전체를 쓸모없다고 거부하는 태도로부터 어떤 종류의 철학적 어려움이 발생하는지는 잘 알려져 있다. 이런 어려움의 한 예는 감각 또는 기억의 신빙성에 대하여 *전반적*으로 의심하는 데서도 나타난다. 이러한 지적에 대하여 파레토는 틀림없이 자기의 논지는 많은 양의 경험적 증거에 토대를 두고 있기 때문에 이런 종류의 공허함에 해당되지 않는다고 응수할 것이다. 그러나 파생의 상대적 가변성 및 잔기의 항상성에 관한 그의 주장이 그가 생각하는 것처럼 직접적 관찰로부터 바로 귀결되는 것은 아니다. 항상적 요소 a와 가변적 요소 b는 관찰에 의하여 구분되는 것이 아니라 (이 경우에는 실상 부당한) 추상의 결과 그렇게 나뉘게 되는 것이다. 위에서 인용한 정화 잔기의 예에서 불변의 요소가 단순히 어떤 일련의 물리적 동작으로 이루어지는 것이 아니다. 왜냐하면 (파레토 자신이 애써 지적하고자 하는 바와 같이) 그것이 매우 다양한 물리적 형태로 나타나기 때문이다. 단순히 누군가가 손을 씻는 행위만으로 정화 행위의 한 예가 구성될 수는 없다. 그것이 정화의 행위가 되기 위해서는 *상징적* 내용을 가지고, 즉 도덕적 및 종교적 정화를 표시하는 하나의 기호로서 수행되어야 한다. 이 점은 매우 중요하기 때문에 "성性 잔기"라는 또 하나의 예를 통하여 부연하기로 한다. 얼핏 보면 "성 잔기"로써 파레토가 상이한 시대 상이한 사회의 성적 관계와 관련되는 온갖 사회적 관습과 도덕적 관념에 공통하여 나타나는 단순한 생물적 교접을 가리키는 것처럼 보일 수가 있다. 하지만 그가 의미하는 것은 그것이

아니다. 오히려 그는 그것을 명시적으로 배제한다. 어떠한 행태가 잔기로서 자격을 갖추기 위해서는 지성에 준하는quasi-intellectual 또는 상징적 내용을 담고 있어야 한다. "단순한 성적 욕구는 비록 인류에게 매우 강력하게 작용하는 것임에는 틀림이 없지만 여기서 우리의 관심사가 아니다. …… 우리는 그것이 이론 및 사고의 양식에 영향을 미치는 만큼만 그것에 관심을 가지는 것이다".[12] 예를 들어 파레토가 논의하는 지배적 잔기 가운데 하나는 성적 관계에 대한 금욕적 태도이다. 즉 그것이 무언가 악하고 아니면 최소한 사람을 도덕적으로 나약하게 만드는 것이기 때문에 피해야 한다는 생각이다. 그러나 앞서의 예에서 그랬던 것과 마찬가지로 여기서도, 이 항상적 요인을 파레토는 성적 금욕주의가 여러 사회에서 정당화되고 설명되는 데 적용되는 극도로 다양한 도덕적 · 신학적 관념체계로부터 분리하여 *관찰한* 것은 아니다. 그는 개념적 분석이라는 수단을 통하여 그러한 관념체계로부터 그것을 분석해 내었을 따름이다.

하지만 관념이란 그 맥락으로부터 그런 식으로 찢어서 떼어낼 수 있는 것이 아니다. 관념과 맥락 사이의 관계는 *내면적인* 것이기 때문이다. 관념은 자신이 스스로 체계 안에서 수행하는 역할에서 그 의미를 획득한다. 여러 개의 관념체계를 취하여, 그 가운데에서 동일한 언어적 형태로 표현될 수 있는 요소 하나를 그 각자에서 찾아내었다고 하여, 그 체계 모두에 공통되는 관념을 발견했다고 주장하는 것은 말

---

12) Ibid., Section 1,324.

도 되지 않는다. 이는 마치 아리스토텔레스의 역학과 갈릴레오의 역학에서 다 같이 힘이라는 관념이 사용되고 있다는 관찰에서 따라서 그 두 체계가 동일한 관념을 사용하였다고 결론짓는 것이나 마찬가지이다. 그런 식의 사고방식에 담겨 있는 속물근성에 파레토 자신이 얼마나 격렬하게 분개하였을지 충분히 상상할 수 있다. 하지만 예를 들어 "미국의 백만장자와 보통 미국인" 사이의 사회적 관계를 인도 카스트의 상층에 처한 사람과 하층에 처한 사람 사이의 관계와 견줌으로써 파레토 자신이 정확하게 똑같은 종류의 속물근성을 노정하고 있다.[13] 그리고 그런 종류의 비교가 그의 논리를 구성하는 전반적 절차와 방법에서 본질적 부분을 이룬다.

똑같은 논지를 다음과 같이 표현할 수도 있겠다. 무언가 두 개를 두고 "같다" 또는 "다르다"고 말할 수 있는 것은 오로지 무엇이 중요한 차이인지를 밝혀 주는 일단의 기준에 입각함으로써뿐이다. 이때 문제되는 "무엇"이 순전히 물리적인 종류라면 준거가 되는 기준은 물론 관찰자의 기준이 될 것이다. 하지만 그것이 지성적인 (실은, 어떤 종류가 되었든 사회적인) "무엇"이라면 그렇지가 않다. 왜냐하면 그것이 물리적이 아니라 지성적 또는 사회적*이라는 점*이 곧 그 성격상 그것이 모종의 관념체계 또는 생활양식에 어떤 식으로든 소속되어 있음을 전제하고 있기 때문이다. 오직 그러한 관념체계 또는 생활양식을 규율하는 기준에 입각함으로써만 그것이 지성적 또는 사회적 사건으로서 존

---

13) Ibid., Section 1,044.

재할 수가 있다. 이는 곧 다음과 같은 함의를 가진다. 사회학적 연구자가 그것을 사회적 사건으로 간주하려 한다면 (그가 하는 일이 사회학적 연구인 한 그러지 않을 도리는 없다), 그가 연구하려 하는 생활양식 안에서 "같은" 행동을 동일시하고 "다른" 행동을 구별하기 위하여 적용되는 기준을 진지하게 고려해야만 한다. 자기 자신이 가지고 있던 표준을 밖으로부터 가져와 자의적恣意的으로 부과할 자유는 그에게 없다. 만일 그렇게 한다면 그가 연구하는 사건들은 *사회적* 사건으로서의 성격을 모두 상실하게 된다. 이교도들이 정수를 뿌리는 행위 또는 희생의 피를 흘리는 행위와 기독교에서 신앙에 세례를 주는 의식이 사실은 마찬가지라는 견해를 기독교인은 매우 강하게 거부할 것이다. 그런데 파레토는 기독교도가 이럴 수 있음을 부인함으로써 자신의 연구 주제에 사회학적 중요성을 부여하는 바로 그 무엇을 자신도 모르는 사이에 사상捨象하고 있다. 다시 한 번 반복하자면, 관념과 생활 방식 사이의 내면적 연관이 바로 그것이다.

안스컴G. E. M. Anscombe은 출간되지 않은 어느 논문에서 다음과 같이 지적한 바 있다. 곡예와 같은 활동과는 달리, 관찰자 자신이 그 활동을 수행할 수 있는 능력을 가지지 못하고서는 결코 그것이 무엇인지 이해할 수 없는 종류의 활동이 ─그녀는 산수를 하나의 예로 들었다─ 있다고 하였다. 산수 계산의 능력에 (아니면 그밖에 어떤 능력이든지) 근거하지 않은 채로 산수가 무엇이라고 서술한다면 그런 서술은 요령부득이고 자의적인 것으로 비칠 수밖에 없다는 것이다. 아울러 그런 경우 그 행위자의 행동 경로가 의미 있는 선택 행위로 비칠

수 없다는 점에서 그렇게 서술된 행위는 모종의 강제에 따르는 기계적 행동으로 보일 수밖에 없다고 하였다. 파레토가 이런저런 사회적 활동들을 잔기라 해석하여 제시할 때에, 안스컴이 언급하는 바와 정확하게 일치하는 인상이 따라나와 남는다. 하지만 파레토의 해석이 여기서 전해 주는 그 인상은 튼튼한 토대 위에 서 있는 것이 아니라 개념적 오해에 기인한 시각적 환상에 불과한 것이다.

이런 점을 고려할 때, 파레토의 절차에 애초에 전제되고 있는 그 무엇이 전혀 이치에 맞지 않는다는 사실이 분명히 드러난다고 나는 생각한다. 즉, 명제 및 이론을 다른 모든 종류의 사실과 마찬가지의 "실험적 사실"로 다룰 수 있다는 전제가 그것이다.[14] 이런 전제를 파레토만 가졌던 것은 아니다. 예를 들어 뒤르켐이 사회학 방법의 규칙 제일번으로 제시한 "사회적 사실을 사물로 간주한다"는 데에도 이 전제가 담겨 있다. 파레토의 진술, 그리고 다른 사람들의 비슷한 진술은 모순을 품고 있기 때문에 이치에 맞지 않는다. 일단의 현상들이 "외부적 시각에서" "실험적 사실"로 관찰되는 한, 동시에 그것이 어떤 "이론"이나 일단의 "명제"를 구성한다고 서술될 수 없다. 즉, 어떤 면에서 파레토는 그 자신의 경험주의에 충분히 철저하지 못한 것이다. 왜냐하면 사회학적 관찰자가 *자신의 감관*에게 무언가를 제시할 때에, 그가 제시하는 것은 어떤 이론을 견지하고 어떤 명제가 옳다고 믿고 있는 사람들이 전혀 아니라 어떤 동작 및 음향을 발하는 사람들이기 때문

---

14) Ibid., Section 7을 보라.

이다. 사실은 여기서 그들을 "사람"이라 부르는 것마저 벌써 한도를 벗어나는 일이다. 그 때문에 사회학과 사회심리학에서는 "생체organ-ism"라는 전문용어가 인기를 끌고 있다. 그런데 사람과는 달리 이러한 생체는 어떤 명제를 믿는 것도 아니고 어떤 이론을 품고 있지도 않다. 사회학자가 관찰한 것을 "명제"나 "이론"과 같은 단어를 써서 서술한다는 자체에 벌써 "외부적", "실험적" 관점과는 병립될 수 없는 개념을 적용하기로 한 결단決斷 하나가 들어 있는 것이다. 반면에 관찰된 것을 그런 단어를 쓰지 않고 서술하려 한다면, 곧 그것을 *사회적* 의미를 가지지 않는 것으로 다루는 셈이 된다. 따라서 사회를 이해하는 일이 흔히들 생각하는 것처럼 관찰이나 실험에 의할 수는 결코 없다는 귀결에 이르게 되는 것이다.

내가 지금 말하는 바에 대해서는 부연설명이 필요하다. 어떤 사람 또는 사람의 집단이 모종의 믿음을 — 말하자면 지구가 편평하다는 것과 같은 — 가지고 있음을 관찰자가 스스로 그 믿음에 몰입하지 않고 하나의 객관적 자료로 받아들이기가 불가능하다고 내가 주장하고 있는 것은 물론 아니다. 그리고 파레토는 자신의 주장이 바로 그 점을 부각하는 데에 그친다고 생각하고 있다. 그런데 사실은 그가 그 이상을 말하고 있는 것이다. 그는 어떤 주어진 담론의 양식을 테두리로 하여 그 *안에서* 발생하는 특정한 믿음들에 관하여 말하고 있는 것이 아니라, 그 담론의 양식 전반에 관하여 말하고 있다. 그런데 어느 관찰자가 관찰 자료에 해당하는 이론이나 명제에 관하여 무어라 말하기 위해서는 그 전에 그것들이 발생하는 맥락이 되는 담론의 양식을 먼

사 회 과 학 이 라 는 발 상

저 *이해하여야 함*을 그는 놓치고 있다. 사실 그는 어떤 담론의 양식을 이해한다는 일이 무슨 일인지를 전혀 고려에 넣지 않고 있다. 그 문제에 대한 그의 태도는 단지 그것을 관찰에 근거하여 일반명제를 확립한다는 정도로 단순히 다루고 있는 것이다. 이러한 견해에 대하여는 제3장에서 충분히 다룬 바 있다.

파레토와 같이 인간의 관념 및 지성이라는 항목을 사회 생활에 관한 사회학자의 해명에서 배제하려는 시도들을 더 많은 예를 들어 논의해 볼 수는 불행히도 지면관계상 없다. 그러나 관심이 있는 독자라면 뒤르켐의『자살*Suicide*』을 지금까지 내가 말한 바에 비추어 다시 한 번 읽으면 도움이 될 수 있을 것 같다. 뒤르켐은 "자살"을 자신의 연구 목적을 위하여 그가 연구 대상으로 삼는 사회에서 통상 의미 되는 바와 달리 정의한다고 하면서 출발한다. 그리고 그는 의식적 숙고를 다룸에 있어서 "의식이 깨닫지 못하는 사이에 미리 형성된 의사를 확인하고자 하는 목표만을 가지고 그것을 순전히 형식적인 것으로" 다룰 수가 있다고 결론을 내린다.[15] 특히 중요한 점은 그러한 뒤르켐의 출발점과 그의 결론 사이의 연관을 깨닫는 일이다.

---

15) Emile Durkheim, *Suicide*, Routledge & Kegan Paul, 1952.

3 / 막스 베버: 페르슈테헨과 인과적 설명

사회 생활의 양식에 "이해"理解라는 말이 적용될 때 그 말이 담지하는 독특한 의미에 관하여 가장 많이 언급한 이로는 막스 베버Max Weber를 들 수 있다. 의미 있는 행태에 관한 그의 설명을 이미 언급한 바가 있거니와, 지금부터 두 절에 걸쳐서 사회학적 이해(페르슈테헨 Verstehen)에 대한 그의 생각에 관하여 몇 마디 하고자 한다.[16] 어떤 행태의 의미Sinn에 대한 "해석적 이해"deutend verstehen를 터득하는 일과 그 행태가 어떻게 초래되어 어떤 결말을 낳는지에 관한 인과적 설명 kausal erklären 사이의 관계에 관한 베버의 설명에 나는 우선 시선을 모으려 한다.

해석적 이해의 *논리적* 성격이 무엇인지에 관하여 베버는 명확한 해명을 내보이지 않는다. 매우 많은 경우에 그는 그것이 마치 단순히 모종의 심리적 기술技術, 즉 다른 사람의 입장에 자신이 스스로 서 보는 일인 것처럼 얘기한다. 이 때문에 많은 사람들이 베버를 비판하기를 가설을 형성하는 기술과 그러한 가설에 대한 증거가 가지는 논리적 속성을 그가 혼동하고 있다고 주장하기도 하였다. 그리하여 포퍼는 다른 사람의 정신 과정에 관한 가설을 설정하기 위하여 우리 자신의 정신 과정에 관한 우리의 지식을 사용할 수는 있지만, "그러한 가설은 검증되어야 한다. 환언하면 소거消去에 의한 선별이라는 방법을 통하

---

16) Max Weber, *Wirtschaft und Gesellschaft*, Tübingen, Mohr, 1922, Chapter I 을 보라.

여 여과되어야 한다. (직관은 어떤 사람들에게서 이 세상의 누군가는 초콜릿을 싫어할 수도 있음을 상상할 능력을 빼앗아 버린다.)"고 주장하였다.[17]

그렇지만 베버에 대한 속된 판본의 해석에 의거한다면 그와 같은 비판이 가능하다고 할지라도, 베버 자신의 견해에 대하여 그와 같은 비판은 정당하지 않다. 왜냐하면 단순한 "직관"으로는 불충분하며 그것이 면밀한 관찰에 의하여 검증되어야 한다는 것이 베버 자신이 역설하는 바이기 때문이다. 하지만 내 생각에는 그 점을 인정하면서도, 일단 제시된 사회학적 해석의 타당성을 검증하는 과정에 관하여 베버가 잘못 설명하였다고는 비판할 수 있다고 본다. 그러나 그러한 그의 견해를 교정하여 바른 설명을 찾는다면, 포퍼, 긴즈버그, 또는 그들과 비슷하게 생각하는 많은 이들이 내놓는 대안에 가까와지는 것이 아니라 오히려 그들의 대안으로부터 더욱 멀어지게 될 것이다.

베버는 다음과 같이 말한다.

모든 해석은 자명성自明性 또는 즉각적으로 보아 그럴듯함Evidenz을 목표로 한다. 그런데 어떤 행태의 의미를 원하는 만큼 자명적으로 분명하게 해주는 어떤 해석이 있다고 하더라도, 그 해석이 그렇다는 것만으로 곧 그것이 인과적으로도 *타당한* 해석이라고는 할 수 없다. 그 자체만으로는 그것은 특별히 그럴듯한 가설에 불과할 따름이다.[18]

---

17) Karl Popper, *The Poverty of Historicism*, Routledge & Kegan Paul, 1957, Section 29.
18) Weber, op. cit., Chapter I.

그는 계속하여 그러한 가설을 검증함에 있어서, 일어난 일에 대한 관찰을 토대로 하여 통계적 법칙을 확립하는 것이 적절한 절차라 말한다. 이러한 경로를 따라 그는 사회학적 법칙을 "이해 가능한 의도된 의미에 상응하는 통계적 규칙성"으로 간주하는 사고방식에 도달한다.

명료한 해석이라고 해서 반드시 옳은 해석은 아니라는 베버의 지적은 확실히 옳다. 서인도제도의 부두voodoo 주술을 두고 "순환론에 의하여 언제나 맞을 수밖에 없고 따라서 신뢰할 수 있는 것으로 되는 인과적 사슬의 체계"라고 말한 린드R. S. Lynd의 해석과 같은 것이 좋은 예이다.[19] 프레이저James Frazer의 『황금 가지The Golden Bough』에서도 그러한 예를 수도 없이 찾아 볼 수 있다. 하지만 페르슈테헨이 논리적으로 무언가 불완전하며, 따라서 그와는 완전히 다른 별개의 방식 즉, 통계 자료의 수집으로 보완되어야 한다는 베버의 묵시적 시사에 나는 의문을 제기하고 싶다. 그에 반하여 나는 만약 주어진 해석이 틀렸다면 그 경우 통계가 그것이 틀렸다는 점을 시사해 줄 수는 있겠지만, 베버가 말하듯 통계가 사회학적 해석의 타당성에 관한 결정적이고도 궁극적인 재판관이 될 수는 없음을 역설하고 싶다. 그런 경우에 요청되는 것은 보다 나은 해석이지, 해석과는 종류를 달리하는 어떤 것이 아니다. 어떤 해석이 통계와 모순되지 않는다고 해서 곧 그 타당성이 증명되는 것도 아니다. 어떤 부족의 주술적 의례를 자리를 잘못 잡은 형태의 과학적 활동으로 해석하는 사람이 있다면, 그 부족의 구성원

---

19) R. S. Lynd, *Knowledge for What?*, Princeton, 1945, p. 121.

사 회 과 학 이 라 는   발 상

들이 여러 가지 경우에 각기 어떻게 행동할는지에 관한 통계를 아무리 모아서 그에게 가져다 보여 주어도 그러한 통계만으로는 그의 해석이 교정되지 않을 것이다. ─ 그 통계가 그의 해석이 틀렸다는 주장의 일부분이 될 수는 있겠지만. 궁극적으로 요청되는 것은 예를 들어 『예술의 원리*The Principles of Art*』에서 콜링우드가 펼친 바와 같은 **철학적 주장이다.**[20] 왜냐하면 사회적 활동의 형식에 관하여 발생하는 잘못된 해석은 철학이 취급하는 유형의 실수와 매우 가깝기 때문이다.

우리가 우리의 언어에 속한 개념의 활용에 관하여 철학적 어려움에 봉착하여 있는 상황은 야만인이 전혀 생소한 문화에 속한 무언가에 마주친 상황과 흡사하다고 비트겐슈타인이 어디에선가 말한 대목이 있다. 나는 다만 바로 이 말의 논리적 귀결을 서술하고 있을 뿐이다. 즉, 다른 문화를 잘못 해석하는 사회학자와 자기에게 익숙한 개념의 쓰임새에 관하여 어려움에 빠져 있는 철학자의 처지가 흡사하다는 점이다. 물론 그 양자 사이에는 차이가 있다. 철학자가 겪는 어려움은 대개 자기에게는 완전히 익숙한 것임에도 불구하고 막상 직면했을 때 적절한 시각에서 그것을 파악하지 못하였기 때문에 발생하는 것이다. 반면에 사회학자는 많은 경우에 자기에게 전혀 생소한 일에 관하여 어려움을 겪게 된다. 즉, 사회학자에게는 그 때에 적용해야 할 적합한 시각이라는 것이 애초에 있을 수가 없는 것이다. 이 때문에 사회학자의 과제는 철학자의 그것보다 어떤 때는 더 어려울 수도 있고 어떤 때

---

20) R. G. Collingwood, *The Principles of Art*, Oxford Universtiy Press, Book I, Chapter IV.

에는 더 쉬울 수도 있다. 어쨌든 그 두 경우 사이에 상사相似가 있음은 쉽게 알 수 있다.

비트겐슈타인이 철학적 조명을 가하면서 사용한 절차 몇 가지를 고려하면 이 상사가 더욱 보강된다. 그가 즐겨 사용하는 방법 하나는 우리 자신의 개념을 가상적 사회의 그것에 견줌으로써 우리의 개념이 어떤 특질을 지니고 있는지에 우리의 주의를 환기시키는 것이다. 즉, 그러한 가상적 사회에서는 우리가 익숙하게 사용하는 개념들이 미묘하게 왜곡됨을 보여준다. 예를 들면, 그는 우리더러 목재의 매매가 다음과 같이 이루어지는 사회를 상상해 보라고 한다. 그 사회에서 사람들은 "목재 더미를 제멋대로 다양한 높이로 쌓아 놓고 각 더미들이 차지하는 땅의 면적에 따라 값을 매겨 판다. 나아가 그들이 그런 행동양식을 '목재를 더 많이 산 만큼 더 많은 돈을 내야 하는 것은 당연하다' 고 말함으로써 정당화한다면?"[21] 여기서 우리에게 중요한 질문은 다음과 같다 : 누군가가 이런 종류의 행태를 *이해하였다*고 말한다면 그 주변 상황이 어떻길래 그렇게 말할 수 있을까? 내가 앞서 밝힌 바와 같이 베버는 자주 마치 주어진 상황에서 사람들이 어떤 식으로 행동하는 경향이 있는지를 우리로 하여금 상당히 정확하게 예측할 수 있게 해 줄 통계 법칙을 문장화할 능력이 궁극적 관건인 것처럼 말한다. "사회적 역할"을 주어진 어떠한 상황에서 어떤 종류의 행동이 수행될

---

21) Ludwig Wittgenstein, *Remarks on the Foundations of Mathematics*, Blackwell, 1956, Chapter I, pp. 142~151.

확률chance로 정의하려는 그의 시도 역시 같은 선상에 있다. 하지만 비트겐슈타인의 가상적 사회를 염두에 두고 생각해 보면, 그런 식의 예측을 매우 정확히 하면서도 그 사람들이 무슨 일을 하고 있는지 진정으로 이해하였다고 할 수는 없는 경우가 충분히 있을 수 있는 것이다. 이 차이는 어떤 언어에서 각 단어가 어떻게 사용되는지에 관한 통계적 법칙을 문장화하는 능력과 그 언어로 어떤 이가 *말하는* 바를 이해하는 일 사이에 존재하는 차이와 마찬가지이다. 후자가 전자로 환원될 수는 결코 없다. 중국어를 이해하는 사람이란 중국어의 여러 단어 각각이 나타나 쓰이는 지점에 관한 통계적 확률을 간파하고 있는 사람이 아니다. 자신이 언어를 다루고 있다는 점을 전혀 의식하지 못하면서도 그러한 통계적 법칙에 도달할 수는 있다. 더욱이 자신이 다루고 있는 것이 언어라는 깨달음 자체도 역시 통계학적으로 형성되는 종류의 일이 아니다. 이와 같은 상황에서 "이해"라는 것은 행하여진 것 또는 말하여진 것의 *초점* 또는 *의미*를 간취하는 일이다. 그리고 이는 통계나 인과 법칙의 세계로부터 아주 먼 거리에 위치하는 관념이다. 이것은 담론의 영역에, 그리고 담론의 영역의 각 부분을 연결해 주는 내면적 관계와 보다 가깝다. 여기서 더 이상 예를 들어 밝히지는 않겠지만, 사회인류학 및 사회학에서 *기능*이란 단어는 준準-인과적인 뜻으로 사용되고 있다. 그리고 *의미*라는 개념은 그러한 기능이라는 개념과 매우 조심스럽게 구분되어야 한다.

4 / 막스 베버: 의미 있는 행동과 사회적 행동

베버가 취한 견해가 나타내는 다른 하나의 양상을 고려하면 지금까지 논의의 함의가 아주 잘 부각될 수 있을 것 같다. 그는 단지 의미 있기만 한 행동과 의미도 있으면서 동시에 사회적인 행동을 구분한다. 그런데 이 구분은 이 글의 제2장에서 주장된 바와 양립할 수 없다는 점이 누구에게나 뚜렷할 것이다. 제2장에서 나는 행동은 규칙에 의하여 규율될 때에만 의미 있는 것이 되고 아울러 규칙은 사회적 환경을 전제하고 있기 때문에, 모든 의미 있는 행동은 곧 사회적이라 주장하였다. 베버는 내가 생각하기에 잘못된 방향으로 빠지기는 하였지만, 일단 이 문제가 사회학에 대하여 얼마나 중요한 문제인지는 인식하고 있다. 흥미있는 점은 그가 그러면서도 동시에 이해Verstehen에 관하여 자신이 말한 바와 양립될 수 없는 방식으로 사회적 상황을 서술하여 나간다는 점이다. 그런데 이해Verstehen가 의미Sinn를 함축하고 또 내가 주장한 바와 같이 의미Sinn가 사회적으로 설정된 규칙을 함축한다면 베버의 구분이 잘못되었다고 보는 것이 자연스러울 것이다. 나는 지금 베버가 「유물론적 역사 이해에 대한 슈타믈러의 '극복'에 관하여」, R. Stammlers *'Überwindung' der materialistischen Geschichtsauffassung*라 제목을 붙인 중요한 논고를 염두에 두고 있다.[22] 그 논고에서 그는 다음 두 주장을 연관시키고 있다. 첫째, 사람

---

22) Max Weber, *Gesammelte Aufsätze zur Wissenschaftslehre*, Tübingen, Mohr, 1922.

이 어떠한 종류의 사회적 맥락으로부터도 분리되어 행동의 규칙을 따를 수 있다고 생각하는 데에 아무 *논리적* 어려움이 없다. 둘째, 누군가가 목적을 이루기 위하여 자연물 —이를테면 기계— 을 조작하는 기법과, 공장주가 피고용인을 다루듯이 —이는 베버 자신이 보인 예이다— 인간을 "조작"하는 기법 사이에 아무런 *논리적* 차이가 없다. 베버는 "후자의 경우에 '의식상의 사건'이 인과의 고리 안에 포함되는 데 반하여 전자의 경우에는 그렇지 않다는 점은 '논리적으로' 전혀 아무런 차이를 낳지 않는다"고 말한다. 이와 같이 그는 "의식상의 사건"이라는 것이 다른 종류의 사건들과 단지 경험적으로만 다를 뿐이라는 실수를 저지르고 있다. 여기서 "사건"이라는 관념이 완전히 다른 뜻을 전하고 있음을 그는 깨닫지 못하고 있다. 즉, 이 경우 "사건"은 인간적으로 준수되는 규칙이라는 맥락을 함축하는 것으로서, 그 규칙을 베버 식으로 인과적 법칙의 맥락에 결합시키면 논리적 어려움이 발생할 수밖에 없다. 따라서 사회학자가 인간의 행태를 설명하기 위하여 설정하는 종류의 "법칙"이 자연과학의 "법칙"과 *논리적으로* 다름이 없음을 추론하려는 베버의 시도 역시 실패로 끝날 수밖에 없다.

베버는 자신의 논점을 보강하기 위하여 예를 드는데, 그 예시적 상황을 서술함에 있어서 그 상황에 관한 해석적 이해를 위해서 적합하다 할 개념들을 사용하지 않는다. 공장에서 노동자들이 급여를 받고 돈을 쓴다는 식으로 말하는 대신에, 그들이 금속 조각을 전해 받아 그것을 다른 사람에게 전해 주고 그들로부터 다른 물건을 받는다고

말한다. 경찰이 노동자들의 재산을 보호한다고 말하지 않고 "헬멧을 쓴 사람"이 와서 다른 사람들이 노동자들로부터 취한 금속 조각을 노동자들에게 돌려준다고 말한다. 요컨대 그는 외부적 관점을 취하고 있고, 그럼으로써 자신이 언급하는 행태의 "주관적으로 의도된 의미"를 고려하기를 잊고 있다. 그런데 내가 보기에 이는 바로 노동자들을 묶어 주는 *사회적 관계*를 그들의 행동을 통하여 형상화되는 *관념* 즉, "돈", "재산", "경찰", "사고 팔기" 등등의 관념들로부터 분리시키려는 그의 시도에서 유래하는 당연한 귀결이다. 노동자 서로서로에 대한 그들의 관계는 그러한 관념들을 통해서 존재하며, 마찬가지로 서로에 대한 그들의 관계 안에서만 그 관념들이 존재할 수가 있는 것이다.

이들 상황을 서술함에 있어서 베버가 하는 "외면화外面化"와 같은 장치를 채택함이 때로는 유용할 수도 있음을 내가 부인하는 것이 아니다. 어떤 상황에서 너무나 뻔하고 익숙함으로 인하여 흔히들 간과하고 마는 양상에 독자의 주의를 환기시키는 목적이라면 그러한 장치가 아주 적합할 수가 있다. 그렇게 사용된다면 그 장치들은 앞에서 언급한 바, 아주 색다른 사회를 가상한 비트겐슈타인의 여러 사례들에 비견할 만하다 할 것이다. 또한 브레히트Berthold Brecht가 연극을 연출할 때 추구했던 낯설게 하기Verfremdungseffekt라든지, 서西웨일즈에 대하여 지독하게 풍자를 가한 자신의 소설에서 에반스Caradog Evans가 웨

---

23) 이 예는 내 동료 심즈D. L. Sims 씨와의 일련의 대화에서 떠오른 것이다.

일즈 말을 축자적逐字的으로 번역하여 삽입함으로써 기묘한 효과를 낳는 것[23] 등에도 그것이 비견될 수가 있을 것이다. 이 모든 장치의 효과는 독자 또는 관객을 뒤흔들어 지나친 익숙함에서 유래하는 자아도취적 근시안으로부터 벗어나게 만드는 일이다. 다만 여기서 위험한 것은 이러한 장치들을 사용하는 이로 하여금 자신이 사물을 바라보는 방식이 보통 방식보다 무언가 더욱 진실된 바가 있다는 생각에 종종 빠지게 한다는 점이다. 브레히트는 가끔 자신이 신이라도 된 것 같은 태도를 취한다는 —이는 그의 마르크스주의와 일맥상통한다— 혐의를 받을 만하다. 파레토가 "잔기"를 다루는 데에도 이것이 분명히 포함되어 있다. 그리고 베버의 경우 그의 전반적인 성격과 이 태도는 잘 어울리지 않지만, 사회적 관계와 인간의 관념 사이의 관계에 대한 그의 방법론적 설명 및 자연과학의 이론에 사회학의 이론을 견주려는 그의 시도로부터는 이 태도가 자연스럽게 따라 나온다. 반면에 그러한 낯설게 하기의 효과를 정당하게 사용하는 방식은 오직 익숙하고 뻔한 일들에 대하여 우리의 주의를 환기함에 있는 것이지, 그런 일들을 버리고 다른 것을 택할 수 있음을 보이는 데에 있는 것이 아니다.

베버의 설명이 담고 있는 이와 같은 실수를 교정하고 나면, 이해에 관한 그의 생각에 대하여 반복적으로 제기되는 끈질긴 비판을 극복하기가 훨씬 쉬워진다. 예를 들면 긴즈버그Morris Ginsberg는 다음과 같이 썼다.

우리가 우리의 정신 속에서 알고 있는 것이 외면적으로 관찰되는 것

보다 어떤 식으로든 더욱 이해하기 쉽다는 점이 이해의 사회학이나 이해의 심리학의 기본 전제인 것 같다. 그러나 이는 익숙한 것과 이해 가능한 것을 혼동하는 일이다. 내부적 사실들 사이에 연관을 즉각적 직관을 통하여 맺어 주는 따위의 내부적 감관은 존재하지 않는다. 그러한 연관은 사실상 경험적 일반화에 불과할 뿐이다. 그러한 일반화가 외부적 사실들 사이에 관련을 맺어 주는 여타 일반화보다 더 타당할 것은 전혀 없다.[24]

사회를 이해하는 일이 자연을 이해하는 일과 논리적으로 다르다고 말하기 위한 논거가 "내부적 감관"[25]에 관한 어떤 가설에도 의존하지 않는다는 점은 여기서 확고하게 지적되어야 한다. 사실을 보더라도 제2장에서 내가 주장한 바로부터 다음과 같은 결론이 도출된다. 즉, 우리 자신의 정신적 과정 및 행태를 이해하기 위하여 우리가 사용하는 개념들 역시 우리가 다른 사람의 행태를 이해하기 위하여 사용하는 개념들과 마찬가지로 학습되어야 하며, 따라서 *사회적*으로 설정되어야 하는 것이다. 긴즈버그는 금기에 대한 믿음 때문에 누군가가 일정한 음식물에 대하여 구역질을 느낀다면 그러한 구역질은 "그와 다른 전통에서 성장한 사람에게는 곧바로 이해 가능하지 않을 것"이라고 말한다. 그러나 이 점은 이해에 관하여 지금까지 내가 제창하려 한

---

24) Morris Ginsberg, *On the Diversity of Morals*, Heinemann, 1956, p. 155.

25) 이 개념에 대하여는 기치Peter Geach가 통렬하게 비판한 바 있다. Peter Geach, *Mental Acts*, Routledge & Kegan Paul, 1957, Section 24 참조.

바에 대한 비판이기는커녕 오히려 나의 견해로부터 바로 도출되는 귀결이다. 인간의 행태에 관한 우리의 개념이라는 형태로 형상화되어 있는 여러 연관이 단지 경험적 일반화의 결과에 지나지 않는다는 견해에 관하여는 이미 제3장에서 검토한 바 있다.

·5장·
개념과
행동

1 / 사회적 관계의 내면성

사람들 사이의 사회적 관계라는 것과 그들의 행동이 형상화하는 관념이라는 것이 서로 다른 관점에서 파악되었을 뿐 사실은 동일한 것이라는 말이 무슨 뜻인지를 보이기 위한 노력의 일환으로, 이제 나는 한 사회에서 통용되는 관념들이 변화할 때에 일어나는 일의 일반적 본질을 살펴보려 한다. 즉, 옛 관념들이 퇴장하고 새로운 관념들이 그 언어에 자리를 차지할 때에 무슨 일이 일어나는가? 우선 "새로운 관념"이라는 말과 관련하여 구분을 하나 지어야 한다. 생화학자가 관찰과 실험을 행하여 그 결과 어떤 병의 원인이 되는 새로운 병원균을 발견하였다고 상상해보자. 어떤 면에서 이 새로운 병원균에 그가 부여

사 회 과 학 이 라 는   발 상

하는 이름이 새로운 관념을 표현한다고 할 수는 있겠다. 하지만 이런 경우라면 그가 기존 관념의 틀 안에서 무언가를 하나 새로이 발견했다고 말하는 편이 낫다고 나는 생각한다. 이는 물론 질병이 병원균에 기인한다는 이론이 그가 말하는 과학적 언어 내부에서 이미 확실하게 자리 잡고 있다는 가정 아래 하는 말이다. 이제 그 이론이 최초로 형성되었을 때, 즉 병원균이라는 개념이 의학의 언어에 처음으로 소개되었을 때 발생하였을 충격과 이 생화학자의 발견을 비교하여 보라. 그러한 충격 쪽이 훨씬 더 근본적으로 새로운 계기를 이룬다. 사물을 바라보는 기존의 방식 안에서 어떤 새로운 사실을 발견한 데에 그치는 것이 아니라, 질병의 원인을 바라봄에 있어서 완전히 새로운 방식 및 새로운 진단 기술의 채택, 그리고 각종 질환과 관련하여 제기되는 새로운 종류의 물음 등등이 거기에 포함되어 있다. 요컨대 그것은 의료 행위의 실제에 여러 방식으로 관여되어 있는 사람들에 의하여 일하기의 새로운 방식이 채택되었음을 함축한다. 의료라는 전문 분야에서 사회적 관계가 이 새로운 개념으로 인하여 어떻게 변화하였는지를 설명하고자 한다면, 그 개념이 무엇인지에 대한 설명을 동시에 포함하여야 할 것이다. 역으로 그 개념 또한 의료적 활동의 실제와의 관련을 떠나서는 이해 불가능한 것이다. 어떤 의사가 만약에 (i) 질병에 관한 병원균 이론을 받아들였다고 하고, (ii) 질병의 발생을 줄이는 데에 자신의 목표가 있다고 하면서, (iii) 감염된 환자를 격리시킬 필요에 관하여는 완전히 무시해 버린다면, 그는 스스로 모순되고 나아가 이해 불가능한 방식으로 행동하는 것이 될 것이다.

다른 하나의 예로서 이번에는 우리 모두가 아는 바와 같은 고유명사라는 개념이 아예 없는 사회를 상상해보라. 이 사회에서는 사람들을 일컫기 위하여 일반적 서술 문구 또는 예를 들어 숫자와 같은 것이 사용된다고 하자. 여기에는 이와 더불어 이런 사회와 우리들의 사회 사이의 여타 매우 많은 차이점들이 함께 수반될 것이다. 인간 관계라고 하는 전체 구조가 이 차이에 영향을 받을 것이다. 감옥 또는 병영 생활에서 숫자가 얼마나 중요한지를 생각하여보라. 이름이 없이 다만 번호만으로 알려진 아가씨와 사랑에 빠지는 일이 얼마나 다른 종류의 일일지 상상해보라. 그리고 그 차이가 예를 들어 연애시의 장르 전반에 어떤 차이를 낳게 될지 상상하여보라. 그러한 사회에서 고유 명사의 사용이 이루어져 발전된다면 그것은 분명히 새로운 시야의 도입에 해당될 것이다. 반면에 기존의 틀 안에서 **특정한** 고유 명사 하나가 새로이 출현하는 것은 그렇지 않을 것이다.

이러한 예를 통하여 내가 보이고자 하는 것은 만일 어떤 새로운 말하기의 방식이 새로운 시야로 쳐줄 만큼 충분히 중요한 무게를 지녔다면, 거기에는 동시에 일단의 새로운 사회 관계가 함축된다는 점이다. 말하기의 방식이 소멸되는 경우에도 마찬가지로 말할 수 있다. 우정이라는 관념을 생각하여 보자. 홀Penelope Hall의 책『근대 영국의 사회 복지*The Social Services of Modern England*』(Routledge)를 보면 고객과 우정 관계를 수립하는 것이 사회 복지 종사자에게 일종의 의무가 되어 있다. 하지만 동시에 그에게는 자신을 고용하고 있는 기관의 정책에 대한 의무가 무엇보다도 우선한다. 그렇다면 이것은 이중거래까지

는 아니라 할지라도 여태까지 이해되어 온 바 우정의 관념에 대한 하나의 타락을 의미한다. 전통적으로 진심을 그런 식으로 양분하는 것은 우정 이외의 일에 해당하기 때문이다. 옛 관념이 이러한 새로운 관념에 자리를 내주는 만큼 사회적 관계는 군색하게 축소된다 — 이것을 축소라 부르는 데에 나의 개인적인 도덕적 태도가 삽입된다고 누가 반대한다면, 그 관계가 적어도 *변화하는* 것은 부인할 수 없는 사실이다. 이에 대하여 단순히 단어의 의미가 변화하였다고 해서 사람들이 스스로 원하는 관계를 맺지 못하게 되는 것은 아니라고 말하는 것은 성립되지 않는다. 왜냐하면 우리의 언어와 우리의 사회적 관계가 같은 동전의 양면이라는 사실을 그 말이 간과하고 있기 때문이다. 단어의 의미를 해설한다는 것은 그 단어가 어떻게 쓰이는지를 서술하는 일이다. 그리고 그것이 어떻게 쓰이는지를 서술한다는 것은 그것이 어떠한 사회적 교제 안에 들어가 자리잡는지를 서술하는 일이다.

사람들 사이의 사회적 관계가 오로지 그들의 관념을 통해서만 존재할 수 있다고 한다면, 관념들 사이의 관계가 내면적 관계이기 때문에 사회적 관계 역시 내면적 관계일 수밖에 없을 것이다. 그런데 이는 흄이 제시하여 널리 수락된 원칙과 상충된다. 그 원칙은 "대상 자체만을 고려하고 그것에 관하여 우리가 형성하는 관념 너머까지를 보려 들지만 않는다면, 어떤 대상도 그 자신 이외에 어느 것의 존재를 결코 함축할 수 없다"는 것이다. 이 원칙을 흄이 자연현상 뿐만 아니라 인간의 행동 및 사회적 생활에도 역시 적용하려 하였음에는 의심의 여지가 없다. 그런데 우선 자연현상에 관한 우리의 지식에만 국한하더라

도 그 원칙이 무제한적으로 맞는 것은 아니다. 만일 내가 어떤 음향을 듣고 그것을 천둥소리라 알아들었다면, 이미 나는 거기서 수많은 다른 사건들이 — 예를 들면 대기 중의 전기 방전 — 발생하였다는 믿음에 스스로 몰입되어 있다. 이는 내가 들은 것을 단순히 "천둥"이라 일컫는 것만으로도 그러하다. 다시 말하자면, 내가 들은 무엇에 관하여 "내가 형성한 관념"으로부터 나는 "다른 사물의 존재"를 정당하게 추론할 수 있는 것이다. 만일 내가 그 소리를 들은 시점에 그 근방에서는 전기 폭풍이 일어난 적이 없음을 내가 나중에 알게 된다면, 내가 들은 것이 천둥소리였다는 주장을 나는 철회하여야 할 것이다. 라일Gilbert Ryle의 표현을 빌려오면, 여기서 "천둥"이라는 단어는 이론배태적理論胚胎的: theory-impregnated이다. 즉, 천둥의 발생을 긍정하는 진술이 다른 사건의 발생을 긍정하는 진술과 논리적으로 연관되어 있다. 물론 이 말은 어떤 수수께끼의 형태로 표상되는 신비한 인과의 고리 따위를 보강해 주기 위한 것이 아니다. 그런 것에 대하여는 흄의 반박이 정당하다 할 것이다. 이는 단지 흄이 다음과 같은 사실을 간과하였음을 지적하기 위함일 따름이다. 즉, "대상에 관하여 우리가 형성하는 관념"이 단순히 그 대상만을 고립된 형태로 관찰한 데에서 나오는 요소로 이루어진 것이 아니라, 그것과 다른 대상들 사이의 연관이라는 관념을 포함하고 있다는 점이다. — 이것이 이러하지 않은 언어를 상상하기란 지극히 어려운 일이다.

인간 사회에서 행동들 사이의 관계에 관하여 아주 간단한 표본적 사례 즉, 명령을 내리는 행위와 그 명령에 복종하는 행위 사이의 관계

를 생각해 보기로 한다. 하사관이 "우로 봣"하고 외치자 그의 부하가 모두 오른쪽으로 눈을 돌린다. 이때 누군가가 그들의 행동을 명령에 대한 복종이라는 형태로 서술한다면, 그 서술자는 이미 명령이라는 것이 거기서 발하여졌다는 입장을 취하고 있는 것이다. 여기까지는 이 상황 역시 천둥과 전기 폭풍 사이의 관계와 다를 것이 없는 것 같다. 그러나 여기서부터는 구분이 지어져야 한다. 어떠한 사건이 복종 행위라는 성격을 띨 때 그 성격은 그 사건의 *고유한 본질*이다. 반면에 어떤 사건이 천둥치기의 성격을 가질 때 그 성격에 관해서는 그렇게 말할 수가 없는 것이다. 그리고 이 차이는 자연적 사건과는 달리 인간의 행동이 가지는 일반적 특성이라 할 수 있다. 천둥의 경우, 인간은 그러한 사건에 관하여 자신들이 가지고 있는 개념을 통해서만 그 사건의 발생을 생각할 수 있지만, 그러나 그 사건들 자체는 그 개념들로부터 독립하여 존재한다. 인간이 있어서 그에 대한 개념을 형성하기 훨씬 전부터, 또는 그것들이 어떻게 연관되어 있음을 확립하기 훨씬 전에도 전기 폭풍과 천둥은 있어 왔다. 반면에 명령과 복종이라는 개념을 인간들이 형성하기 훨씬 전부터 인간들은 명령을 발하고 그에 대하여 복종하였다는 것은 말이 되지 않는다. 왜냐하면 그들이 그러한 행동을 실제로 행함 자체가 그들이 그 개념들을 보유하고 있다는 사실을 보여주는 주요 표지이기 때문이다. 복종 행위 그 자체에 그 전에 무언가가 명령으로서 선행하였다는 인식이 하나의 본질적 요소로서 포함되어 있다.

사람들이 자신들의 행동을 통하여 서로 관계를 맺는 방식과 명제들

이 서로서로 관계를 맺는 방식이 같은 종류라는 말에 반대하는 느낌을 가지기가 쉬운 까닭의 일부분은 명제 사이의 논리적 관계가 과연 무엇인지에 대한 불충분한 이해에 기인한다. 논리의 법칙이라는 것이 우리에게 다만 *주어진* 모종의 엄밀한 구조를 형성하는 것으로서, 사람들은 실제 언어적 · 사회적 교류의 와중에서 자신들이 말하는 바를 거기에 일치시키려고 노력하며, 때로는 보다 큰 성공을 때로는 보다 작은 성공을 — 그러나 결코 완벽하게 성공할 수는 없고 — 거둔다고 생각하게 되기가 쉽다. 명제라는 것은 실체를 가지지 않는 것으로서, 그 비실체적 · 비물리적 본질로 인하여, 살과 피로 이루어진 인간 및 그들의 행동 등과 같이 실물적인 것에 관하여 상상할 수 있는 정도보다 훨씬 더 견고하게 서로서로 결합할 수 있으리라고 사람들은 생각한다. 어떤 면으로는 이것이 맞는 생각이다. 왜냐하면 형식적 · 체계적 방식으로 논리적 관계를 다룬다는 것은 매우 고도의 추상적 수준에서 사고하는 것이며, 그 수준에서는 모든 변이變異, 불완전, 조잡성 등 실제 사회에서 인간 사이의 교류를 특징짓는 모든 것이 제거되기 때문이다. 하지만 추상이라는 것이 대개 그렇듯이, 이 생각은 그릇된 방향으로 연결될 수가 있다. 즉, 그러한 형식적 체계가 그와 같은 생명력을 오로지 이 살과 피로 이루어진 실제 교류에 박힌 뿌리에서 끌어온다는 사실, 그리고 오직 거기에서만 끌어올 수 있다는 사실을 사람들로 하여금 잊게 할 수가 있다. 논리적 관계라는 생각 자체가 가능한 것은 전적으로 그리고 오로지, 비트겐슈타인이 『철학 탐구』에서 논하는 바와 같이, 사람들 및 그들의 행동들 사이에 모종의 일치가 존재

사 회 과 학 이 라 는   발 상

하는 덕택인 것이다. 형식적 문법에 관한 콜링우드의 지적 역시 매우 적절하다. "나는 원래 문법학자를 도살수屠殺手에 비유했었다. 그런데 만일 그 비유가 맞으려면 문법학자는 백정 중에서도 아주 이상한 종류의 백정이 되어야 할 것 같다. 여행을 즐기는 사람들은 말하기를, 아프리카에 가면 사람들이 살아 있는 동물의 살을 베어내서 저녁요리를 하는데, 그때 그 동물들의 처지가 그 때문에 전혀 나빠지지는 않는다고 한다. 내가 원래 했던 비유를 수정하는 데에 이 예가 도움이 될 것 같다."[1] 명제들 사이의 논리적 관계 그 자체가 사람들 사이의 사회적 관계에 의존한다는 점을 일단 깨닫고 나면, 사회적 관계가 명제들 사이의 논리적 관계와 마찬가지라 말하더라도 그다지 이상하게 들리지는 않을 것이다.

물론 내가 지금 말하고 있는 것은 포퍼의 "방법론적 개체주의의 공리"와 상충한다. 그 때문에 나아가 포퍼가 "방법론적 본질주의"라 명명한 범죄를 범하는 것처럼 보일지도 모른다. 사회과학에서 이론은 특정한 경험을 설명하기 위하여 연구자가 설정한 이론적 구성물 또는 모델에 적용된다고 포퍼는 주장한다. 이것이 자연과학의 이론적 모델의 구성에 준한다는 것이 그의 명시적인 입장이다.

이와 같은 모델의 사용은 방법론적 본질주의의 주장의 정체를 해명해 주는 동시에 그것을 파괴한다. …… 그것은 다음과 같은 방식을 통

---

1) R. G. Collingwood, *The Principles of Art*, Oxford University Press, 1938, p. 259.

하여 하나의 해명이 된다. 모델이란 추상적 또는 이론적 성격을 가지는데, 우리는 그것이 마치 일종의 관찰가능한 유령 또는 본질이기나 한 것처럼, 변화하는 관찰가능한 사건의 내부 또는 배후에서 실제로 우리가 그것을 보고 있다고 생각하기가 쉽다. 이것이 동시에 그 파괴인 까닭은 다음과 같다. 우리가 해야 할 일은 우리가 사용하는 사회학적 모델을 서술적 또는 명목적名目的: nominalist 항목들로 조심스럽게 분해해내는 일이다. 즉, 개인적 항목, 다시 말하여 개인들의 태도, 기대, 관계 등등의 항목으로 분해하는 일이다. 따라서 이 원칙은 "방법론적 개체주의의 공리"라 일컬을 수 있다.[2]

사회의 제도라는 것이 사회과학자가 자신의 목적을 위하여 도입한 설명의 양식에 불과하다는 포퍼의 주장이 틀렸음은 간단하게 보일 수가 있다. 사회과학자가 연구하고자 하는 사회에서 제도 안에 형상화된 사유의 틀은 그 사회 구성원들이 행동하는 방식을 규율한다. 예를 들어, 포퍼 자신이 드는 예 가운데 하나인 전쟁이라는 관념은 복수의 사회가 무력 충돌에 빠져들었을 때 어떤 일이 일어나는지를 *설명하기*를 원하는 사람들에 의하여 발명된 관념이 아니다. 그것은 서로 충돌하는 사회의 구성원들이 행동함에 있어서 어떻게 하는 것이 적절한지에 관한 기준을 제공하는 관념이다. 내 나라가 전쟁 중이라는 점 때문에 내가 해야할 일이 있고 또한 내가 해서는 아니 될 일이 있게 되는

---

2) Karl Popper, *The Poverty of Historicism*, Routledge & Kegan Paul, 1957, Section 29.

것이다. 그리하여 그러한 때에 나의 행태는 나 자신을 교전 중에 있는 나라의 구성원으로 파악하는 스스로의 관념에 의하여 규율된다고 말할 수가 있다. 전쟁이라는 개념은 나의 행태 안에 *본질적으로* 소속되어 있다. 하지만 중력이라는 개념은 낙하 중의 사과가 보이는 행태에 그와 같이 본질적으로 소속되어 있지 않다. 오히려 그것은 그 사과의 행태에 대한 물리학자의 *설명*에 소속된다. 포퍼에게는 미안한 얘기이지만, 이 점을 깨닫는 일과 현상 배후에 유령이 존재한다고 믿는 일과는 아무 상관이 없다. 더욱이 개인들의 태도, 기대, 관계 등을 바로 그 태도, 기대, 등등의 내부에 들어가 자리 잡은 개념에 대한 언급이 없이 특정화하려는 시도는 몇 발자국 못 가서 벽에 부닥치게 된다. 그리고 그러한 태도, 기대 등의 의미 역시 여느 개인들의 행동을 고려하지 않고는 설명할 수가 없는 것 또한 분명한 일이다.[3]

2 / 담론적 "관념"과 비담론적 "관념"

지금까지 주장을 펼침에 있어 나는 사회적 관계가 곧 내면적 관계라는 논지와 사람들의 상호작용이 "관념을 형상화한다"는 논지를 연관시켰다. 그리하여 사회적 상호작용을 물리적 체계 안에서 여러 가

---

3) 이에 관하여는 다음 논문을 참조할 것. Maurice Mandelbaum, "Societal Facts", *British Journal of Sociology*, VI, 4 (1955).

지 힘이 교호하는 일에 비교하는 것보다는 대화에서 관념들이 교환되는 일에 견주는 것이 보다 나으리라는 점을 시사하고자 하였다. 그런데 이렇게 말하는 데에는 사회 생활을 지나치게 지성화하는 위험이 따르는 것처럼 보일 수가 있다. 특히 지금까지 내가 논의한 예들이 모두 *담론적* 관념 즉, 직선적인 언어 표현이 가능한 종류의 관념을 표현하는 행태들이었기 때문에 더욱 그렇다. 비언어적 행태를 두고 그것 역시 담론적 관념을 표현한다고 말할 수 있는 까닭은 언어의 사용이라는 것이 인간이 행하는 다른 종류의 행동 즉, 비언어적 행동과 아주 긴밀하게 그리고 분리불가능하도록 한데 묶여 있기 때문이다. 지금까지 여러 맥락에서 내가 제시한 예가 이 점을 충분히 밝히지 못하였다면, 어떤 종류의 인간의 활동이든지 그것을 배우는 일에 말하기가 얼마나 많이 포함되는지를 상기해 보면 될 것이다. 예를 들어 어떤 일을 하기 위하여 여러 가지 대안들을 논의한다든지, 어떻게 하는 것이 그 일을 잘 하는 것인지에 관한 표준을 터득하는 일, 그리고 다양한 상황에서 이유를 제시하는 등속의 맥락과 관련하여 생각하면 그 점이 더욱 분명해진다. 그러나 담론적 관념을 표현하는 행태와 그렇지 않은 행태 사이에 명확한 경계란 없다. 또한 그렇지 않은 행태도 그런 행태와 아주 비슷하기 때문에 전자를 후자로 간주하는 일에는 충분한 필연성이 있다. 따라서 어떤 특정한 사회적 관계를 두고 그것이 담론적 성격을 가지는 관념을 표현한다고 말하기가 부자연스러운 경우라 할지라도, 여전히 그것은 물리력 간의 상호작용보다는 물리력과는 다른 종류의 일반 범주에 더욱 가까운 것이다.

사 회 과 학 이 라 는   발 상

언어와 의상衣裳 사이의 상사相似를 논의하면서 콜링우드는 이 점을 아주 날카롭게 예시한 바 있다.[4] 그리고 영화 「셰인Shane」에는 다음과 같은 장면이 나온다. 미국의 초원지대에서 대규모 목축업자의 계층이 대두함에 따라 생계를 위협받게 되는 작은 자영농의 집에 한 사람이 말을 타고 찾아온다. 불청객과 집주인이 말은 한마디도 교환하지 않지만 둘 사이에는 공감의 끈이 생겨난다. 하루는 주인이 마당에 있는 나무 그루터기를 뽑으려 하는데, 객이 아무 말도 하지는 않은 채 묵묵히 손을 거들어 두 사람이 무진 애를 써서 그 일을 마친다. 잠시 숨을 돌리는 짬에 두 사람의 눈길이 마주치고 두 사람은 서로를 향해 수줍은 미소를 보낸다. 이제 이 두 사람 사이에서 태어나는 종류의 이해에 관하여 어떤 명시적 설명을 누가 어떻게 시도할지라도 그 설명은 불가피하게 매우 복잡할 수밖에 없고, 그럼에도 불구하고 불충분할 수밖에 없을 것이다. 그렇지만 그것이 무엇인지에 관한 아무런 명시적 설명이 없이도 우리는 그것을 이해한다. 왜냐하면 그 짧은 짬에 일어난 많은 일들의 의미를 우리는 이해할 수 있고 — 그 짬에 그토록 많은 일들이 일어나도록 만드는 것이 무엇일지를 생각하여 보라 — 또는 한 마디의 말을 마무리하는 몸짓의 의미도 우리는 이해할 수 있다. "부처가 한번은 철학적 토론의 클라이맥스에 이르러 …… 손에 꽃 한 송이를 들고 그것을 그윽히 응시하였다. 제자 중에 한 사람이 미소를 짓자 스승은 그를 보고 '너는 나를 이해하는구나' 라고 말했다는 일화

---

4) R. G. Collingwood, *The Principles of Art*, Oxford University Press, 1938, p. 244.

가 있다."[5] 내가 역설하고 싶은 바는 이것이다. 대화에서 한 마디 말 — 또는 한 번의 침묵 — 의 의미가 그에 앞서 일어난 일들과 내면적으로 연관되는 것과 꼭 마찬가지로, 위의 영화 장면에서 눈길의 교환 역시 그 일이 일어나고 있는 전체적 상황에 대하여 그 사건이 가지는 내면적 관계로부터 그 온 의미를 끌어 온다는 점이다. 이때 전체적 상황이라 함은 외로움, 당면한 위험이 주는 압박, 어려운 사정에서 삶을 더불어 한다는 점, 육체적 노력이 성공하였을 때의 만족감, 그리고 그 밖에 많은 요소들로써 이루어진 상황이다.

사회학 및 역사학에 있어 특히 중요한 사회적 관계 가운데에는 여태까지의 고려들이 맞지 않는 종류의 것도 있다고 생각될 수도 있겠다. 예를 들어 양 당사국 간의 문제에 — 십자군 전쟁과 같은 경우에 그랬다고 주장할 여지가 있는 것과는 달리 — 지성적 성격이라고는 눈씻고 찾아보아도 없고, 단순히 배가 고파서 국경을 넘는 사람들과 그들이 침범한 땅의 주인 사이에 일어나는 전쟁[6]처럼 순전히 육체적 생존 경쟁에 해당하는 전쟁의 경우가 그런 것이다. 하지만 그런 경우라 할지라도 비록 그 쟁점은 어떤 면에서 순전히 물질적인 것이라 할 수 있겠지만, 그 투쟁이 취하는 형태는 여전히 어떤 점에서 내면적인 관계를 포함하는 형태라 할 것이다. 그러한 내면적 관계는 예를 들어 고기 한 덩어리를 두고 야생 동물 두 마리 사이에 벌어지는 싸움에는

---

5) Ibid., p. 243.
6) 이 예는 나의 동료인 리스J. C. Rees 교수와 토론하는 중에 시사되었는데, 사실 이 절 전체에 미흡한 부분이 무엇인지를 일깨워 주었다.

사 회 과 학 이 라 는   발 상

적용될 수가 없는 성격을 가진다. 왜냐하면 전쟁의 당사자는 *사회*이며, 그러한 사회 안에는 식사, 주거 및 생식과 같은 일 이외에도 아주 많은 일들이 일어나기 때문이다. 사회 안에서 생활은 사람과 사람 사이에서 모종의 태도를 표현하는 상징적 관념들을 통하여 이루어진다. 덧붙이자면, 이러한 상징적 관계가 그러한 기본적 "생물학적" 활동의 성격에 대하여까지 영향을 미치게 되는 것이다. 후자에 국한하여 말하려 할지라도 그것을 말리노프스키Malinowski처럼 생물의 기본 욕구를 만족시켜주는 "기능"을 수행한다는 신新마르크스주의적 용어로써 운위하여서는, 그러한 기본적 생물적 활동이 특정한 사회에서 어떤 형태로 나타나는지를 밝히는 데에 별 도움이 되지 못한다. 물론 내가 상정한 전쟁의 예에서 그 당사자들인 각 사회의 구성원들이 보이는 "향집단외적向集團外的: out-group 태도"가 "향집단내적向集團內的: in-group 태도"와 같지 않음은 분명하다. — 여기서 내가 잠시 사회심리학의 은어隱語를 사용하고 말았음을 용서해 주기 바란다. 그렇다고 하더라도 그들의 적이 나름대로의 관념과 제도를 지녔으며 이 쪽과 의사소통을 하자면 할 수도 있을 사람이라는 사실은 여전히 한 사회에 대하여 다른 사회 구성원들이 취하는 태도에 — 비록 그 결과가 오직 그들로 하여금 더욱 사나워지게 할 따름이라 할지라도 — 영향을 미친다. 여타 인간의 활동이 모두 그렇듯이 인간의 전쟁 역시 관습에 의하여 규율된다. 그리고 우리가 관습에 관하여 무언가를 하고 있다면 곧 우리는 내면적 관계에 관하여 무언가를 하고 있는 것이다.

3 / 사회과학과 역사

이 문제에 관하여 내가 주창한 견해에 입각하고 보면 인간의 역사는 모두 사고思考의 역사라는 콜링우드의 생각을 새삼 음미해 볼 수 있을 것 같다. 물론 그 말이 하나의 과장이라는 데에는 의심의 여지가 없고, 실제 역사의 과정에 참여했던 이들이 생각했던 바를 추체험적追體驗的으로 반복 사고하는 것이 역사가의 과업이라는 생각 역시 주지주의적主知主義的 왜곡을 어느 정도 담고 있는 것 또한 사실이다. 하지만 인간의 역사에서 일어난 사건들을 우리가 이해하는 방식은, 그러한 사건들이 담론적 관념들의 발전 또는 충돌이라 표상될 수 없는 종류라 할지라도, 우리가 물리적 과정을 이해하는 방식에 가깝기보다는 관념의 표현을 이해하는 방식에 가깝다는 것이 콜링우드가 말하고자 하는 바라 해석한다면, 그의 말이 옳다.

어떠한 역사적 상황과 그 상황에 속한 사고의 방식이 하나의 불가분적인 전체를 이루게 되는 경위에 관하여 콜링우드가 충분히 주의를 기울이지 않은 면이 있는 것은 사실이다. 그는 과거에 사고되었던 생각을 바로 그 역사적 시점에서 사고되었던 것과 똑같이 사고하는 것이 역사가의 목표라 말한다.[7] 하지만, 이미 멸종되어버린 생각이라 할지라도 역사가에 의하여 재발견될 수는 있겠지만, 그 경우에도 역사가가 그 생각을 사고하는 방식에는 이미 그 생각을 재발견하기 위하

---

7) R. G. Collingwood, *The Idea of History*, Oxford University Press, 1946, Part V.

여 그가 역사학적 방법을 사용하였다는 사실로 색칠이 되어 있다. 중세의 기사 한 사람이 궁정 연애의 풍속에 따라 귀족의 부인을 자기 애인으로 삼기 위하여 역사학의 방법을 사용해야 했던 것은 아니다. 그는 그냥 그 부인을 그렇게 생각하였던 것이다. 그 중세 기사가 몰입하였던 사고방식에 내용물이 무엇인지를 내가 이해하는 데에 역사적 연구가 도움을 줄 수는 있다. 그러나 그렇다고 해서 내가 나의 여인을 그런 식으로 생각하는 일이 그 때문에 가능해지는 것은 아니다. 오히려 그런 경우 나는 언제나 그 생각이 시대착오라는 의식에서 벗어나지 못할 것이다. 이는 곧 기사가 자신의 애인을 생각하였던 것과 같은 방식으로 내가 나의 애인을 생각해서는 안 된다는 의식을 내가 항상 가지게 될 것임을 의미한다. 하물며, 당연한 이야기이지만, *그의* 애인에 대하여 그가 가졌던 것과 같은 생각을 내가 가진다는 것은 더욱 불가능하다.

그런 점에도 불구하고 콜링우드의 견해는 사회과학을 위하여 제시된 경험주의 방법론 대부분에 의하여 옹호 받는 견해보다는 진실에 가깝다. 후자의 견해는 대충 다음과 같이 전개된다 — 한쪽에는 인간의 역사가 있는데, 그것은 각종 자료의 창고이다. 역사가는 이들 자료를 발굴하여 보다 이론에 밝은 동료에게 보여준다. 그러면 그 이론가는 한 종류의 사회적 상황과 다른 종류의 상황 사이에 연관을 확립하여 주는 과학적 일반화와 이론들을 조성한다. 그 다음에 이 이론들은 역사 자체에 적용되어 역사 속의 일화들이 상호 연관되는 방식에 관한 우리의 이해를 증진하게 된다는 것이다. 앞에서 특히 파레토와 관

련하여 내가 행한 논의는 이런 식의 접근이 인류의 역사에서 관념의 중요성을 어떻게 위축시키는지를 밝히려는 시도였다. 관념과 이론은 항상 발전 · 변화하고 있기 때문에, 그리고 관념체계의 구성소들이 내면적으로 서로 연관되어 있는 만큼 각 관념체계는 그 자체의 고유함에 입각하여 이해되어야 하기 때문에, 관념의 체계라는 것은 애초에 광범위한 일반화의 주제로는 전혀 어울리지 않는 것이다. 나는 또한 지금까지 사회적 관계라는 것이 한 사회 안에서 통용되는 관념을 통하여 그 맥락 안에서만 실제로 존재할 수 있다는 점을 밝히려 노력하였다. 이는 다른 말로 하면, 사회적 관계는 관념들 사이의 관계와 동일한 논리적 범주에 속한다는 말이다. 따라서 사회적 관계 역시 일반화 또는 과학적 종류의 이론에는 적합하지 않은 주제라는 결론이 이로부터 도출된다. 역사적 설명이란 그 종류에 있어서 일반명제 또는 이론을 개별적 사례에 적용하는 일과는 다르다. 그것은 오히려 내면적 관계를 파고들어 추적하는 일인 것이다. 그것은 역학의 법칙에 관한 지식을 원용하여 시계의 작동을 이해하는 일과 비슷한 것이 아니라, 어떤 언어에 관하여 습득한 지식으로써 어떤 대화를 이해하는 일과 유사하다. 예컨대 비언어적 행태도 역시, 언어가 그러한 것과 마찬가지로, "자기 나름의 표현 방식"을 가지고 있다. 플라톤의 대화편들을 영어로 번역함에 있어서 그리스적 사고를 표현하는 문구들을 재구성하기가 어려운 것과 똑같이, 문화적으로 원거리에 있는 사회에서 나타나는 행태에 관하여 우리 자신의 사회에서 우리에게 익숙한 행태의 관점에서 고려하는 일은 방향이 잘못되어 있다. 그레이브스Robert

사 회 과 학 이 라 는 발 상

Graves의 소설 몇 편에서 나타나는 바와 같은 "까발긴racy" 역사의 재구성에 마주쳤을 때, 그 진실성에 관하여 독자들이 자주 느끼게 되는 거리낌을 생각하여 보라. 그러한 느낌은 외부적 사실의 세목에 관하여 그 저자가 얼마나 정확하게 알고 있는지에 관한 의심의 여지가 있고 없고와는 아무 상관이 없이 발생할 수 있는 것이다.

　사회학적 이론과 역사 서술 사이의 관계는 과학적 법칙과 실험결과 및 관찰결과의 보고 사이의 관계와 비슷하기보다는 특정 언어의 내부에서 논리의 법칙과 실제 주장의 전개 사이의 관계와 비슷하다. 예를 들어 분자의 구조 및 원자가原子價에 관한 이론에 입각하여 화학 반응을 설명하는 경우를 생각하여 보라. 이 경우 이론은 두 화학 성분이 한데 모이는 순간 일어나는 현상과 그 후의 어떤 시점에서 일어나는 현상 사이에 연관을 *설립하여* 준다. 그 두 사건이 — 단순한 시 · 공간상의 연관이 아니라 — 그와 같이 "연관되어" 있다고 말할 수 있는 것은 오직 *그 이론에 입각함*으로써이다. 그 연관을 포착할 수 있는 유일한 방법은 그 이론을 배우는 것이다. 그러나 논리에 관한 어떤 이론을 특정한 개별적 추론에 적용하는 일은 그와 같지 않다. 그 추론의 전개에 있어 각 단계 사이의 연관을 감식하기 위하여 논리에 관한 이론을 반드시 알아야 하는 것은 아니다. 오히려 정반대로, 그 이론이 무엇하는 것인지만이라도 누군가가 이해하기 위해서는 그에 앞서 그 언어로 개진된 개별적 진술들 사이의 논리적 연관을 포착할 수 있어야 한다. 논리학 이론을 파악하는 일은 오로지 개별 추론 사이의 논리적 연관을 이해하는 한도 내에서만 가능한 것이다. — 이 점은 내가 앞에서

인용했던 루이스 캐롤의 주장에 함축된 논지이다. 자연과학에서는 당신이 전에 보지 못했던 일이 일어났을 때 당신으로 하여금 그것을 설명할 수 있도록 해주는 것이 바로 당신이 가진 이론적 지식이다. 반면에 당신이 모르는 언어로 진행되는 추론을 당신이 이해하고자 할 때에 논리학 이론에 관한 지식은 당신에게 아무런 도움이 되지 못한다. 그것을 이해하기 위해서는 그 언어를 배우는 수밖에 없다. 그리고 그 언어로 이루어지는 주장 내부의 여러 부분 간의 연관을 포착하기 위해서도 언어의 습득만으로 충분할 수가 있다.

이제 사회학의 예를 하나 살펴보자. 짐멜Georg Simmel은 다음과 같이 말한다.

확신의 차이가 증오와 싸움으로 전락하는 것은 오직 그 당사자 사이에 본질적이고도 원초적인 유사성이 존재할 때뿐이다. 전에 존재했던 연대連帶를 기반으로 하고 그 위에서 적개심이 발생하는 경우에는 "적에 대한 존경"이라는 것을 (사회학적으로 매우 중요하기는 하지만) 찾아볼 수 없다. 혼동을 낳고 경계를 흐리기에 충분할 만큼의 유사성이 아직 남아 있는 경우에는 차이점이 강조되어야 할 필요가 생긴다. 그것은 어떤 쟁점이 있어서라기보다는 바로 그러한 혼동의 위험을 방지하기 위해서이다. 예를 들면 베른의 가톨릭의 경우에 바로 이런 일이 일어났다. …… 당시 로마파 가톨릭Roman Catholicism은 개신교회처럼 자신과 아주 다른 교회와 외부적으로 접촉함으로써 자신의 정체성이 흔들릴까봐 두려워한 것이 아니라, 오히려 복고파 가톨릭Old Catholicism과

사 회 과 학 이 라 는   발 상

같이 자신들과 친족 관계에 있는 교파 때문에 그렇게 될까봐 두려워하였다.[8]

이제 여기서 베른의 로마파 가톨릭과 복고파 가톨릭 사이에 짐멜이 지적하는 관계를 누가 이해한다고 할 때, 내가 말하고 싶은 바는 그러한 이해가 짐멜의 일반화를 *通하여* 이루어지는 것이 아니라는 점이다. 누가 그 관계를 이해한다면, 그는 오로지 그 두 종교 체계 그 자체 및 그것들 사이의 역사적 관계가 어떠하였는지에 관하여 스스로 이해하는 만큼만 이해할 수 있을 뿐이다. "사회학적 법칙"이라는 것이 누군가로 하여금 혼자서는 간과하였을 역사적 상황의 특질에 주의를 기울이게 하고, 또 유용한 비유를 제시하는 등등의 방식으로는 도움이 될 수 있을 것 같다. 예를 들어 러시아의 공산당이 영국의 노동당 또는 보수당과 어떤 관계를 가지는지에 관하여 짐멜의 예를 견주어 사용할 수 있다. 하지만 자연과학에서 법칙을 개별 현상에 적용하듯이 그러한 법칙을 단순히 "적용"함으로써 이해될 수 있는 역사적 상황이란 아무것도 없다. 사실을 말할 것 같으면, 그러한 법칙이 도대체.무엇인지를 이해할 수 있는 범위가 그와 같은 상황에 대하여 그가 *독자적으로* 가지고 있는 역사 인식의 정도를 벗어나지 못하는 것이다. 과학적 이론을 이해하기 위해서 그 이론의 근거가 되는 종류의 실험에 관하여 알아야 하는 것과는 같은 일이 아니다. 왜냐하면 과학의 경우

---

8) Georg Simmel, *Conflict*, Free Press, 1955, Chapter I.

그 이론에서 사용되는 용어를 통하지 않고는 실험의 각 부면들 사이의 연관을 이해한다고 운위조차 할 수가 없기 때문이다. 이와는 달리 로마파 가톨릭과 복고파 가톨릭에 관하여는 짐멜의 이론 또는 그 비슷한 것에 대하여 들어본 적이 없다고 하더라도 그 양자 사이에 존재하는 관계의 본질을 아주 잘 이해할 수가 있다.

4 / 맺음말

사회연구의 개별적 종류들 즉, 사회학, 정치이론, 경제학 등의 사이에 분명히 차이점들이 존재하지만 이 책에서는 그것을 고려하려 하지 않았다. 나는 그보다도 그와 같은 사회연구라는 개념이 가지고 있는 일정한 특질을 부각하고 싶었다. 각 분야의 방법론적 차이가 그 각자의 맥락 내부에서는 중요하겠지만 내가 여기서 말하고자 했던 내용의 대체적 윤곽에는 별 영향을 낳지 못할 것이라 생각한다. 왜냐하면 그 내용은 흔히들 "방법론"이라 이해하는 영역에 속하기보다는 철학에 속하는 것이기 때문이다.

| 참고문헌 |

Acton, H. B., *The Illusion of the Epoch*, Cohen & West, 1955.

Aron, Raymond, *German Sociology*, Heinemann, 1957.

Ayer, A. J., *The Problem of Knowledge*, Macmillan and Penguin Books, 1956.

Ayer, A. J., "Can There be a Private Language?", *Proceedings of the Aristotelian Society*, Supplementary Volume XXVIII.

Carroll, Lewis, "What the Tortoise Said to Achilles", *Complete Works*, Nonesuch Press.

Collingwood, R. G., *The Idea of History*, Oxford University Press, 1946.

Collingwood, R. G., *The Principles of Art*, OUP, 1938.

Cranston, Maurice, *Freedom: A New Analysis*, Longmans, 1953.

Durkheim, Emile, *Suicide*, Routledge & Kegan Paul, 1952.

Geach, Peter, *Mental Acts*, RKP, 1957.

Ginsberg, Morris, *On the Diversity of Morals*, Heinemann, 1956.

Hume, David, *Enquiry into Human Understanding*.

Laslett, Peter (Ed.), *Philosophy, Politics and Society*, Blackwell, 1956

Levi, E. H., *An Introduction to Legal Reasoning*, University of Chicago, Phoenix Books, 1961.

Lynd, R. S., *Knowledge for What?*, Princeton, 1945.

Malcolm, Norman, Article in the *Philosophical Review*, Vol. LXIII, 1954, pp. 530~559.

Mandelbaum, Maurice, "Societal Facts", *British Journal of Sociology*, VI, 4, 1955.

Mill, J. S., *A System of Logic.*

Newcomb, T. M., *Social Psychology*, Tavistock Puclications, 1952.

Oakeshott, Michael, "The Tower of Babel", *Cambridge Journal*, Vol. 2.

Oakeshott, Michael, "Rational Conduct", *Cambridge Journal*, Vol. 4.

Oakeshott, Michael, *Political Education*, Bowes and Bowes, 1951.

Pareto, Vilfredo, *The Mind and Society*, New York, Harcourt Brace, 1935.

Parsons, Talcott, *The Structure of Social Action*, Allen & Unwin, 1949.

Popper, Karl, *The Open Society and Its Enemies*, Routledge & Kegan Paul, 1945.

Popper, Karl, *The Poverty of Historicism*, Routledge & Kegan Paul, 1957.

Renner, Karl (with Introduction by O. Kahn-Freund), *The Institutions of Private Law and their Social Function*, Routledge & Kegan Paul, 1949.

Rhees, Rush, "Can There be a Private Language?", *Proceedings of the Aristotelian Society*, Supplementary Volume XXVIII.

Ryle, Gilbert, *The Concept of Mind*, Hutchinson, 1949.

Sherif, M. & Sherif, C., *An Outline of Social Philosophy*, New York, Harper, 1956.

Simmel, Georg, *Conflict*, Glencoe, Free Press, 1955.

Strawson, P. F., Critical Notice in *Mind*, Vol. LXIII, No. 249, pp. 84 ff.

Weber, Max, *Wirtschaft und Gesellschaft*, Tübingen, Mohr, 1956.

Weber, Max, *Gesammelte Aufsätze zur Wissenschaftslehre*, Tübingen, Mohr, 1922.

Weldon, T. D., *The Vocabulary of Politics*, Penguin Books, 1953.

Wittgenstein, Ludwig, *Tractatus Logico-Philosophicus*, Kegan Paul, 1923.

Wittgenstein, Ludwig, *Philosophical Investigations*, Blackwell, 1953.

Wittgenstein, Ludwig, *Remarks on the Foundations of Mathematics*, Blackwell, 1956.

원시
사회의
이해

———————

　『사회과학이라는 발상*The Idea of a Social Science*』에서 내가 제기했던 문제들을 이 글에서 좀 더 고찰하고자 한다. 그 책에서 나는 인간 사회를 이해한다는 데에 어떤 것들이 포함되는지에 관하여 대략적인 논의를 행하였다. 이 글에서는 보다 특정적인 주제를 다루고자 한다. 즉, 사회인류학과 관련되어 발생하는 문제들을 고려하려 한다. 에반스-프리차드E. E. Evans-Pritchard 교수의 저서『아잔데 족의 마법魔法, 신탁神託 및 주술呪術』[1]은 이 분야의 고전에 속한다. 이 글의 제1장에서는 그 책에 나타나는 그의 접근법에 담겨 있는 몇 가지 난점을 지적할 것이다. 한편 최근에 맥킨타이어Alasdair MacIntyre 씨는 에반스-프리차드 및 나에 대하여 비판을 가한 바 있다. 제2장에서는 따라서 그의 비판을 반박하겠다. 이 반박은 맥킨타이어의 주장에 대한 나의 비판으로 이어질 것이다. 그리고 원시 사회를 연구함으로써 무엇을 배울 수 있다는 관념에 관하여 나 자신이 생각해 온 바를 개진하게 될 것이다.

———————

1) Witchcraft, *Oracles and Magic among the Azande*, Oxford, 1937.

마술의
현실성

원시 부족들은 대부분 우리로서는 공유할 수 없는 믿음을 가지고 있고, 우리로서는 이해하기 힘든 종류의 관행도 보인다. 아프리카의 아잔데 족도 그 점에서는 마찬가지이다. 그들은 자기네 부족 중에서 어떤 사람은 마법의 힘으로 다른 사람들에게 악의에 찬 영향력을 미칠 수 있다고 믿는다. 그러한 마법에 대항하기 위하여 몇 가지 의식儀式 또한 마련되어 있다. 그들은 신탁에 의하여 신의 의사를 구하고 해악으로부터 (자신들을) 보호하기 위하여 주술에 의한 치료를 행한다.

인류학자들이 이런 종류의 부족을 연구할 때에 전형적으로 소망하는 바가 있다. 그것은 그러한 믿음 및 관행들을 자신과 독자들에게 이해 가능한 것이 되도록 만드는 일이다. 이는 곧 원시 부족민의 생활을 설명함에 있어서 인류학자 자신 및 독자들이 소속된 문화에서 요구되

는 바 합리성의 기준을 충족시킬 수 있는 용어로 서술하는 것이다. 다시 말하여 과학의 방법 및 업적에 의하여 심대한 영향을 받은 토대 위에 뿌리박은 합리성의 개념과 일관되는 방식으로 서술하려 한다. 인류학자 자신이 속한 문화에서는 주술에 대한 믿음이나 신탁을 구하는 행위 등이 거의 비합리적 행동의 전형에 속하는 것이다. 상황이 이러하기 때문에 인류학자들이 대부분 알게 모르게 다음과 같은 입장을 취하는 것은 놀라운 일이 아니다 : 마법의 힘, 주술적 의료의 효능, 현재 일어나는 일 및 장차 일어날 사태의 진상을 규명하는 데 신탁이 수행하는 역할 등에 관한 아잔데 족의 믿음이 실수이며 착각임을 *우리는* 알고 있다. 그러한 믿음과 관행에 함축된 바와 같은 인과관계가 존재하지 않는다는 사실은 과학적 방법에 의한 탐구가 확정적으로 밝힌 바 있다. 그러므로 우리가 할 수 있는 일이란 우리가 보기에 그토록 명백하게 잘못된 믿음 및 효과도 없는 방책들이 어떻게 유지될 수 있는지를 보여주는 것뿐이다.[2]

에반스-프리차드는 아잔데 사회의 여러 제도를 서술함에 있어서 그의 선배 인류학자들보다는 한걸음 더 나아간다. 그는 그 제도들이 연구자인 자기에게 어떻게 보이는지보다는 아잔데 부족민 자신들에게 어떻게 보이는지를 서술하려고 노력한다. 그럼에도 불구하고 내가 생

---

2) 많은 인류학자들은 이 단계에서 그 제도들의 "사회적 기능"을 논하는 방향으로 선회한다. 기능에 입각한 설명에는 그 자체와 관련된 중요한 질문들이 있을 뿐만 아니라 이 글에서 논의하는 문제들과 관련된 질문들이 제기될 수 있고 또 제기되어야 할 것이다. 다만 이 글에서는 그러한 문제들에 관해서 논하지 않는다.

각하기로는 그 책을 쓸 때에 에반스-프리차드 역시 앞 문단에서 제시된 태도를 가지고 있었다고 보는 것이 타당한 것 같다. "마법 따위는 분명히 존재하지 않는다"는 식의 언명을 그는 여러 군데에서 드러내고 있다. 아울러 그는 아잔데 사회에서 현장 연구를 행하면서 자신이 어떤 종류의 어려움에 처하였는지를 토로하고 있다. 아잔데 식의 생활에 근저를 이루는 "비非이성"을 떨쳐버리고 사물을 진정한 모습 그대로 파악하는 명확한 시각을 회복하는 일이 때때로 어려웠다는 것이다. 이러한 태도에 에반스-프리차드가 아무 생각 없이 도달하게 된 것은 아니다. 그의 태도는 그의 철학적 입장에 근거를 두고 있다. 불행히도 구해 읽기는 쉽지 않지만, 이집트 대학에서 간행되는 『인문학 논총Bulletin of the Faculty of Arts』에 1930년대에 발표한 일련의 논문을 통하여 그는 자신의 철학적 입장을 명확하게 밝혔다. 레비-브륄Lévy-Bruhl에 반대하여 그는 이렇게 주장하였다. 인과관계에 대한 과학적 이해가 우리로 하여금 주술적 사고를 거부하게끔 한다고 할지라도 그것이 곧 우리가 저들보다 뛰어난 지성을 가졌다는 증거는 될 수 없다는 것이다. 소위 "야만인"의 주술적 접근이 그들 문화와 함수관계를 맺고 있는 만큼 과학적 접근은 우리의 문화와 함수관계에 있다는 것이 그의 지적이다.[3]

우리는 비가 오직 기상학적 원인에 의하여 내린다고 생각하는 반면에 야만인들은 신, 귀신 및 주술이 강우에 영향을 미친다고 생각한다는 사실이 우리의 두뇌가 저들의 두뇌와 다른 방식으로 기능한다는 증

거가 될 수는 없다. 우리가 야만인보다 "논리적으로 사고한다"는 —
적어도 그 문구에 모종의 유전에 의한 정신적 우월성이 함축되는 한
— 점을 그 사실이 증명하는 것은 아니다. 내가 강우를 물리적 원인에
귀속시킨다는 사실이 곧 나의 지성이 우월하다는 표지는 될 수 없다.
나 자신이 직접 어떤 관찰과 추론을 행한 연후에 그러한 결론에 도달
한 것도 아니고, 강우 현상을 초래하는 기상학적 원인에 대해서 내가
아는 바도 기실 그다지 많지 않다. 비가 자연계의 원인 때문에 내린다
는 것은 내가 속한 사회에서 모두들 받아들이는 것이고, 나는 단지 그
것을 남들처럼 받아들일 따름인 것이다. 이 특정한 관념은 내가 이 사
회에 태어나 속하기 훨씬 전부터 이 문화를 구성하는 일부이었으며 그
것을 배우기 위해서 내게 필요했던 일은 언어를 충분히 습득하는 일뿐
이었다. 자연적 · 의식적儀式的 조건이 적절하게 충족되고 주술이 적절
하게 행사되면 강우에 영향을 미친다고 야만인이 믿는 것 역시 이와
마찬가지이다. 그가 그러한 믿음을 가졌다는 사실만 가지고 그의 지성
이 열등하다고 간주할 수는 없다. 그 역시 그러한 믿음을 스스로 행한
관찰 및 추론에 근거하여 채택한 것이 아니라 자신의 문화를 구성하는
여타 전승적 요소를 그가 채택하게 된 것과 똑같은 방식으로 채택하였
을 뿐이다. 즉, 단순히 거기서 태어나 자랐기 때문에 그러한 믿음을 가
지게 된 것이다. 우리가 속한 사회가 우리에게 가져다 준 사고방식에

---

3) E. E. Evans-Pritchard, "Lévy-Bruhl' s Theory of Primitive Mentality", *Bulletin of the
Faculty of Arts* (University of Egypt, 1934).

따라 생각한다는 점에서 그와 나는 똑같다.

강우에 관한 야만인의 생각은 미신이고 우리의 생각은 과학적이라는 것은 말도 되지 않는 소리이다. 두 경우 모두에 비슷한 종류의 정신적 과정이 결부되어 있다. 더욱이 사고의 내용마저 비슷한 방식으로 도출되고 있다. 다만 강우에 관하여 우리가 가지는 사고는 그 사회적 내용이 과학적이고 객관적 사실과 일치하는 반면에 야만인이 가지는 사고의 사회적 내용은 비과학적이라고 말할 수는 있을 것이다. 왜냐하면 그것이 현실과 부합하지 않기 때문이다. 나아가 그것이 초감각적 힘의 존재에 관한 가정에 기초하고 있다는 점에서 미신적이라 일컫는 것도 가능할 것이다.

뒤를 이어 발표한 논문에서 에반스프리차드는 파레토를 다루고 있는데, 거기서 그는 "논리적"과 "과학적"을 구분한다.[4]

전제의 타당성 및 그 전제로부터 도출되는 추론, 이 두 차원 모두에서 객관적 실재와 일치하는 것이 과학적 관념이다. …… 한편 전제가 실제로 참인지의 여부와는 상관없이, 만약 전제가 참이라면 그로부터 도출된 결론도 참이 될 때 그러한 사고는 논리적 관념을 나타낸다.

도자기를 굽는 과정에서 도자기 하나가 깨졌다고 하자. 아마도 반죽에 불순물이 섞여 있었기 때문에 그리되었으리라. 그 조각을 한 번 살

---

4) "Science and Sentiment", *Bulletin of the Faculty of Arts* (University of Egypt, 1935)

펴보고 정말로 불순물이 원인이었는지를 조사해보자. 이렇게 생각한다면 이는 논리적이면서 과학적인 사고이다. 병은 마법 때문이다. 한 사람이 아프다. 누가 그에게 마법을 걸었는지 신탁을 구하여 찾아내자. 이는 논리적이기는 하지만 비과학적인 사고방식이다.

에반스프리차드가 여기서 말하고 있는 바의 대부분은 내가 생각하기에 옳다. 그러나 과학적이라는 것을 "객관적 실재와 일치"에 입각하여 규정하려는 그의 시도는 틀렸다. 그리고 이것은 결정적으로 잘못된 생각이다. 비록 파레토와는 다른 용어를 사용하고 또 강조하는 면도 다르기는 하지만, 에반스프리차드는 사실상 파레토와 마찬가지의 형이상학적 입장을 취하고 있다. 두 사람 모두 "실재"라는 것이 과학적 추론 그 자체의 맥락 *밖에서* 이해 가능하며 적용될 수 있는 것처럼 여기고 있다. 과학적 관념은 실재와 관련되고 비과학적 관념은 그렇지 않다는 그들의 구분이 곧 이 점을 말해주는 것이다. 에반스프리차드는 과학적 문화의 구성원이 가지는 실재의 관념이 주술을 신봉하는 아잔데 족의 실재 관념과는 다르다는 점을 강조한다. 그러면서도 그는 이 사실을 단순히 서술하여 이 두 영역의 차이를 드러내는 데에 그치지 않고 나아가 무언가를 더 밝히고자 한다. 그리하여 과학적 사고는 실재가 진실로 어떠한지와 일치하는 반면에 주술적 사고는 그렇지 않다는 결론에 이른다.

여기에 어려움이 따르는 까닭을 "실재와의 일치"라는 표현이 아무 제약도 없이 포괄적으로, 따라서 오도적誤導的으로, 사용되고 있기 때

문이라는 식으로 설명하기는 쉽다. 그리고 이 말은 일면 맞는 말이기도 하다. 그러나 우리가 잊어서는 아니 될 점이 있다. 인간의 생각 및 믿음이 그것과 독립된 무엇 — 즉, 모종의 실재 — 에 입각하여 견제될 수 있어야 한다는 점이 매우 중요하다는 것 또한 매우 중요한 사실이다. 이 점을 포기하는 것은 곧 프로타고라스 식의 극단적 상대주의에 빠지는 것과 같을 것이다. 그리고 그런 식의 상대주의에는 온갖 종류의 모순이 내재한다. 한편 그 독자적으로 실재하는 것이라는 관념이 인간의 사고에서 수행하는 정확한 역할이 무엇인지를 포착하는 데에는 매우 조심스러운 접근이 필수적이라는 점 역시 분명한 사실이다. 이 단계에서 이와 관련된 두 가지 논점을 부각하고자 한다.

첫째, 독자적으로 실재하는 것에 의한 견제가 과학에서만 특이하게 나타나는 관념이 아니라는 점을 우리 모두 깨달아야 할 것이다. 과학에 매료된 나머지 우리는 과학에서 운위되는 독자적 실재의 형태를 곧 독자적 실재의 전범典範으로 쉽사리 받아들인다. 그리고 여타 양식의 담론이 지적으로 얼마나 존경할 만한 가치를 가지고 있는지를 그 전범에 비추어 재려는 경향이 있다. 그러나 바로 여기에 문제의 근원이 있다. 회오리 바람 속에서 신이 욥에게 한 말을 고찰해보라. "무지한 말로 이치를 어둡게 하는 자가 누구냐? 내가 땅의 기초를 놓을 때에 네가 어디 있었느냐 네가 깨달아 알았거든 말할지니라. 누가 그 도량을 정하였었는지, 누가 그 준승을 그 위에 띄웠었는지 네가 아느냐? 변박하는 자가 전능자와 다투겠느냐 하나님과 변론하는 자는 대답할지니라." 신의 실재를 망각하고 방황하였기 때문에 욥은 시련을 맞게

원 시 사 회 의 이 해

되었다. 만일 욥이 어떤 이론적 실수를 저질렀다고 한다면 그런 실수는 이를테면 실험을 통하여 바로 잡을 수 있을 것이다. 하지만 욥은 그런 종류의 실수를 저지른 것이 아니다.[5] 신의 실재란 인간의 생각에 달려있지 않은 것이 분명하다. 그때 그 실재가 도대체 무엇인지는 신이라는 개념이 사용되는 종교적 전통에 입각함으로써만 이해될 수 있다. 그리고 이 개념이 사용되는 방식은 과학적 개념들, 말하자면 이론적 구성물들이 사용되는 방식과 아주 다르다. 내가 말하고자 하는 요지는 신의 실재라는 개념이 언어의 종교적 쓰임새 *안에서* 제자리를 가진다는 점이다. 물론 그렇다고 해서, 앞에서 밝힌 바를 다시 한 번 강조하자면, 사람들이 말하고 싶어하는 바에 따라 그 개념이 좌지우지되는 것은 아니다. 그런 식으로 좌지우지된다면 바로 그 순간 신이 실재성을 상실하고 말 터이다.

내 두 번째 논점은 첫째 논점의 논리적 귀결이다. 실재가 언어에 의미를 부여하는 것은 아니다. 언어가 가지고 있는 의미 *안에서* 실재하는 것 및 실재하지 않는 것이 자신을 드러내는 것이다. 뿐만 아니라, 실재하는 것과 실재하지 않는 것 사이의 구분 및 실재와의 일치라는 개념 자체가 우리의 언어를 구성하는 요소인 것이다. 그러한 개념들이 다른 개념들과 마찬가지로 언어에 속한다고 말하고 싶지는 않다.

___

5) 무슨 일이 일어나느냐에 따라 신의 실재 및 선함이 규정된다는 식의 사고방식에 빠진 것이 곧 욥의 방황이라고 말할 수 있다. 그리고 욥의 방황이 그러한 성격을 가지고 있다는 점이 욥기에 나타나고 있다고 말하는 것이 사실 욥기의 논지를 표현하는 방식 가운데 하나일 것이다.

왜냐하면 언어에서 그 개념들이 차지하는 위치가 독특하기 때문이다. 그것들은 조감적鳥瞰的 위치에 있으며, 나아가 어떻게 보면 언어의 경계를 표시한다고까지 할 수 있는 위치에 있다. 예를 들어 습도라는 개념을 가지지 않은 언어를 상상하기는 그다지 어렵지 않다. 하지만 실재하는 것과 실재하지 않는 것을 구분할 길이 전혀 없는 언어를 상상하기는 어려운 일이다. 그 개념들이 이러한 특징을 가지는 것은 사실이지만, 실재하는 것과 실재하지 않는 것 사이의 구분이 언어 안에서 이루어지는 방식을 이해하지 못하는 한 무엇이 실재하며 무엇이 그렇지 않은지를 구분할 길은 없는 것이다. 따라서 이들 개념의 의미를 이해하고자 한다면 그것들이 특정 언어 *안에서* 실제로 쓰이는 쓰임새를 살펴보아야 할 것이다.

이와는 반대로 에반스프리차드는 실재의 개념을 언어 내부의 실제적 쓰임새에 의하여 결정되지 않는 것처럼 사용하려 하고 있다. 그는 그러한 실제 쓰임새를 사정查定·평가하기 위한 표준을 그 개념에서 구하고 있다. 그러나 이것은 애초에 불가능한 일이다. 과학적 담론의 경우라고 해서 이 불가능한 일이 가능해지는 것은 아니다. 어떤 특정한 과학적 가설이 실재와 일치하는지의 여부를 우리는 물을 수 있다. 그리고 관찰과 실험에 의하여 그것을 검증할 수도 있다. 그 가설에서 사용되고 있는 여러 이론적 술어는 그 분야에서 확립된 쓰임새를 가지고 있다. 따라서 그처럼 술어의 쓰임새 및 실험의 절차가 그 가설 밖에서 확립되어 존재한다는 점에서, 그 가설이 맞는지 틀리는지는 내 생각 또는 어느 누구의 생각으로부터 독립하여 존재하는 준거에

입각하여 해결될 수 있다. 그러나 실험에 의하여 드러난 데이타의 대체적 본질은 그때 사용된 실험방법 내부에 존재하는 기준과 관련되어서만 그 구체적 의미를 띨 수 있다. 그리고 그러한 절차 및 기준이 사용되는 과학적 활동에 익숙한 사람만이 그 의미를 이해할 수 있을 것이다. 과학에 문외한인 사람이 고등 물리학의 연구실에 가서 어떤 실험의 "결과"를 목격하였는지 말해달라는 요청을 받았다고 해보자. 그런 사람이 거기서 어떤 가설이 검증되어 그 결과가 어떠했다는 식으로 서술할 수는 없을 것이다. "실험의 결과"를 의미 있게 운위할 수 있는 것은 오로지 그러한 용어를 통하여뿐인 것이다. 에반스-프리차드는 다음과 같이 말하고 싶어한다 : 과학적 실험에서 적용되는 기준은 우리의 관념과 독자적으로 존재하는 실재 사이의 진정한 연관을 구성하는 반면에 여타 사고 체계, 특히 주술적 사고방식에 나타나는 특성은 그렇지 못하다. 그런데 여기서 지금 사용되고 있는 "진정한 연관"이나 "독자적으로 존재하는 실재" 등의 표현이 무엇을 가리키는지 설명하기 위하여 과학이라는 담론의 영역을 전거로 삼을 수는 없음이 명백하다. 왜냐하면 그렇게 한다면 단지 문제의 핵심을 회피하는 데에 지나지 않을 것이기 때문이다. 따라서 우리가 물어야 할 질문은 어떠한 담론의 영역이 확립되어 있어서 그것을 준거로 하여 그와 같은 표현을 설명할 수 *있겠느냐*는 것이다. 에반스-프리차드는 분명히 이 질문에는 아무런 대답도 제시하지 않고 있다.

지금까지 내가 해 온 말로부터 두 가지 질문이 나온다. 첫째, 아잔데 족에서 나타나는 바와 같은 원시 주술의 체계가 과학과 같이 정합

적整合的 담론의 체계를 구성한다는 것이 과연 사실일까? 그러한 주술 체계에 실재의 관념이 이해 가능한 형태로 형성되어 있으며, 나아가 어떤 믿음이 그 실재와 일치하고 어떤 것이 일치하지 않는지를 결정할 수 있는 방식이 뚜렷한 형태로 존재할까? 둘째, 원시 사회와 관련하여 우리가 처한 상황이 내가 말한 바와 같다면 아잔데의 주술과 같은 원시 사회 제도를 애초에 우리가 어떻게 그리고 얼마나 이해할 수 있을까? 이 두 번째 질문에 대하여 만족스러운 답변을 내가 제시할 수 있다고 주장하지는 않겠다. 그 질문은 인간의 사회 생활의 본질에 관하여 몇 가지 아주 중요하고 근본적인 문제를 아울러 제기하고 있다. 그리고 그 문제들을 다루기 위해서는 이 글에서 지금까지 내가 소개한 개념들 이외의 다른 개념들이 새로이 요구된다. 후자는 전자보다 설명하기가 훨씬 어려운 개념들이다. 그 문제들에 관해서는 이 글의 후반부에서 다루기로 하는데, 나는 다만 몇 가지 잠정적인 견해를 밝히고자 한다. 어쨌든 지금은 첫 번째 문제부터 거론하겠다.

첫 번째 질문에 긍정적으로 대답한다고 해서 주술적 관념에 들어 있는 모든 믿음 또는 그러한 믿음의 기치 아래 행해지는 모든 절차를 합리적인 것으로 받아들여야 하는 것은 아니라는 점이 우선 강조되어야 할 것이다. 이것이 필연적이지 않은 사실은 과학의 영역에서 이에 상응한 명제를 생각해보면 알 수 있다. 과학의 기치 아래 "정당화"되는 절차라고 해서 그 모두가 합리적 비판으로부터 면제받아야 할 필연성은 없는 것과 마찬가지인 것이다. 콜링우드의 말 한 마디가 이 단계에서 매우 적절하다.[6]

야만인이라고 해서 인간이 가지는 취약성을 가지지 않는 것은 아니다. 그들도 문명인과 마찬가지로 취약하다. 사실에 비추어 결코 불가능한 일에 관하여 그 일을 자신이 할 수 있다거나 또는 자기는 못하더라도 자신보다 탁월한 사람은 할 수 있으리라는 잘못된 사고방식에 야만인이라고 해서 빠지지 않을 보장이 있는 것은 아니다. 그러나 이런 실수가 주술의 본질은 아니다. 그것은 다만 주술이 도착倒錯된 경우일 뿐이다. 따라서 그러한 실수를 우리가 야만인이라 부르는 사람들에게 귀속시킬 때에는 조심스럽게 해야 할 것이다. 언젠가 그들이 일어나 우리가 그들에게 한 짓이 무엇이었는지 증언할 날이 올 것이기 때문이다.

아잔데 족의 경우 주술적 믿음 및 의식儀式은 그들의 사회 생활 전반을 지탱하는 주요 근간이다. 한편 우리 자신의 문화에 속하는 몇 사람 사이에 주술적 믿음이 신봉되고 의식이 실행될 수도 있다. 이때 이두 가지 주술을 구별하는 것이 중요하다. 에반스-프리차드 역시 다음과 같이 그 차이를 언급하고는 있다. 하지만 그 차이는 그가 생각하는 바와는 다른 방식으로 이해되어야 한다.[7]

아잔데 족의 한 사람이 마법에 관하여 얘기하는 것과 우리 자신의 역사에서 존재해 온 괴상한 마법에 관하여 우리가 얘기하는 것은 다르

---

6) R. G. Collingwood, *Principle of Art* (Oxford: Galaxy Books, 1958), p. 67.
7) Witchcraft, *Oracles and Magic among the Azande*, p. 64.

다. 아잔데 족에게는 마법이 늘상 있는 일이고 마법을 언급하지 않고 지나가는 날이 드물 정도이다. …… 우리에게 마법이란 순진한 우리 조상들을 사로잡아 괴롭혔던 무엇이다. 그러나 아잔데 족의 구성원은 낮이고 밤이고 수시로 마법과 마주치리라는 예상을 가지고 살아간다. 그들에게는 만일 마법과 부딪치지 않고 하루를 지나게 되면 그것이 놀라운 일이겠지만 우리에게는 마법과 접촉하게 되는 경우가 놀라운 일일 것이다. 아잔데 족에게 마법 자체는 전혀 기적이 아니다.

차이점을 이런 식으로 표현하더라도 어쩌면 겉보기보다 중요한 무언가가 있을 것 같기는 하다. 그러나 어쨌든 그 차이가 단순히 익숙한 정도의 차이에 불과한 것은 아니다. 우리의 문화에서, 최소한 기독교의 도래 이후, 마법 및 주술의 개념은 여타 정통적인 개념을 거꾸로 적용함으로써 이루어졌다. 그것들은 정통 종교의 개념 그리고 정통 과학의 (세월이 흐름에 따라 후자가 점점 증가하였다) 개념에 기생해 온 것이다. 명백한 예를 하나 들어 보자. 정상적인 예배 행위를 알지 못한다면, 따라서 예배 행위가 의미를 가지기 위한 뿌리가 되는 종교적 관념의 전체적 맥락에 익숙하지 못하다면, 검은 예배Black Mass에서 무슨 일이 벌어지는지를 이해할 수 없을 것이다. 또한, 검은 의식이 이와 같이 기생하기 위한 숙주에 해당하는 믿음의 체계 안에서는 검은 의식이 비합리적인 (종교에 고유한 의미의 합리성에 입각하여) 행위로 간주되어 거부된다는 사실을 염두에 두지 않는 한 그 둘 사이의 관계를 이해할 수도 없을 것이다. 아마 현대 천문학 및 과학 기술과 점성술 사

이의 관계도 이와 비슷하다고 할 수 있을 것이다. 검은 마법 또는 점성술의 합리성을 그러한 행위 자체에 나름대로 독특하게 함유된 개념의 범위 내부에서 논의하기는 불가능하다. 그 행위들은 각기의 영역 밖에 위치하는 무언가에 전거를 두고 있으며 그 점이 그것들의 본질적 성격에 해당하는 것이다. 플라톤의 『고르기아스』에서 소크라테스는 수사학에 관한 소피스트의 사고방식이 무엇에 해당하는지 설파하였다. 즉 그들의 수사학은 합리적 담론에 기생하고 있으며, 그와 같이 기생하고 있다는 바로 그 점이 곧 수사학의 비합리성을 보여주고 있다고 갈파하였다. 우리 문화의 검은 예배 및 점성술 역시 이와 비슷한 입장에 처해 있는 것이다. 따라서 우리가 그러한 행위를 "미신", "착각", "비합리"라 부를 때 우리의 배후에는 우리 문화의 체중体重이 놓여 있다. 나아가 이 사실이 단순히 이 편의 힘이 세다는 뜻만을 가지는 것은 결코 아니다. 왜냐하면 그러한 믿음과 행위 역시 동일한 문화에 속하고, 그것들이 어떤 의미를 가지든지 그 의미를 동일한 문화로부터 끌어내고 있기 때문이다. 이 점들을 고려한다면, 문화와 관련하여 생각할 때, 그것들이 가지는 의미라는 것이 결국 껍데기뿐임을 보일 수 있는 것이다.

반면에 아잔데 주술과 우리의 관계가 이와 다름은 명백하다. 아잔데 주술을 우리가 이해하고자 하는 경우에는 이해의 토대를 우리의 문화가 아닌 다른 곳에서 찾아야만 한다. 물론 이때에도 "미신"이라든가 "비합리"와 같은 비판적 표현을 사용할 수 있는 여지는 있을 수 있다. 그러나 이 경우에 그런 단어들을 사용하려 한다면 먼저 어떤 종류

의 합리성에 비추어 그러한 대조를 부각하려 하는지가 해명되어야 할 것이다. 이 문제에 관해서는 제2장에서 좀 더 본격적으로 다루기로 한다. 제1장이 끝날 때까지는 아잔데 족에 대한 에반스-프리차드의 접근을 상세히 비판하는 데에 치중하겠다.

자기 책의 서두 부분에서 에반스-프리차드는 몇 가지 범주들을 정의한다. 이 범주들은 아잔데의 관습을 서술하기 위하여 그가 나중에 사용하게 되는 개념들이다.[8]

> 신비적 관념. …… 현상에 초감각적 특질을 부여하는 사고의 유형이다. 초감각적 특질은 그 전부 또는 일부가 관찰로부터 도출되지 않았거나 그로부터 논리적으로 도출될 수 없는 것을 말한다. 따라서 *현상이 소유하고 있지 않은 특질을 말한다.*[9] 상식적 관념. …… 인간이 관찰한 것 또는 관찰로부터 논리적으로 추론될 수 있는 것만을 현상에 귀속시킨다. 관찰되지 않은 것을 주장하지 않는 한, 그 관념이 설사 불완전한 관찰 때문에 오류라 할지라도 신비적 관념으로 분류되지는 않는다. …… 과학적 관념. 과학은 상식에서 출발한다. 동시에 훨씬 엄격한 규칙을 준수하며 관찰과 추론을 위하여 훌륭한 기술을 갖추고 있다. 상식은 경험 및 주먹구구를 사용하는 반면에 과학은 실험과 논리의 규칙을 사용한다. …… *무엇이 신비적인지, 무엇이 상식적인지, 그*

---

8) Ibid, p. 12.
9) 이 인용문 전체에서 사체斜體는 원치의 강조를 표시한다.

리고 무엇이 과학적 관념인지를 분별함에 있어서는 우리가 가지고 있는 과학적 지식과 논리의 총체가 유일한 표준이다. 그 판단은 결코 절대적일 수 없는 것이다. 의식적儀式的 행태. 신비적 관념에 의하여 설명되는 행태는 모두 여기에 속한다. 이 종류의 행태에서는 행태와 그 행태가 초래하고자 하는 사건 사이에 객관적인 연관이 존재하지 않는다. 보통 이러한 행태들은 거기에 결부된 신비적 관념을 우리가 알고 있을 때에만 우리에게 이해 가능한 것이 된다. 경험적 행태. 상식적 관념에 의하여 설명되는 행태를 말한다.

여기서 에반스프리차드가 단순히 자신이 사용하려는 몇 가지 용어를 정의하고 있는 것만은 아니라는 점을 내가 강조한 문구들로부터 알 수 있을 것이다. 정의의 내부에 이미 일정한 형이상학적 주장이 들어가 있다. 그 주장들은 파레토가 "논리적" 및 "탈논리적" 행위를 구분하는 방식에 들어 있는 주장들과 내용에 있어서 동일하다.[10] 신비적 관념을 사용하고 의식적儀式的 방식에 따라 행동하는 사람은 모종의 실수를 저지르며 그 실수를 과학과 논리의 도움으로써 추적해낼 수 있다는 분명한 함축이 에반스프리차드의 정의에 들어 있다. 이러한 그의 주장이 얼마만큼 정당화될 수 있는지를 가려내기 위하여 이제부터 그가 서술하는 아잔데의 제도 몇 가지를 상세하게 검토해 보기로

---

10) 파레토에 대한 자세한 비판은 Peter Winch, *The Idea of a Social Science*, pp. 95~111 (본 번역본에서는 174~195쪽) 을 참조하라.

한다.

마법이란 특정한 사람들이 소유하고 있는 능력으로서 다른 사람을 "신비적" 수단을 통하여 해칠 수 있는 능력이다. 유전적으로 전해지는 생체의 속성, 즉 "마법-물질witchcraft-substance"이 그 능력의 원천으로서 어떤 특별한 주술적 의례 또는 약물에 의하여 그 능력이 생겨나지는 않는다. 아잔데 사람들은 역경에 직면하였을 때 항상 마법이 그 원인이라 여긴다. 그러나 이는 자연적 원인에 입각한 설명을 배제하기 위함이 아니다. 그들에게도 자연 세계에 관하여 결코 무시할 수 없을 정도의 지식이 있고, 따라서 그 한도 안에서 자연적 원인에 입각하여 현상을 설명할 수 있는 능력을 그들 또한 나름대로 완벽하게 갖추고 있다. 마법에 입각한 설명은 그러한 설명을 보완하기 위함이다. "마법은 어떤 일이 *어떻게* 일어나는지가 아니라 *왜* 그것이 사람에게 해로운지를 설명해 준다.[11] 어떤 일이 일어날 때 아잔데 사람 역시 우리와 마찬가지 방식으로 그 일을 지각한다. 마법사가 코끼리에게 마법을 걸지 사람에게 마법을 거는 것으로 보지는 않는다. 마법사가 곳간을 밀어 쓰러뜨리는 것이 아니라 기둥을 갉음으로써 넘어지게 한다고 지각한다. 아잔데 사람이라고 해서 무슨 악령의 불꽃이 짚더미에 불을 지른다고 인지하는 것은 아니고 그냥 짚더미에 불이 난 것을 지각할 따름이다. 사건들이 어떻게 일어나는지에 관하여 그들이 분명하게 지각하는 것은 우리네와 마찬가지이다."[12]

---

11) 이 문장에서 사체는 에반스-프리차드 자신의 강조이다.

아잔데 사회에서 마법의 영향력을 추적하고 누가 마법사인지를 알아내기 위한 가장 중요한 방법은 신탁의 계시를 구하는 일이다. 그리고 그 신탁 가운데 가장 중요한 것은 "독물 신탁毒物 神託"이다. 그런데 에반스프리차드가 붙인 이 명칭은 편리하기는 하지만 매우 중요한 점에서 오도적이다. 왜냐하면, 신탁을 구하고자 할 때 사용되는 물질을 아잔데 사람들은 벵게benge라 부른다. 그런데 에반스프리차드에 의하면 우리가 가지고 있는 바와 같은 독물의 개념이 아잔데 족에게는 없다고 한다. 따라서 그들이 벵게에 관하여 생각하는 방식이 독물에 관하여 우리가 생각하는 방식과는 다르며, 그들이 벵게에 대하여 취하는 행동 역시 우리가 독물에 대하여 취하는 행동과 다르다고 한다. 벵게를 사용하여 신탁을 구하는 일은 사람들이 모이는 데서 시작하여 의식을 준비하고 최종적으로 신탁이 계시 되기에 이르기까지 엄격한 의례와 금기에 따라 진행된다. 벵게로써 신탁을 구하는 국면에 이르면 닭과 같은 가금류의 짐승에게 벵게를 먹인다. 이와 동시에 질문 하나가 제기되는데, 그 질문은 그렇다 또는 아니다로만 대답할 수 있는 형태로 짜여진다. 짐승의 생사에 따라 그 답의 가부가 판정이 나는 것이다. 물론 어느 쪽이 어느 답을 뜻할 것인지는 사전에 정해진다. 일단 답이 나온 후에는 다시 한 번 그 답이 맞는지를 검증한다. 닭한 마리를 새로이 데려다 놓고 벵게를 먹이는데 이때에는 앞서와는 반대로 가부가 결정된다. 말하자면 이런 식이다. "누가 내 집의 지붕

---

12) Op. cit, p. 72.

위에 나쁜 약을 얹어 놓았는데 그것은 도루마 왕자의 책임인가? 벵게를 먹은 닭이 죽으면 '그렇다'가 답이 된다. …… 도루마에게 죄가 있다는 신탁은 진실인가? 이번에는 닭이 사는 것이 '그렇다'는 답이 된다." 이와 같은 독물 신탁은 아잔데의 삶을 포괄적으로 규정하는 의식이다. 한 사람의 삶에서 조금이라도 중요한 일은 모두 이 신탁에 의하여 결정되는 것이다.

만일 이 신탁이 없다면 아잔데 사람은 어쩔 줄 몰라 완전히 당황하게 될 것이다. 그의 삶을 지탱하는 기둥이 사라진 것과 같을 것이다. 우리 사회에 비유할 것 같으면, 건축기사더러 수학적 계산 없이 다리를 하나 건설하라는 임무를 맡긴달지 또는 군대의 지휘관에게 합동 작전을 수행하면서 시계를 사용하지 말라고 하는 것과 비슷한 일이다. 이 비유는 내가 만든 것이다. 그러나 독자들 가운데에는 이들 비유가 지금 논의되고 있는 문제의 핵심을 회피한다고 생각할 사람도 있을 것 같다. 왜냐하면 내가 든 예와는 달리 아잔데의 신탁은 이해하기가 전혀 불가능하고 명백한 착각에 근거하고 있다고 생각되기가 쉽기 때문이다. 이 반론을 이제부터 검토하기로 한다.

우선 내가 지금까지 한 말은 사실을 진술한 데서 지남이 거의 없다는 점을 강조하고 싶다. 아잔데 족이 그와 같은 방식으로 자기들의 일을 처리하고 만일 그러한 관행을 포기해야 하는 사태에서 당황하게 되는 것은 분명한 사실이다. 예를 들어 그들더러 문제를 유럽식의 사법 절차에 따라 조사하여 처리하라고 한다면 그들은 어찌할 바를 모르게 될 것이다. 이것이 사실이라는 점은 이미 에반스프리차드의

서술에 의하여 결정적으로 확립되어 있다. 에반스-프리차드가 아잔데 사회에서 그들과 같이 생활하면서 그 자신이 실제로 그러한 관행에 따라 자신의 일상사를 처리하였다는 점을 되새겨 볼 만하다. 나아가 그 경험에 관하여 그 자신이 이렇게 말하고 있다. "그런 식으로 가사를 꾸려나가는 것 역시 내가 아는 어느 다른 방식에 못지않게 괜찮았다."

　나아가 그 반론에 대해서 다음과 같은 질문을 제기할 수 있다. "그러한 관행이 이해 불가능하다고 할 때, *누구에게* 이해 불가능하다는 말인가?" 아잔데 족이 신탁을 구하고자 할 때 그들이 도대체 무슨 일을 하고 있는지 우리로서 이해하기는 어려운 것이 틀림없다. 하지만 우리 사회에서 건축 기사가 자를 들고 여기저기를 재는 행동이 그 다리의 안전성과 무슨 연관이 있는지를 아잔데 사람으로서 이해하기도 마찬가지로 어려울 것이다. 물론 이 점만 지적하는 것은 그 반론의 핵심을 회피하는 일이 될 것이다. 왜냐하면 지금 문제되는 반론은 "무슨 일이 일어나고 있는지"에 관하여 누가 실제로 이해하였는지 (또는 이해하였다고 주장하는지)를 묻고 있는 것이 아니고, 그 일어났다고 하는 "무슨 일"이 그 자체로서 말이 되는지를 묻고 있기 때문이다. 이 국면에 초점을 맞추어 생각하면, 마법 및 주술을 향한 아잔데 족의 믿음이라는 것이 애초에 명백히 말이 되지 않는다고 생각될 수도 있을 것이다. 그리고 이때 그러한 믿음들이 그들에게 나름대로 얼마나 만족스러우냐는 문제는 상관이 없는 것이다. 따라서 그 반론의 이 국면을 검토해야 할 것이다.

이제 물어야 할 질문은 이것이다. 무엇이 말이 된다 또는 되지 않는다고 말할 때 어떤 기준을 가지고 우리는 그렇게 말하는가? 이에 대하여 일단一團의 믿음 및 관행이 만일 모순을 함유하고 있다면 말이 되지 않는다고 보는 것이 부분적이나마 하나의 대답은 될 수 있을 것이다. 그리고 여기에 비추어 보면 신탁을 구하는 관행에는 최소한 두 가지 점에서 모순이 함유되어 있다고 말할 수 있을 것 같다. a) 두 개의 신탁이 서로 모순되는 경우; 그리고 b) 신탁 자체에 내부적 모순은 없지만 차후 사건의 전개가 신탁과 모순되는 경우 등이 있을 수 있다. 이 두 가지 외견상의 가능성을 차례로 검토해 보자.

아잔데의 신탁에 있어서 하나의 질문에 대하여 첫 번째 신탁이 "그렇다"고 하고 다시 해보니 두 번째의 신탁은 "아니"라고 하는 일은 종종 발생하는 것이 사실이다. 그런데 이런 일이 일어난다고 해서 신탁과 관련된 제도 전체가 부질없다는 결론을 아잔데 족이 내리지는 않는다. 그 사실만 가지고 그런 결론을 내려야 한다면 애초에 그러한 관행이 자리잡을 수가 없었을 것이다. 이러한 외견적 모순에 대하여 다양한 종류의 설명이 제시된다. 그리고 그때 다양한 설명이 가능하다는 점 자체가 아잔데의 믿음 체계 안에 자리잡고 있으며, 따라서 신탁이라는 개념 자체에 이미 그 가능성이 포함되어 있다고 볼 수도 있을 것이다. 예를 들면, 잘못된 벵게가 사용되었다든지, 신탁을 행한 사람이 부정不淨하였다든지, 신탁 자체가 마법 또는 주문의 영향을 받았다든지 등등의 설명이 가능하다. 또는 "아내를 때리는 일을 그만 두었느냐?"는 질문이 그렇듯이,[13] 그 질문이 현재의 형태로 제기되는 한 그

에 대한 직선적인 대답은 불가능하다는 점을 신탁이 말해주고 있다고 설명할 수도 있다. 독물 신탁의 경우 벵게를 복용한 짐승이 보이는 행태를 해석함에 있어서 그다지 확정된 한계는 존재하지 않는다. 그 사회의 현자들이 언제나 새로운 해석을 창출해낼 수 있기 때문이다. 어쩌면 꿈을 해석하는 일에 이것이 비견될 수 있을 것이다.

b)의 유형에 속하는 사례, 즉 신탁이 내적으로 일관되지만 차후 경험과 일치하지 않는 경우에도 이와 같은 설명으로써 그 외견적 모순이 처리될 수 있다. 마법의 영향, 부정不淨 등등 때문에 그리되었다고 말할 수 있다. 나아가 이 사례와 관련하여 우리가 간과해서는 아니 될 중요한 고려사항이 한 가지 있다. 잠시 에반스프리차드의 용어, "신비적"이라는 말을 차용하기로 하자. 물론 그가 그 말을 사용하면서 암묵적으로 드러내는 형이상학적 입장 ―그런 신비적 힘 따위는 존재하지 않는다는 입장― 은 제외하고 나는 잠시 그의 용어만을 차용하겠다. 중요한 점은 이것이다. 신비적인 힘이 어떠한 상황에서 작용하였는지를 결정할 수 있는 방법이 실제로 있을 수는 있다. 하지만 그 방법이 곧 우리가 이해하는 바, 소위 "경험적" 검증 또는 반증과 동일한 것은 아니다. 이는 사실상 동어반복일 뿐이다. 왜냐하면 소위 "검증"을 행한다고 할 때, 그러한 검증 절차상의 차이가 무언가를 신비적인 힘으로 분류할지 말지에 관한 주요 기준이기 때문이다. 소위 "경험에

---

13) 이 질문에는 부정으로 답하더라도 결국 과거에는 아내를 때렸다는 자백이 되고 만다. "도둑질을 그만 두었느냐?"는 질문 등도 마찬가지다. (역주)

의한 반증"이라는 것의 가능성이 얼핏 보기보다는 훨씬 제한될 수밖에 없는 이유 하나가 바로 여기에 있다.

이와 밀접하게 관련된 것으로서, 거기에는 다른 이유가 또 하나 있다. 신탁을 구하는 일은 과학자가 실험을 할 때와는 전혀 다른 혼에 입각하여 행해진다. 신탁의 계시는 가설처럼 다루어지는 것이 아니다. 신탁의 계시를 구하는 행동은 그 의미가 그 일들이 행해지는 맥락 안에서 그것들이 행해지는 방식 자체로부터 도출되기 때문에, 신탁은 애초에 가설이 *아닌* 것이다. 신탁의 계시는 지적 호기심의 문제가 아니라 어떻게 행동해야 할지의 문제를 아잔데 족이 결정하는 방식이다. 어떠한 행동의 경로가 상정되었을 때 그 경로에 마법 또는 주문에 의한 신비한 위험이 도사리고 있다고 신탁이 밝혀준다면 그들은 그 경로를 채택하지 않을 따름이다. 반증 또는 검증의 문제는 애초에 발생하지 않는 것이다. 논리적 용어를 사용하여 말한다면 이러한 신탁은 일어나지 않은 가상an unfulfilled hypothetical에 해당된다고 할 수 있다. 물론 이 논리적 용어가 통상 사용되는 맥락과 관련지어 생각할 때, 이렇게 말하는 데에는 과학적 가설과 신탁 사이의 상사相似를 오히려 강조하는 방향으로 오도할 위험은 있다. 그러므로 그러한 오도가 일어나지 않는 한도 안에서만 그렇게 말할 수 있을 것이다.

지금까지 내가 말한 바에 국한할 때, 에반스-프리차드 자신도 내 의견에 반대할 것은 별로 없을 것이다. 사실, 다음과 같은 그의 견해 표명은 지금까지 밝힌 나의 의견과 거의 동일선상에 있다.[14]

원 시 사 회 의 이 해

독물 신탁의 상황에서 아잔데 족이 관찰하는 바는 우리가 관찰하는 바와 똑같다. 그런데 그들에게는 그 관찰이 언제나 그들의 믿음에 종속·포섭되어 자기들의 믿음을 설명하고 정당화하는 쪽으로 해석된다는 점이 차이점이다. 신탁의 힘에 관한 아잔데의 믿음을 완전히 붕괴시킬 수 있는 주장이 제기되었다고 해보자. 그러한 주장조차 아잔데의 사고방식으로 번역되면 그들의 전체 믿음 체계를 지지하는 주장이 되고 말 것이다. 그들이 가지고 있는 신비적 관념들이 상호 정합적이라는 점은 그 믿음 체계의 현저한 특징 중의 하나이다. 각 요소들은 상호 논리적 연관에 의하여 연결되어 있다. 나아가 그 논리적 연관의 구조는 감각 경험에 의해서 간단히 반증될 수 없도록 짜여져 있다. 어떠한 경험이든지 결국 그 관념들을 정당화하게 되는 것이다. 아잔데 족은 이와 같이 신비적 관념의 바다에 빠져 있다. 따라서 신비적 표현들을 사용하지 않고 독물 신탁에 관하여 얘기할 수 있는 길이 그들에게는 없는 것이다.

철학적으로 중요한 주제가 발생하는 지점을 분명하게 표시하기 위하여 패러디 하나를 만들어 보자. 에반스프리차드의 이 말에서 한두 표현을 바꾸면 어떻게 되는지 살펴보자.

독물 신탁의 상황에서 유럽인들이 관찰하는 바는 아잔데 족이 관찰

---

14) Ibid, p. 319.

하는 바와 똑같다. 그런데 그들에게는 그 관찰이 언제나 그들의 믿음에 종속·포섭되어 자기들의 믿음을 설명하고 정당화하는 쪽으로 해석된다는 점이 차이점이다. 신탁의 힘에 관한 유럽인의 회의를 완전히 붕괴시킬 수 있는 주장이 제기되었다고 해보자. 그러한 주장조차 유럽인의 사고방식으로 번역되면 그들의 전체 믿음 체계를 지지하는 주장이 되고 말 것이다. 그들이 가지고 있는 과학적 관념들이 상호 정합적이라는 점은 그 믿음 체계의 현저한 특징 중의 하나이다. 각 요소들은 상호 논리적 연관에 의하여 연결되어 있다. 나아가 그 논리적 연관의 구조는 신비한 경험에 의해서 간단히 반증될 수 없도록 짜여져 있다. 어떠한 경험이든지 결국 그 관념들을 정당화하게 되는 것이다. 유럽인들은 이와 같이 과학적 관념의 바다에 빠져 있다. 따라서 과학적 표현들을 사용하지 않고 독물 신탁에 관하여 얘기할 수 있는 길이 그들에게는 없는 것이다.

어쩌면 에반스프리차드가 여기까지도 받아들일 수 있을지 모른다. 그러나 내가 지금까지 그의 책으로부터 인용해 온 대목들에서 그가 말하는 바를 본다면, 그 책을 쓰면서 그가 여기에 그치지 않고 무언가 한 마디를 덧붙이고 싶어하였음은 분명하다. 즉, 그는 이에 더하여 아잔데 족은 틀렸고 유럽인이 맞다고 말하고 싶어하는 것이다. 바로 이 덧붙임이 내가 보기에 부당하다. 그리고 내가 그것을 부당하다고 여기는 까닭에 관한 논의가 곧 이 문제의 핵심에 관한 논의이다.

에반스프리차드와 나 사이의 의견 차이를 『철학 탐구』의 비트겐슈

타인과 초기의 『논리-철학 논고』에 나타나는 그의 분신 사이의 차이에 견주어 본다면 무언가 좀 더 밝아지는 것이 있을 것 같다. 『논리-철학 논고』에서 비트겐슈타인은 명제를 가능하게 하는 것, 즉 "명제의 일반 형식"을 천착하고 있다. "이것은 이렇고 저것은 저렇다"는 식이 그 일반 형식이라고 그는 말한다. 명제는 분명한 형태를 지니는 모델이고, 명제를 구성하는 각 요소들은 상호 간에 일정한 관련을 맺고 있다. 실재의 요소 간에 그에 상응한 관계가 존재한다면 그 명제는 참이다. 명제가 무언가를 말할 수 있는 까닭은 명제에 존재하는 구조 또는 논리적 형식이 실재에 존재하는 구조 또는 논리적 형식과 동일하기 때문이다.

　『철학 탐구』를 시작한 시점에 이르렀을 때 비트겐슈타인은 명제의 일반적 형식이 있어야 한다는 생각을 완전히 거부할 수 있게 되었다. 그리하여 그는 언어가 가질 수 있는 다양한 쓰임새가 무수히 많다는 점을 강조하면서, 그러한 쓰임새들 사이에 『논리-철학 논고』가 의도한 바와 같은 공통점은 존재하지 않음을 분명히 하고자 하였다. 그런 종류의 공통 요소가 존재해야 할 필요도 없고 실제로도 그런 것이 존재하지 않기 때문이다. 아울러 그는 "실재와의 일치 또는 불일치"에 해당하는 것들 역시 수많은 다양한 형태를 띤다는 사실을 보이기 위하여 애썼다. 이는 언어의 쓰임새가 다양하다는 점의 논리적 귀결이다. 따라서 "실재와의 일치" 여부를 바로 그 표현 자체의 쓰임새에 대한 자세한 탐구에 선행하여 주어지는 것으로 생각할 수는 없다는 것이 비트겐슈타인의 지적이다.

『논리-철학 논고』에는 에반스프리차드의 말과 놀라울 정도로 흡사한 대목이 나온다.[15]

　　내 언어의 한계는 내 세계의 한계를 의미한다. 논리는 세계를 구성하는 내용물이다 : 즉, 세계의 한계는 동시에 논리의 한계이다. 그러므로 논리의 범위 안에서 이런 말은 할 수 없다 : 이것하고 이것은 세계 안에 있고 저것은 그렇지 않다.

　　왜냐하면 그런 식의 말에는 일정한 가능성들을 우리가 배제한다는 전제가 드러나고 있기 때문이다. 그리고 만약 그렇다면 ― 다시 말하여 세계의 한계를 바깥쪽에서 고려할 수 있으려면 ― 논리가 세계의 한계 바깥까지 미쳐야 할 것이기 때문에, 그런 일은 있을 수가 없다.

　에반스프리차드는 아잔데의 생활 속에서 나타나는 믿음과 회의의 현상을 논의한다. 거기에서도 일정한 일에 관한 회의가 널리 퍼져 있는 것은 틀림없는 사실이다. 예를 들면 마법사들이 주장하는 마법의 치유력 또는 주술적 치료법 가운데 일부에 관한 회의가 그런 것이다. 그러나 그러한 회의가 주술적 사고방식의 전반을 붕괴시키는 방향으로 진행하지는 않는다고 에반스프리차드는 지적한다. 왜냐하면 그 회의가 표현되는 방식 자체가 바로 그 사고방식 안에 속하기 때문이다.[16]

---

15) Wittgenstein, *Tractatus Logico-Philosophicus*, §§ 5.6~5.61.
16) Evans-Pritchard, op. cit. p. 194.

이러한 믿음의 그물에서 각 올들은 여타의 모든 올들에 의존한다. 아잔데 사람에게는 이것이 그가 아는 유일한 세계이기 때문에 이 그물의 밖으로 나갈 수 있는 길은 없다. 이 그물은 그를 둘러싼 외부의 구조물이 아니다. 그것은 곧 그의 사고의 내용이며 따라서 그는 자신의 사고가 틀렸다는 생각을 할 수 없다.

비록 비트겐슈타인과 에반스-프리차드가 각기의 문제에 접근하는 방식상의 차이가 존재하고 또 그 차이가 중요한 것 역시 사실이지만, 그들이 관심을 보이는 문제는 다분히 동일하다. 『논리-철학 논고』의 시점에서 비트겐슈타인은 "언어"를 다루고 있다. 마치 모든 언어가 근본적으로는 동일한 종류인 것처럼, 그리고 모든 언어가 동일한 종류의 "실재와의 관계"를 가지는 것처럼 다룬다. 반면에 에반스-프리차드는 두 개의 언어를 다루고 있으며 그 둘을 그는 종류에 있어서 근본적으로 다른 것으로 인식한다. 한 언어에서 표현될 수 있는 많은 부분에 상응하는 요소가 다른 쪽의 언어에는 존재하지 않는 경우이다. 따라서 이 점만 보면 에반스-프리차드의 입장이 『논리-철학 논고』보다는 『철학 탐구』에 가깝다고 생각될지도 모른다. 그러나 에반스-프리차드는 그 두 언어 각자에 함유된 실재의 두 개념 사이의 차이를 밝히는 데에 만족하지 않았다. 그는 여기서 한 걸음 더 나아가 우리의 실재 개념은 옳고 아잔데의 개념은 실수라고 말하고 싶어한다. 그렇지만 문제는 이런 상황에서 "옳다"와 "실수"가 무슨 뜻을 가질 수 있느냐는 것이다.

앞에서 논의하던 모순의 문제로 돌아가 보자. 우리의 생각에 예상할 수 있는 많은 모순들이 실제 아잔데 사고의 맥락에서는 발생하지 않는다는 점은 앞에서 주목한 바 있다. 아잔데의 사고방식에는 그러한 모순을 피할 수 있는 장치가 마련되어 있기 때문에 그렇다고 말하였다. 그런데 이 말이 적용될 수 없는 상황 역시 종종 발생한다. 다시 말해서, 우리에게 명백히 모순인 것들이 해소되지 않은 채로 그냥 그대로 남아 있는 경우도 있다. 어쩌면 지금 우리가 찾고 있는 지반, 거기에 근거하여 아잔데 체계의 "옳고 그름"을 평가할 수 있는 지반이 바로 이것인지도 모르겠다.[17]

마법의 유전遺傳에 관한 아잔데 족의 관념을 고려해 보라. 지금까지는 다만 누군가가 마법사인지 아닌지를 확정하는 과정에서 신탁이 수행하는 역할만을 논의하였다. 그런데 그 문제의 답을 구할 수 있는 방법이 신탁만은 아닐 것이다. 예를 들어 그 사람이 죽은 후 사체 해부를 통하여 소위 "마법-물질"이 그의 신체 내부에 있는지를 찾아 볼 수 있다. 그가 죽은 후 그의 가족이 가문에 붙은 불명예스러운 꼬리표를 떼기 위해서 이런 확인을 원할 가능성도 있다. 이러한 경우에 관하여 에반스프리차드는 다음과 같이 말하고 있다.[18]

아잔데 사회에서 씨족이란 부계를 통하여 생물학적으로 연관된 사

---

17) 이 글의 제2장에서 이 점을 보다 일반적인 방식으로 다루겠다.
18) Ibid, p. 24.

람들의 집합이기 때문에, 한 사람이 마법사임이 증명되었다면 곧 그의 씨족 모두가 마법사라는 결론이 우리 생각에는 당연히 따라나와야 한다. 아잔데 사람들 역시 이 추론에 일리가 있음은 인정한다. 하지만 그 결론을 받아들이지는 않는다. 만일 그들이 그 결론을 받아들인다면 마법이라는 개념 전체가 모순에 빠지고 말 것이다.

모순이 발생하는 경우를 추정해 보자. 다음과 같은 경우가 있을 것이다. 그가 죽은 후 조사를 해보았더니 그가 마법사였다는 가설에 긍정적인 결과 몇 가지가 나왔고 그 요소를 그의 씨족 모두가 대체로 공유한다면 모두 다 마법사라는 결론에 이르기가 어렵지 않을 것이다. 한편 그 조사에서는 부정적인 결과도 몇 가지 나왔는데 그 역시 씨족 구성원 사이에 널리 퍼진 요소라고 한다면 이로부터 아무도 마법사가 아니라는 결론을 끌어내는 일 역시 어렵지 않을 것이다. 이 둘이 동시에 일어나면 모순의 전형적인 경우라 할 것이다. 물론 특정한 상황에서 아잔데 족의 개개인이 죽은 친척의 몸에서 마법-물질이 발견되었다는 사실로부터 그 개인 자신에 대해 가지는 함의를 피할 길은 열려 있다. 죽은 사람이 (또는 자신이) 사생아였다는 점을 거론한다든지 하는 방법은 있을 것이다. 그러나 이러한 가능성만으로 방금 내가 제시한 바와 같은 상황에서 모순을 사라지게 할 수는 없다. 내가 제시한 예는 일반적인 모순의 상황이기 때문이다. 그러한 일반적 모순에 관하여 에반스-프리차드는 이렇게 말한다[19] : "아잔데 족은 그 문제에 관하여 이론적인 관심을 가지고 있지 않다. 그들이 마법에 대하여 가지

고 있는 믿음을 표현하게 되는 상황 자체가 그들에게 그러한 문제를 강요하지 않는 것이다. 그렇기 때문에 아잔데 족이 모순을 지각하는 방식은 우리가 모순을 지각하는 방식과 다르다."

이렇게 요약할 수 있을 것 같다 : 아잔데의 사고에는 모순이 함유되어 있는데 그들의 사고방식은 그것을 제거하려는 노력을 전혀 기울이지 않을 뿐만 아니라 애초에 그것을 모순으로 인식하지도 않는다. 하지만 유럽인의 사고방식에서 그것이 모순임은 분명히 드러난다. 이렇게 보았을 때 아잔데의 사고보다 유럽인의 사고가 합리성에 있어서 우월하다고 말할 수 있는 근거가 있는 것처럼 보일지 모르겠다. 하지만 과연 여기서 아잔데의 사고방식에 모순이 함유되어 있는지가 문제의 핵심이다. 에반스프리차드의 해설에 따르면 아잔데 족은 마법사에 관한 자신들의 사고방식을 모순이 드러나는 지점까지 끌고가지 않는 것으로 보인다.

바로 이 사실, 즉 마법에 관한 자신들의 생각을 "그 논리적 귀결"까지 끌고가지 않는다는 사실이 곧 아잔데 족의 비합리성을 보여주고 있다고 주장하고 싶은 사람도 있을 것이다. 이 주장을 충분히 검토하기 위해서는 지금 우리가 아잔데 족에게 강요하려는 귀결이 정말로 논리적인지의 여부를 우선 고려해야 한다. 다른 말로 표현하면, 그 귀결을 뽑아내는 사람이 그렇게 하지 않는 아잔데 사람보다 더 합리적인지의 여부가 지금 문제이다. 게임에 관한 비트겐슈타인의 논의가

---

19) Ibid, p. 25.

이 문제에 관하여 약간의 빛을 던져주고 있다.[20]

　　첫 수를 두는 사람이 언제나 이기게끔 되어 있는 게임을 생각해 보자. 하지만 이 사실을 우리는 깨닫지 못하고 있다 — 따라서 그것은 게임이다. 이제 누가 와서 그 사실에 우리의 주의를 환기시킨다 — 그 순간 그것은 더 이상 게임이 아니게 된다.

　　이 순서를 어떻게 해야 이것이 나 자신에게 명확해질 수 있을까? — 왜냐하면 나는 "그것이 더 이상 게임이 아니다" 라고 말하고 싶기 때문이다. — "그것이 게임이 아니었음을 이제 우리는 알게 된다" 라고 말하고 싶은 것은 아니다.

　　그러니까 내가 말하고 싶은 바는 다음과 같다. 이는 그것이 이런 식으로도 인식될 수 있음을 의미한다 : 우리에게 와서 말해 준 사람이 우리의 주의를 환기시킨 것이 아니다 ; 우리의 게임 대신에 다른 게임을 가르쳐 주었다. 하지만 어떻게 새로운 게임이 예전의 게임을 한물 가게 할 수 있었을까? 우리는 지금 무언가 다른 것을 보고 있다. 그리고 더 이상 순진하게 그 게임을 계속할 수는 없다.

　　반면에 그 게임은 판 위에서 벌어지는 우리의 행동 (우리의 착수) 으로 이루어진다. 이러한 행동으로만 말할 것 같으면 나는 예전과 마찬가지로 잘해낼 수 있다. 한편 나로서 맹목적이나마 이기려고 노력하는

---

20) L. Wittgenstein, *Remarks on the Foundations of Mathematics*, Part II, § 77. 수학에서 운위되는 "모순"에 관한 비트겐슈타인의 논의 전부가 지금 내가 다루는 문제에 대하여 직접적으로 연관된다.

것이 게임의 본질이다. 그리고 이제 나는 더 이상 그렇게 하지 못한다.

우리가 지금 논의하고 있는 상황과 비트겐슈타인의 예 사이에 상당히 비슷한 점들이 존재함은 명백하다. 동시에 마찬가지로 중요한 차이도 있다. 비트겐슈타인이 거론하는 두 가지 게임, 즉 선착先着하는 편이 이기게끔 되어 있는 함정이 없는 예전의 게임과 그 함정이 들어 있는 새로운 게임은 중요한 의미에서 서로 동일한 수준에 놓여 있다. 그 둘은 모두 경합 — 다시 말하면 기술을 사용하여 상대를 이기는 것이 각자의 목표가 되는 — 형태를 띤 *게임*이다. 새로운 게임에 들어 있는 함정은 바로 그러한 상황을 불가능하게 한다. 그 때문에 예전의 게임을 더 이상 게임일 수 없게 만드는 것이다. 이런 상황이 실제로 일어나는 경우 새로운 규칙을 도입함으로써 문제를 해소할 수 있음은 분명하다. 첫 수를 둠으로써 곧 승리가 보장되는 함정을 사용하지 못하게 금지하면 될 것이다. 그런데 우리에게는 그러한 장치를 인위적으로 도입하기를 꺼리는 지적 습관이 있다. 러셀의 역리를 피하기 위해서 유형 이론Theory of Types을 도입하는 데 대하여 논리학자들이 느꼈던 불편함이 그런 예가 될 것이다. 이에 비하여 아잔데 족과 유럽인 사이의 상황은 사뭇 다르다. 에반스프리차드의 책에서 내가 인용한 마지막 인용문을 다시 한 번 살펴보자. 마법의 유전에 관한 모순의 가능성이 그들에게 제시되었을 때, 그것만 가지고 그들이 마법에 관한 자신들의 예전 믿음을 낡은 것으로 치부하게 되지는 *않는다*는 점이 중요하다. 에반스프리차드가 지적하듯이, "아잔데 족은 그 문제에 관

하여 이론적인 관심을 가지고 있지 않다." 이는 곧 다음과 같은 점을 강력하게 시사한다. 모순이 존재한다는 주장이 이루어지는 맥락 즉, 우리의 문화적 맥락과 마법에 관한 아잔데의 믿음이 작동하는 맥락이 같은 수준에 놓이지 않음을 말해주고 있는 것이다. 아잔데의 마법 관념이 어떤 이론적 체계를 구성하여 그 체계를 준거로 삼아 그들이 세계에 관한 준-과학적準-科學的 이해를 얻으려 노력하는 것은 아니다.[21] 이러한 점들을 고려한다면 오해의 혐의를 써야 할 쪽은 아잔데 족이 아니라 유럽인이라는 주장이 가능하다. 아잔데 족의 사고가 자연스럽게 진행하지 않는 곳으로 ―모순으로― 밀어붙이는 데에는 유럽인의 강박관념이 작용하고 있다. 사실 유럽인은 거기서 일종의 범주 오류를 범하고 있는 것이다.

지금까지의 논의에 의하여 아울러 다음과 같은 점도 부각된다. *단순히* 어떤 사회에서 여러 활동이 이루어지는 데에 준거가 되는 규칙을 찾아낸 후 그 규칙의 논리적 귀결을 끌어낸다고 해서 그 사회의 문화에서 합리성이 스스로를 드러내는 형태가 해명되지는 않는다는 점이다. 왜냐하면, 우리가 지금까지 살펴본 바와 같이, 그러한 규칙의 맥락에서 무엇이 일관적이고 무엇이 일관적이지 않은지를 아예 결정할 수 없는 경우가 발생하기 때문이다. 그러한 경우 그 규칙을 따른다는 것이 그 사회에서 어떤 의미를 가지는지에 관한 질문을 거치지 않

---

21) 마법에 관한 아잔데의 사고방식이 세계를 이해하는 일과 아무런 상관이 없다고는 내가 말하지 않는 사실에 주목하라. 서로 다른 형태의 이해 개념이 여기에 관계된다는 점이 논지의 핵심이다.

고는 "일관성"의 여부를 결정할 수 없다. 물론 바로 이 사실을 깨달았기 때문에 에반스프리차드는 "신비적" 관념과 "과학적" 관념을 구분하면서 제삼의 개념, 즉 "실재와의 상응"에 호소하였다. 어떤 생활 방식에 대하여 그 의미를 어떤 식으로든 이해하려면 실재라는 개념을 반드시 만나게 될 수밖에 없다. 하지만 에반스프리차드가 규명하려는 방식, 즉 무엇이 어떠한지에 관하여 과학이 밝혀 주는 바를 준거로 삼는 방식으로 그 개념이 규명될 수는 없다. 왜냐하면 "무엇이 어떠한지에 관하여 과학이 밝혀 주는 바" 라는 표현을 우리가 이해하기 전에 이미 일정한 형태의 실재 개념이 전제될 수밖에 없기 때문이다.

· 2장 ·

우리의 표준과
그들의 표준

내가 제1장에서 시도한 것은 한 특정 사례의 분석이었다. 아울러, 우리로서 어떻게 하는 것이 원시적 제도를 이해하는 일에 해당되느냐는 문제에 관한 견해 한 가지에 대한 비판이 그 분석에 함축되어 있음을 보이려 하였다. 제2장의 목표는 두 가지이다. 첫째, 지금까지 내가 비판해 온 접근법이 원칙적으로 옳다고 보는 철학적 입장이 있다. 이제부터 그 입장을 보다 격식을 갖추어 검토해 보기로 한다. 알라스데어 맥킨타이어 씨는 그러한 입장을 두 곳에서 개진한 바 있다. 그 하나는 1962년 프린스턴 신학 세미나 150주년 기념 강연회에서 그가 발표한 「종교를 이해하는 것이 믿음과 병행될 수 있나?」라는 논문이다.[1] 나머지 하나는 『철학, 정치 및 사회』 제2호에 기고한 논문 「사회 과학에서 발견되는 인과성에 관한 실수」이다.[2] 이 입장을 검토한 후에

나는 내 논의의 출발점이 된 난점을 어떻게 극복할 것인지에 관하여 적극적인 시론試論을 조금 제시하려 한다. 원시 문화에 속하는 제도들을 우리의 용어로써 서술할 때, 합리성 및 이해 가능성에 관한 그 사회의 표준이 우리의 표준과 다르다는 점은 너무나 뻔하다. 그러한 상황에서, 어떻게 그것을 이해 가능한 것으로 만들 수 있을까?

맥킨타이어, 에반스프리차드, 그리고 나 자신 사이의 관계는 상당히 복잡하다. 맥킨타이어는 에반스프리차드가 자신의 후기 저서 『누어 족의 종교Nuer Religion』에서 『사회과학이라는 발상』에서 내가 표명한 바와 같은 관점을 적용하고 있다고 본다. 나아가 그는 그 책을 하나의 교훈적 자료로 간주한다. 그러한 관점이 실제로 적용되면 얼마나 괴상한 결과를 낳게 되는지를 그 책이 명백히 보여 준다고 여기는 것이다. 반면에 에반스프리차드에 대한 나 자신의 비판은 정확하게 반대되는 방향에서 나온다. 『아잔데 사회』에서 에반스프리차드가 취하는 관점이 나와 **충분히** 일치하지 않는다는 것이 나의 비판이다. 다시 말하여, 원시 민족이 사용하는 개념은 그 사람들의 삶의 방식이라는 맥락 안에서만 해석될 수 있음을 에반스프리차드는 충분히 중시하지 못한 것이다. 이와 같이, 아잔데 족에 관한 에반스프리차드의 해설이 불만족스러운 까닭은 그가 나보다 맥킨타이어의 입장에 가깝

---

1) "Is Understanding Religion Compatible with Believing?" 이 논문은 John Hick ed., *Faith and Philosophers* (London: Macmillan, 1964)에 수록되어 있다.

2) "A Mistake about Causality in Social Science", *Philosophy, Politics and Society*, 2nd Series, ed. by Peter Laslett and W. G. Runciman (Oxford: Basil Blackwell, 1962)

기 때문이라는 것이 결국 내가 주장해 온 바이다.

맥킨타이어의 입장을 검토하기 위한 최선의 출발점은 그가 나와 동의하는 부분이다. 즉, 다양한 *서술*의 가능성이 인간의 행동이라는 개념을 향하여 가지는 중요성을 그 역시 강조한다. 어떤 행위자의 행동이 어떠하다고 할 때, "그것이 그것이라고 인식될 수 있는 것은 근본적으로 그것이 거기에 당연히 속한다고 여기는 그 행위자의 서술에 의한다." 나아가, 서술은 다른 사람에게 이해될 수 있어야 한다. 따라서 행동은 "행동의 서술이라 사회적으로 인정될 수 있는 서술에 속해야 한다."[3] 그러므로 "주어진 시대에서 사회적 행동이 가지는 한계를 파악하는 일은 곧 그 시대에 통용되는 서술의 총량을 파악하는 일이다."[4] 서술이 각기 따로 존재하는 것이 아니라 "믿음, 추정推定 및 투사投射를 구성하는 구성소로서 일어난다"는 맥킨타이어의 지적은 옳다. 그러한 것들이 "지속적으로 비판받고 변용變容되며 거부되거나 향상됨에 따라 서술의 총량stock 역시 변화한다. 이와 같이 인간 행동의 변화는 인간의 역사에서 합리적 비판의 실마리와 밀접하게 연결되어 있다."

그런데 바로 이 합리적 비판이라는 관념은 대안들 사이의 선택이라는 관념을 필요로 한다고 맥킨타이어는 지적한다. 그 관념을 설명한다는 것은 곧 "그 행위자의 기준이 무엇이었으며, 그가 왜 다른 기준 말고 그 기준을 사용하였는지를 분명히 하는 일이다. 또 그 기준을 사

---

3) "A Mistake about Causality in Social Science," p. 58.
4) Ibid, p. 60.

용하는 것이 그 사람들에게 왜 합리적인 것으로 비치는지를 설명하는 일이다."[5] 그러므로, "주어진 사회 질서 안에서 행동이 준행하는 규칙 및 관습을 설명함에 있어서 우리는 그 규칙 및 관습 자체의 합리성 여부를 준거로 삼지 않으면 안 된다." 나아가 그는 이렇게 말하고 있다. "어떤 사회에서 어떤 기준들이 왜 합리적인 것으로 여겨지는지를 설명하기 위한 출발점은 그 기준이 합리적*이라는* 인식이다. 그리고 이점이 우리의 설명에 들어 있을 수밖에 없기 때문에 합리성에 관한 우리 자신의 규범으로부터 독립하여 사회적 행태를 우리가 설명할 수는 없다."

이제 이 주장을 비판하기로 한다. 우선 행동에 관하여 기존의 가능한 서술의 "총량"이 어떻게 변화하는지에 관한 맥킨타이어의 해설을 생각해 보라. 어떤 하나의 서술이 그 안에 포함될 수 있는 후보로 나타났을 때 그것이 그 총량 안에 한 자리를 차지하기 위해서 *어떤 자격을 갖추어야* 할까? 이 한계가 설정되지 않는 한, 서술의 가능성이 행동의 가능성을 규정한다고 하는 맥킨타이어의 주장은 하나마나한 말이 되고 만다. 왜냐하면 누군가가 어떤 언어적 표현을 인위적으로 발명하여 어떤 신체의 움직임에 그것을 자의적으로 갖다 붙임으로써 가능한 서술의 총량 안에 그 표현을 포함시킨다 하더라도 막을 길이 없을 것이기 때문이다. 하지만 새로운 서술 역시 *이해 가능한* 것이어야 함은 물론이다. 그런데 그것이 *기존하는* 서술의 총량 안에 속하는지

---

5) Ibid. p. 61.

의 여부에 따라 그 이해 가능성이 결정될 수는 없다. 그렇다고 한다면 지금 논의의 주제, 즉 *새로운* 서술 하나가 그 총량 안에 추가되는 일 자체가 애초에 불가능하게 되고야 말 것이기 때문이다. "이해 가능하도록 말하여질 수 있는 것"이 "이해 가능하도록 말하여진 것"과 같은 것은 아니다. 그 둘이 같다면 새로운 것은 아무것도 말할 수가 없게 될 것이다. 따라서, 지금까지 논의해 온 바에 따라, 새로운 것은 아무것도 할 수조차 없게 될 것이다. 그렇지만 무언가 새로이 말하여진 것 또는 행해진 것의 이해 가능성이 지금까지 말하여지고 행해지고 이해되어 온 것에 모종의 방식으로 의존하는 것은 틀림이 없다. 이 문제의 핵심은 그때 그 "모종의 방식"이라는 것을 어떻게 이해할 것인지에 달려 있는 것이다.

「종교를 이해하는 것이 믿음과 병행될 수 있나?」에서 맥킨타이어는 다음과 같이 주장한다. 그 논문에서 그가 다루는 주제는 한 사회에서 통용되는 이해 가능성의 표준이 비판을 통하여 발전되는 문제이다. 이 문제를 논의하면서 그는 내가 전에 (『사회과학이라는 발상』에서) 밝힌 견해를 공격한다. 나는 그러한 표준들이 그 사회의 제도 자체에 기원을 두고 있다고 주장하였다. 그런데 비판에 의한 발전 가능성이 내 주장에 의하여 배제된다는 것이 맥킨타이어의 공격이다. 내 입장을 여기서 반복하지는 않으련다. 다만 여러 사회 제도와 관련하여 "규칙"을 내가 논할 때, 그 "규칙"이 *열려* 있다는 점이 그 특성의 하나임을 내가 또한 강조하였음을 상기시키고자 한다. 실제로 나는 아주 여러 곳에서 그 점을 강조한 바 있다.[6] 즉, 변화하는 사회적 상황에서 무엇이

"같은 방식으로 나아가는 것"에 해당하는지에 관한 결정이 어떻게든 이치에 따라 내려져야 한다는 사실을 나는 강조하였다. 이 점을 충분히 음미하지 못함으로써 맥킨타이어는 어려움에 봉착하고 있다. 내 입장에다 그가 잘못 귀착시키고 있는 문제점들은 오히려 그 자신이 직면하고 있는 어려움과 종류상 비슷한 것이다.

행동에 관한 새로운 서술은 그것이 도입되는 사회의 구성원에게 이해 가능하여야 한다는 것이 여태까지 내가 논의한 바 맥킨타이어의 주장의 논리적 귀결이다. 그리고 이는 그 자체로 자명한 말이다. 이와 관련하여 내가 밝히고자 한 핵심 논지는 예전의 언어 및 행동의 방식에 이미 내재하고 있는 규칙 및 원칙이 나아가 어떻게 발전하느냐에 따라 그때 그 이해 가능성의 문제가 결정된다는 점이다. 여기서 강조되어야 할 것은 서술의 "총량"을 실제로 구성하는 원소들이 아니라 그것들이 표현하는 *문법*이다. 그 원소들의 구조 및 의미, 상호 관련, 그리고 새로이 도입될 수 있는 언어 및 행동 방식의 의미를 우리가 이해할 수 있는 것은 바로 그 문법을 통해서이다. 물론 그러한 새로운 방식이 동시에 문법 자체의 변용變容을 함유하게 될 수도 있다. 하지만 그렇게 말할 수 있는 경우에도, 그렇게 말할 수 있기 위해서는 새로운 문법이 예전의 문법과 (그 사용자들에게) 이해 가능한 방식으로 관계를 맺고 있어야 하는 것이다.

---

6) *The Idea of a Social Science*, pp. 57~65, 91~94, 121~123 (본 번역본 125~136, 168~173, 208~211쪽).

이제 다른 사회, 즉 이해 가능성에 관하여 상이한 표준을 가진 다른 문화에서 온 관찰자에게는 이러한 변화가 어떻게 이해 가능할지를 살펴보자. 맥킨타이어는 "그 행위자의 기준이 무엇이었으며, 그가 왜 다른 기준 말고 그 기준을 사용하였는지, 그리고 그 기준을 사용하는 것이 그 사람들에게 왜 합리적인 것으로 비치는지"를 분명히 하라고 관찰자에게 촉구한다. 그런데 지금 문제되는 바는 이렇듯 서로 다른 두 사회에서 각기 통용되는 합리성의 개념들 사이의 관계가 정확히 무엇이냐는 것이다. 따라서 이 인용문에서 언급되고 있는 합리성이 *누구의* 개념인지가 최우선적인 중요성을 가짐이 분명하다. 일단 그것은 그 기준이 사용되고 있는 사회에서 통용되는 개념이어야 할 것으로 보인다. 누군가에게 어떤 것이 합리적으로 비친다고 할 때, 그것은 오로지 무엇이 합리적이며 무엇이 그렇지 않은지에 관한 *그의* 이해를 통해서만 그렇게 될 수 있다. 이제 *우리의* 합리성 개념이 그의 개념과 다를진대, 어떤 것이 *우리의* 의미로 *그에게* 합리적으로 비치느니 마느니 하는 것은 애초에 말이 되지 않는 소리이다.

맥킨타이어는 이방異邦의 행위자가 따르는 "규칙 및 관습 자체의 합리성 여부를 준거로 삼지 않으면 안 된다"고 덧붙이고 있다. 여기서도 마찬가지의 문제가 발생한다. 여기서 그가 언급하는 합리성은 누구의 것인가? 우리의 개념인가, 아니면 그 행위자의 개념인가? 관찰자가 관찰 결과를 보고한다고 할 때, 그 자신이 속한 사회의 동료 구성원들을 향해 말하는 것으로 이해되어야 할 것이다. 따라서 맥킨타이어가 여기서 언급하는 준거는 관찰자의 사회에서 통용되는 합리성의 개념

일 수밖에 없는 것으로 보인다. 그렇다면 앞 문단에 인용된 대목에서 이 문단의 서두에 인용된 대목으로 이행하는 데에는 불합리한 추론 non sequitur이 담겨 있게 된다.

　이 대목에서 맥킨타이어는 다음과 같은 생각을 하고 있는 것 같다. S라는 사회에서 어떤 행동들이 합리적으로 여겨진다고 할 때, 왜 그러느냐는 설명은 *우리*를 향한 것일 수밖에 없다. 따라서 우리에게 이해 가능한 개념을 통해서 그러한 설명이 이루어져야 한다. 이제 만일 그 설명의 와중에서 우리가 그러한 기준들을 두고 합리적*이라* 말한다면 그때 우리는 그 *"합리적"*이라는 단어를 *우리의* 의미로 사용하는 것임에 틀림없다. 왜냐하면 그러한 설명이 가능하기 위해서는 우리가 사전에 그 기준들이 실제로 합리적인지 아닌지를 다른 문제와 결부시키지 않고 검토해 보았어야 할 터이기 때문이다. 그리고 그때 그런 검토는 오직 이미 이해된 합리성의 개념—즉, *우리에게* 이해된 합리성의 개념—을 통해서만 이루어질 수 있기 때문이다. 그러니 그 설명은 이런 식으로 나타나게 된다 : 이것은 이렇다고 우리가 알고 있는 것을 S라는 사회의 구성원들 역시 마찬가지로 지각하게 되었다. 그런데 만약 이와 같이 "이것은 이렇다고 지각된 것"이 우리와 그들에게 공통된다면, 그것은 누구에게나 동일한 개념을 통하여 지칭되어야 할 것이다.

　하지만 이런 종류의 설명은 우리에게 허용되어 있지 않은 것이 너무나 분명하다. 왜냐하면 상이한 사회 사이에서 합리성의 표준이 항상 일치하지는 않는다는 점이 이 논의의 출발점이었기 때문이다. 즉, S라는 사회에서 통용되는 합리성의 표준이 우리의 표준과 다를 가능

성으로부터 지금 문제되는 주제가 발생하는 것이다. 그러므로 우리가
발견한 바를 S의 구성원들이 마찬가지로 발견한다는 식의 얘기가 말
이 되리라고 미리 추정할 수는 없는 노릇이다. 그러한 발견은 그에 앞
서 원초적 개념의 일치를 전제하기 때문이다.

　이러한 골치거리가 발생하는 까닭 중의 일부는 맥킨타이어가 "기준
의 합리성"이라는 표현 ―그는 이 표현에 대해서는 아무 설명도 하지
않는다― 을 사용하는 데에 있다. 현재 논의되고 있는 문제의 맥락에
비추어 볼 때, 그런 식으로 말하는 것은 진짜 문제를 호도할 뿐이다.
왜냐하면 지금 우리가 관심을 가지는 문제가 바로 *합리성의 기준*상에
나타나는 차이이기 때문이다. 맥킨타이어는 어떤 특정한 표준들이 바
로 합리성의 기준*이기* 때문에 합리성의 기준으로 받아들여진다고 말
하는 것 같다. 하지만 누구에게 그것이 합리성의 기준*인가*?

　맥킨타이어의 다른 논문 「종교를 이해하는 것이 믿음과 병행될 수
있나?」에서도 비슷한 혼동이 드러나고 있다. 거기서 그는 이렇게 주
장한다 : 이방異邦 사회에서 통용되는 합리성의 표준에서 우리가 어떤
내부적 부정합不整合을 찾아냈을 때, 그리고 그 부정합이 왜 그 사회의
구성원들에게는 드러나지 않거나 드러난다고 하더라도 그다지 심각
한 문제를 구성하지 않는지에 관한 설명을 우리가 구할 때에, "이미
우리는 우리의 표준을 불러들이고 있다"는 것이다. 이 말이 어떤 의미
에서 옳은지 한번 따져 보자. *우리가* 무언가를 "찾아내고" "설명하는"
한, 우리에게 이해 가능한 의미에서 우리가 그러한 일들을 하는 것은
명백하다. 그만큼 우리는 무엇을 어떻게 하는 것이 (우리에게 있어서)

무언가를 "찾아내고" "설명하는" 일에 *해당하느냐*에 따라 제한받고 있다. 뿐만 아니라, 그런 것을 설명하고 찾아내는 일에 관한 관심 자체가 우리 사회에 독특한 일일 수도 있다. 즉, 연구 대상이 되는 사회에서는 그러한 관심을 발전시키기 위한 제도가 결여되어 있어서 그 사회의 구성원들은 아무런 관심을 가지지 않는 일을 우리가 하고 있을 수도 있다. 어쩌면 우리 사회에서 그러한 관심을 추구하는 과정에서 여러 가지 탐구 기법 및 논증의 양식이 발생한 반면에 그 사회의 생활에서는 그런 것들이 존재하지 않을 수도 있다. 그렇지만 우리가 과거에 사용해 온 방법 및 기법들이 — 예를 들어 우리 자신의 언어와 문화에서 이런저런 주장의 논리적 구조를 조명하는 데에 사용되는 방법 및 기법들이 — 이처럼 새로운 맥락에서도 마찬가지로 도움이 되리라는 사전 보장은 없다. 어쩌면 그 방법들이 연장되거나 변용되어야 할 필요가 있을지도 모른다. 새로이 변용된 탐구 형식이 기존의 형식과 어떻게든 논리적 관계를 가지기 위해서는, 새로운 기법이 과거에 사용된 기법과 연속선상에 (인식될 수 있는 범위 안에서) 놓여 있어야 할 것이다. 동시에 새로운 기법은 우리가 가지고 있는 이해 가능성의 개념 역시 — 우리가 탐구하는 사회에서는 이해 가능성이라는 것이 어디에 해당하는지를 우리의 눈으로도 볼 수 있도록 — 연장시켜야 할 것이다.

S의 구성원들이 하는 일 가운데 일정 부분은 사실에 있어서 이해할 수 없는 일인데, 왜 그들은 그것을 (a) (그들에게) 이해 가능한 것으로 여기는지를 (b) (우리에게) 이해 가능하도록 만드는 것이 우리의 과제

라고 맥킨타이어는 말한다. 내가 여기서 "이해 가능"이라는 단어의 두 가지 쓰임새를 구별하기 위해서 기호로 표시한 까닭은 맥킨타이어가 서술하는 식으로 이 상황을 서술해서는 드러나지 않는 복잡성을 나타내기 위함이다. 그 복잡성이란 우리가 지금 "이해 가능"이라는 단어의 두 가지 의미에 직면하고 있다는 사실이다. 그리고 그 둘 사이의 관계가 바로 지금 문제되는 바의 핵심이다. 어떤 자연 현상을 이해 가능한 것으로 만드는 일에서라면 우리는 단지 이해 가능성이라는 것이 우리에게 무엇인지에 따라서만 제한받는다. 그러므로 맥킨타이어가 말하는 과제는 이와 사뭇 다르다. 지금 문제되는 과제에는 S 사회의 이해 가능성 (a) 개념을 우리 자신의 이해 가능성 (b) 개념과 모종의 관계를 맺도록 이끌어 내야 하는 과업이 포함된다. 물론 그 관계 또한 이해 가능한 것이어야 한다! 다시 말해서, 우리는 이해 가능성이라는 개념과 관련하여 새로운 통일성을 창출해야 한다. 그 새로운 개념은 우리가 가지고 있던 기존의 개념과 일정 부분 관련을 맺어야 하겠지만 동시에 우리의 범주들을 상당한 정도로 개편하는 일을 불가피하게 만들지도 모른다. 단순히 사물이 S의 구성원들에게 비치는 것과 동일한 방식으로 우리에게도 비치게 될 어떤 상태를 우리가 찾고 있는 것은 아니다. 아마도 그런 상태란 애초에 달성하기가 불가능할 터이다. 우리가 *정말*로 구하는 것은 사물을 바라보는 방식에 있어서 기존의 방식을 넘어서는 어떤 것이다. 여기서 "넘어선다"는 것은 우리와는 다른 방식, 즉 S의 구성원들이 사물을 바라보는 방식을 어떤 식으로든 감안하고 포섭하여야 한다는 점에서 그렇다. 우리의 방식과 다른 종류의

생활 방식을 진지하게 연구하는 데에는 필연적으로 우리 자신의 생활 방식을 기존의 경계선 밖으로 연장하는 일이 포함될 수밖에 없다. 우리와 다른 생활 방식을 우리의 생활 방식의 기존 경계선 안으로 끌어들이는 식으로는 이 과제가 성취될 수 없다. 왜냐하면 우리의 생활 방식이 현재의 상태에 머무르는 한, 다시 말하여 그것이 기존의 경계선 안에 머무르는 한, 다른 종류의 방식은 배제된다는 함축이 전제에 이미 내재하기 때문이다.

　이해 가능성 및 합리성이라는 개념에 포함된 한 특징적 차원에 이러한 연장延長이 어떻게 가능할 것인지를 좀 더 용이하게 포착할 수 있는 여지가 포함되어 있다. 내 생각에 맥킨타이어는 그 차원을 충분히 부각하지 못하고 있다. 뿐만 아니라 그가 말하는 방식으로 "합리성의 규범norms of rationality"을 논하게 되면 오히려 그 차원이 흐려질 따름이다. 합리성이라는 개념은 어떤 언어 *안에서* 발견되는 여러 개념 중의 하나에 *불과한* 것이 아니다. 물론 그 개념 역시 그 언어 안에서 이미 확립되어 있는 쓰임새에 따라 규정된다는 점에서는 다른 개념이나 마찬가지이다. 하지만 내가 생각하기에 그 개념은 각 언어가 각기 나름대로의 사정에 따라 보유할 수도 있고 보유하지 않을 수도 있는 개념은 아니다. 예를 들어 공손恭遜과 같은 개념은 언어에 따라 있을 수도 있고 없을 수도 있는 개념일 것이다. 하지만 합리성이라는 개념은 모든 언어가 반드시 어떤 방식으로든 보유해야 한다는 점에서 여타 다른 개념들과는 다르다. 그것은 어떠한 언어에서든지 그 언어 자체의 존립을 위해서 필수적인 개념인 것이다. 다시 말하면, 어떤 사회

　　　원 시　사 회 의　이 해

가 언어를 가졌다는[7] 말은 곧 그 사회가 합리성의 개념을 가지고 있다는 말과 같다. 우리의 사회에서 "합리적"이라는 단어가 수행하는 기능을 수행하기 위해서 어느 사회에서나 그와 같은 어떤 단어가 있어야 할 필요는 없을지도 모른다. 하지만 적어도 우리의 언어를 우리가 사용할 때 그 사용방식상에 존재하는 몇 가지 특질이 "합리적"이라는 단어의 쓰임새와 연관을 맺고 있듯이, 그와 비슷한 특질들은 어느 사회에서나 구성원들의 언어 사용방식상에서 존재하지 않을 수 없다. 언어가 있는 곳이라면, 말하여진 것과 말하여지지 않은 것 사이에 구별이 이루어져야 할 것이다. 그리고 그러한 구별은 오직 한 가지를 말한다는 것이 곧 그것 아닌 다른 것을 말하지 않았다는 결과로 이어질 때에만 가능하다. 물론 이러한 구별이 치러야 할 대가는 오해의 가능성일 것이다. 그러므로 일군의 사람들을 두고 그들이 언어를 소유한 하나의 사회를 이룬다고 우리가 말할 때, 이미 우리는 우리 자신의 합리성 개념을 불러들이고 있다는 맥킨타이어의 지적은 일면 옳은 얘기이다. 즉, 어떤 사회에 언어가 있다는 말에 우리가 우리 사회에서 합리성과 비합리성을 구별할 때 지칭하는 행태와 그 사회의 행태 사이의 형식적 상사相似가 이미 함축된다는 점에서 그의 얘기는 옳다. 하지만 이 상사相似는 무엇이 그 사회에서 합리적 행태를 구성하는지에 관해서 꼬집어 말하는 바가 전혀 없다. 그것을 꼬집어 말하기 위해서는 그

---

7) 어떤 사회가 언어를 가졌다는 말을 정당화하는 것이 무엇인지에 관해서는 여기서 논의하지 않겠다.

사회의 구성원들이 자신들의 삶을 영위하면서 준거로 삼는 규범에 관한 보다 구체적인 지식이 필요하게 될 것이다. 다른 말로 표현하자면, 그 상사相似라는 것에 담겨 있는 것은 "합리성에 관한 우리 자신의 규범"이 아닌 것이다. 그들의 행태를 "규범에 대한 순응"이라는 개념으로 서술함으로써 우리가 불러들이는 것은 단지 합리성이라고 하는 우리의 개념일 뿐이다. 이제 그 개념이 정확히 어떤 식으로 그들에게 적용되어야 할 것인지의 문제는 규범에 대한 그들의 순응을 우리가 어떻게 읽어내느냐에 달려 있다. 그리고 그것을 읽어내기 위해서는 무엇이 그들에게 순응에 해당하고 무엇이 그들에게 순응에 해당하지 않는지를 고려해야 할 것이다.

나는 앞에서 "가능한 서술의 총량"이라는 맥킨타이어의 사고방식을 비판한 바 있다. 그가 언급하는 "우리가 가진 합리성의 규범"에 관해서도, 만일 그 규범들이 어떤 유한 집합을 뜻하는 것으로 받아들여진다면, 마찬가지의 비판을 가할 수 있다. 우리가 특정한 규범에 일치하도록 훈련되는 과정을 **통하여** 사고, 언어 및 행동을 합리적으로 할 수 있는 능력을 습득하게 된다는 점은 분명한 사실이다. 하지만 합리적으로 말하는 (사고하는, 행동하는, 기타 등등의) 능력의 습득이 곧 그러한 규범을 따르도록 훈련받는 일과 **동일한** 것은 아니다. 후자를 전자와 동일시함은 "기타 등등"이라는 문구의 중요성에 주의를 기울이지 못하고 있음을 의미한다. 어떤 사람이 규범을 따른다고 할 때, 그가 하는 행동을 실제로 서술하기 위해서는 거의 전형적으로 "기타 등등"이라는 표현이 들어가게 된다. 다음과 같은 식으로 말하는 것이 여러분

의 마음에 든다면 그렇게 말할 수도 있겠다. 즉, "합리성"이라는 제목 아래 불러들이고 받아들일 수 있는 것들 가운데 새로운 가능성을 향하여 우리는 언제나 문을 열어 놓아야 하는 것이다. 그러한 가능성들이 우리가 지금까지 받아들인 바에 의하여 암시되었을 수도 있고 그 대체적 경로가 제한될 수는 있겠지만 확정적으로 결정되는 것은 결코 아니다.

생소한 문화에서 발견되는 우리와는 다른 합리성의 형태를 우리로서 파악할 수 있는 가능성이 어떤 것인지의 문제에 지금까지의 논점이 적용될 수 있다. 첫째, 내가 이미 지적한 바와 같이, 그러한 가능성은 일관성의 필요성을 비롯한 여러 가지 형식적 요건들에 의하여 대체적인 방향이 제한된다. 하지만 구체적으로 무엇이 일관성에 *해당하는지*에 관해서는 그러한 형식적 요건들은 우리에게 아무것도 알려주지 않는다. 이는 명제 계산에 있어서 p, q 등의 기호가 가질 수 있는 값의 범위가 계산 규칙에 의하여 제한되기는 하지만 그 값이 구체적으로 결정되지는 않는 것과 마찬가지이다. 우리가 연구하는 행동들은 그것들을 둘러싼 삶의 맥락 안에서 이루어진다. 바로 그러한 맥락, 보다 광범위한 삶의 맥락을 탐구함으로써만 개념의 구체적 내용을 결정할 수 있는 것이다. 따라서 이 탐구는 단순히 그러한 행동이 어떤 규칙에 따라 이루어지는지만을 밝혀내는 데에 그치지 않고 그 이상의 작업으로 우리를 이끌어 가게 될 것이다. 왜냐하면, 맥킨타이어도 올바로 지적하듯이, 여기서 이런저런 규칙이 준행되고 있다고 말하는 것은 그 규칙 자체의 요체要諦: point에 대해서는 아무것도 말해주지 않

기 때문이다. 어떠한 규칙이 준행되고 있다는 것만으로는 그 규칙이 애초에 무슨 요체라고 할 만한 것을 가지고 있는지의 여부에 대해서도 결정할 수가 없는 것이다.

　바로 이 문제 —어떤 규칙이 요체라고 할 만한 것을 가지고 있는지의 여부— 를 결정하기 위해서 맥킨타이어는 다음과 같은 처방을 내놓고 있다 : "그 사례의 이러한 특질을 부각함으로써 동시에 이 개념을 그런 식으로 사용하는 일이 언어 및 행동과 관련하여 우리가 가지고 있는 것과 같은 이해 가능성의 표준을 가지고 있는 사람들에게 가능한 일인지의 여부를 밝힐 수 있다."[8] 이 말을 하면서 그는 합리성에 관한 우리 자신의 표준이 특별히 중심적인 지위를 가진다는 사실이 이 주장에 의하여 드러난다고 생각하고 있다. 하지만 그런 사실이 그의 주장에 의하여 밝혀지지는 않는다는 실상을 깨닫는 것이 여기서 매우 중요하다. 얼핏 보았을 때 그런 것처럼 보이는 것은 기실 일종의 착시錯視일 뿐이다. 그리고 그 착시는 맥킨타이어의 주장이 영어에 의하여 20세기 유럽 문화의 맥락 안에서 전개되고 있다는 사실 때문에 발생하는 것이다. 그러나 실상을 들여다 보면 그가 말하는 바와 형태상으로 비슷한 종류의 주장이 어느 언어권에서나 전개될 수 있다. 즉, 우리의 언어에서 "이해 가능성" 및 "합리성"이 수행하는 역할과 비슷한 역할을 수행하는 개념을 가지고 있는 언어라면 어느 언어에 의해서도 마찬가지의 주장을 펼칠 수 있다. 이는 곧 맥킨타이어의 명시적

---

8) 이는 그가 「종교를 이해하는 것이 믿음과 병행될 수 있나?」에서 하는 말이다.

주장과는 정반대로 그가 상대주의를 극복하기는 커녕 오히려 가장 극단적인 형태의 상대주의에 빠져 있음을 보여준다. 그가 이 점을 깨닫지 못하는 까닭은 그가 나에게 귀착시킨 — 물론 나에 대한 그의 공격은 내가 앞에서 밝혔듯이 잘못된 것이다 — 바로 그 실수를 스스로 저지르고 있기 때문이다. 그것은 "기준 및 개념도 역사를 가지고 있다"는 사실을 간과하는 실수이다. 특정한 사회적 맥락에서 행동을 규율하는 개념 및 기준을 다루는 한에 있어서는 그는 이 사실을 강조하고 있다. 하지만 그러한 기준에 대한 *비판*을 논하는 차원에서는 그는 그 사실을 망각하고 만다. 현존하는 제도를 비판함에 있어서 준거가 되는 기준들 역시 자체의 역사를 가지는 것은 마찬가지 아닌가? 그리고 그것이 그처럼 역사를 가진다면 누구의 사회에서 그렇다는 것일까? 이 질문에 대한 맥킨타이어의 묵시적 대답은 그것이 우리의 사회에서 역사를 가진다는 것이다. 그러나 어떤 사회에서 여태껏 실행되어 온 관행의 방식에서 발굴되는 부정합 및 난점을 우리가 논하려 한다면, 분명히 그러한 논의는 그러한 활동의 수행 내부에서 발생하는 문제와 관련을 맺을 때에만 이해될 수 있을 것이다. 그러한 맥락의 외부에서는 애초에 무엇이 문제인지조차 포착할 수가 없을 것이다.

아잔데 족의 예로 되돌아가서 맥킨타이어가 말하는 바를 살펴보기로 하겠다. 이는 내 비판이 지금 겨냥하고 있는 입장을 옹호하려는 의도에서 그가 하는 말이다.[9]

의식儀式을 그 본연의 양식에 따라 행하는 일이 자신들의 공동 복지

에 영향을 미친다고 아잔데 족은 믿는다. 그런데 이 믿음은 사실의 영역에서 반박될 수가 없다. 왜냐하면 의식이 효과를 거두지 못하는 경우 그 까닭은 그 자리에 있었던 누군가가 악한 생각을 가졌기 때문이라는 것이 또한 그들의 믿음이기 때문이다. 이런 식의 설명이 언제나 가능하기 때문에, 제례祭禮가 제대로 행하여졌지만 수확이 보잘 것 없었다는 결론을 그들이 불가피하게 받아들여야 하는 경우는 결코 발생할 수가 없다. 그런데 원칙적으로만 본다면 아잔데 족의 믿음이 반증 불가능한 것은 아니다 (어떤 경우에 그것이 반증될 것인지는 우리가 완전히 잘 알고 있다. 즉, 제례 의식, 악한 생각의 부재, 그리고 재난이 동시에 발생하는 경우). 하지만 실제에 있어서는 반증될 수 없다. 이러한 믿음이 합리적 비판의 대상이 될까? 만약 그렇다면 그 비판은 어떤 표준에 의해서 이루어질까? 내가 보기에는 효력 있음의 여부 및 그와 관련된 여타 개념들이 설정되어 있는 과학 및 기술이라는 활동이 *존재하지 않는 상태에서만* 아잔데의 믿음을 합리적으로 여길 수가 있을 것 같다. 하지만 그렇게 말하는 것은 곧 과학적 판단 기준의 타당성을 우리의 관점에서 인정하는 셈이 되고 만다. 아잔데 족 자신은 자기들의 믿음을 과학으로도 비과학으로도 여기지 않고 있다. 그런 범주 자체가 그들에게는 없는 것이다. 그들의 믿음 및 개념을 분류하고 평가하는 일은 오직 사후적으로만post eventum 즉, 나중에 보다 세련된 이해에 비추어 봄으로써만 가능한 일이다.

---

30) Ibid.

아잔데 족의 믿음과 개념을 분류하고 평가하기 위해서는 아잔데의 문화에서 발견되는 것보다 "더욱 세련된 이해"가 요구되는 것은 일면 사실이다. 왜냐하면 여기서 문제되는 종류의 분류 및 평가는 고도의 철학적 활동이기 때문이다. 그러나 이 말이 곧 아잔데의 생활 형태가 맥킨타이어가 주장하는 방식에 따라 분류되고 평가되어야 한다는 말은 아니다. 그는 우리의 문화에서 발견되는 몇 가지 특정 형태에 입각하여 그 각각의 형태에서 필수적인 요소들과 아잔데의 생활 형태가 얼마나 부합하는지에 따라 분류 및 평가가 행해질 수밖에 없다고 주장한다. 그러나 맥킨타이어는 바로 여기서 한 가지 중요한 혼동을 범하고 있다. 즉, 그는 분류에 대한 관심에 일정한 정도의 세련이 함유되어 있다는 점이 곧 우리가 실제 분류 작업에서 사용하는 개념이 세련되었음을 뜻한다고 생각하고 있는 것이다. 자, 지금 우리는 아잔데의 주술이 과학과 어떤 관계를 가지고 있는지를 이해하려는 관심을 가지고 있다. 이때 이와 같은 비교라는 개념은 실제로 고도로 세련된 개념이다. 하지만 이 점이 사실이라고 해서, 아잔데의 관행을 우리의 과학에 견주어 덜 세련된 것으로 보고 우리의 과학을 더 세련된 것으로 보아야 한다는 함의가 따라 나오지는 않는다. 과학과 주술 사이의 관계에 관한 관심으로부터 곧 주술이 과학의 원시적 형태라는 결론이 나올 수는 없기 때문이다. 맥킨타이어는 제임스 프레이저 경Sir James Frazer이 원시 사회의 문화에 자기 자신의 문화에 해당하는 이미지를 덧씌웠다고 비판한다. 맥킨타이어의 이 비판은 정당하다. 그런데 똑같은 일을 그 자신이 여기서 반복하고 있는 것이다. 고도로 세련된 사

회의 세련된 구성원으로서 아주 단순하고 원시적인 생활 형태를 포착하여 이해하기는 극히 어려운 것이 사실이다. 그렇게 하기 위해서는 고도로 세련된 자신의 사고방식을 어떤 식으로든지 자신으로부터 떼어낼 수 있어야 할 것이다. 그리고 그러한 분리 자체가 어쩌면 세련의 궁극에 해당하는지도 모르겠다. 또는, 다른 각도에서 살피자면, 문제가 이 지점에 이른 이상 세련/단순의 구분 자체가 별 도움이 안된다고 할 수도 있을 것이다.

맥킨타이어가 말하듯이, 아잔데 족이 과학/비과학의 범주를 가지고 있지 않은 것은 사실인지도 모른다. 그러나 그들의 관행에서도 기술적 요소와 주술적 요소가 상당히 분명하게 구분되고 있다는 사실은 에반스-프리차드의 연구에서 밝혀지고 있다. 물론 아잔데 구성원 개개인이 때때로 그 범주들을 혼동할 수도 있다는 점은 여기서 문제가 되지 않는다. 왜냐하면 그런 혼동은 어떤 문화에서도 종종 발생하는 것이 사실이기 때문이다. 여기서 강조되어야 할 더욱 중요한 사실은 아잔데 족이 가지고 있는 주술의 범주와 비슷한 것을 우리는 애초에 전혀 가지고 있지 않다는 점이다. 아잔데 족의 범주를 이해하고자 원하는 것이 우리인 만큼 이해의 범위를 넓혀야 할 쪽이 바로 우리임이 드러난다. 과학/비과학이라고 하는 범주를 우리가 구비하고 있다는 것 때문에 아잔데의 범주를 거기에 끌어 맞추어야 한다고 고집할 일이 아니라, 아잔데의 범주를 포섭할 수 있는 여지를 마련하기 위해서 우리의 이해를 넓혀야 하는 것이다. 물론 지금 우리가 모색하는 종류의 이해가 우리의 기존 범주와의 관련 안에서 아잔데의 범주를 이해

하는 일임은 분명하다. 그렇지만 이 말이 곧 주술을 우리의 범주에 속하는 기준에 따라 "평가"하는 것이 옳다는 의미를 가지지는 않는다. 더욱이 우리의 기존 범주 가운데 *어떤 것이* 아잔데의 활동을 제대로 이해하기 위한 최선의 시점視點을 제공할 것인지의 문제 역시 그 말만으로는 결정되지 않는 별개의 사항인 것이다.

맥킨타이어가 밝히고자 하는 바는 이것이다 : 아잔데 족이 추수와 관련하여 행하는 제례가 *만일* 과학 및 기술의 표준에 의하여 "분류되고 평가된다면", 그들의 행동은 심각한 비판의 대상이 된다는 것이다. 그는 그런데 바로 이 말에 어떤 어려움이 수반되는지를 전혀 느끼지 못하고 있다. 그는 아잔데의 "믿음"이 일종의 *가설*이라 생각하고 있다. 즉, 예를 들어 한 영국인이 원자폭탄 실험 때문에 근래 폭우가 잦다고 믿을 때, 그러한 믿음과 아잔데의 믿음이 같은 종류라 생각하고 있다.[10] 맥킨타이어는 "A가 B에 영향을 미친다"는 개념이 마치 중립적인 개념인 것으로 여기고 따라서 그것이 서양 과학에 적용될 수 있는 것과 마찬가지로 아잔데의 주술에도 적용될 수 있다고 믿고 있다. 그리하여 그는 자신이 그 개념을 그와 같이 적용하고 있다고 믿고 있다. 그러나 사실을 볼 것 같으면, 그는 *자기 자신에게* 익숙한 개념을 적용하고 있을 뿐이다. 그 개념의 의미는 다만 과학적 · 기술적 맥락에서 그것이 쓰임새를 가진다는 사실로부터 파생될 뿐이다. 아잔데의

---

10) 이후의 논의와 관련하여 비트겐슈타인의 "Remarks on Frazer' s *Golden Bough*" (translated in Human World, No. 3, May 1971) 를 비교해 보라. 시몬 베유가 *Notebooks* (London, 1963)의 여기저기에서 여러 민족의 민속에 관하여 남긴 언급 역시 비교해 보라.

주술에서 사용되는 "A가 B에게 영향을 미친다"는 개념이 그와 동일한 의미를 가지리라 생각할 까닭은 전혀 없는 것이다. 반면에 주술적 "영향"이라는 그들의 개념이 우리의 개념과는 다르리라고 생각해야 할 까닭은 너무나 많다. 우선 그들은 우리의 기술적 개념과 비슷해 보이는 — 비록 우리 것보다는 훨씬 원시적 형태인 것처럼 보이기는 하지만 — 개념을 자기네들의 실제적 관심사를 수행하는 와중에서 사용하고 있다. 또 자기네의 의식儀式에 대한 그들의 사고 및 태도는 여타 기술적 문제들에 관해서 그들이 가지는 사고 및 태도와 많이 다르다. 심지어 우리 자신의 문화에서도 인과적 영향이라는 개념이 결코 단일하지 않다는 사실을 상기한다면 지금 내가 하는 말을 받아들이기가 좀 더 쉬워질는지 모르겠다. 예를 들어 우리가 "존스가 결혼한 까닭" 운운할 때와 "비행기가 추락한 까닭" 운운할 때에 동일한 종류의 일을 운위하는 것이 아니다. 이 두 경우에 단순히 우리가 논하는 사건이 종류에 있어서 다른 것만은 아니다. 각 사건을 구성하는 인과관계 자체가 서로 다른 것이다. 이렇게 보면, 우리의 생활 방식 및 제도와는 사뭇 다른 생활 방식 및 제도를 가진 사회에서 "인과적 영향"이라는 개념이 우리의 것과 다를 수 있다는 사실을 받아들이는 것이 어려워야 할 필요는 없게 될 것이다.

그러나 아잔데의 제도를 보다 뚜렷하게 파악할 수 있는 사고방식을 우리 사회에서 찾아낼 수 있는 힘이 우리에게 전혀 없다고는 말하고 싶은 생각이 없다. 내가 말하고 싶은 바는 단지 맥킨타이어가 제시하는 방향과는 많이 다른 방향으로 우리의 시선이 향해야 할 것이라는

점이다. 아잔데 족에게 있어서, 추수의 수확이 풍성해야 한다는 것은 그들에게 매우 중요하다. 그것이 그들에게 중요하다는 점은 그들의 생활 방식의 본질적 특성에 해당한다. 나아가 그들은 풍성한 추수를 *실제로* 거둘 수 있도록 하기 위해서 자기네 능력의 한도 안에서 온갖 "기술적" 수단을 강구하는 것도 사실이다. 여기에 그들이 주술의 의례를 더한다고 해서 그것을 착각에 기초한 것이라고 보아야 할 이유는 없다. 한 사람이 무언가를 자기에게 중요하다고 여길 때, 그 중요성이 스스로 드러나는 방식은 천차만별이다. 그것을 확실하게 손아귀에 쥐기 위하여 심사숙고하는 것만이 그 방식으로서 유일한 것은 아니다. 그 사람에 대하여 그 일 또는 그 물건이 가지는 중요성과 그 사람 개인 사이의 관계는 다양한 방식으로 맺어질 수 있다. 예를 들어, 그것에 관하여 깊이 생각함으로써 그것과 자신과의 관계 안에서 자신의 삶의 의미를 포착할 수도 있다. 그럼으로써 그는 어떤 면에서 그것에 대한 자신의 의존으로부터 *자유로와*지기를 바랄 수도 있을 것이다. 그것으로부터 벗어나더라도 상처받지 않도록 미리 대비함으로써 그렇게 한다는 뜻이 아니다. 그로서 *어떻게 행동하든지에 상관없이* 그에게 상처가 될 수도 있다는 것이 지금 논의의 초점이기 때문이다. 바로 *이 점*을 그가 이해하면서 그 가운데에서 그것과 자신 사이의 화해를 이루려 할 수도 있다는 사실이 중요하다. 물론 그 점을 그가 이해하는 것만으로 — 이것이 하나의 필요조건일 수는 있겠지만 — 화해가 이루어지지는 않을 것이다. 그러한 가능성이 머리에 꽉 차오름으로 해서 걱정과 두려움에 사로잡히는 경우도 있을 수가 있다. 따라서 자신

에게 치명적으로 중요한 어떤 것으로 인하여 자신이 상처를 받게 되더라도 삶을 지속할 수는 있다는 깨달음을 가져야 할 것이다. 나아가 그러한 일이 일어나더라도 스스로 발걸음을 *계속할*수 있도록 자신의 삶을 설정해 두어야 할 것이다. 다시 한 번 강조하건대, 내가 방금 한 말은 기술적으로 독립함으로써 그렇게 된다는 의미가 아니다. 왜냐하면 내가 지금 부각하고자 하는 관점에서 기술적 독립이란 또 하나의 의존에 불과하기 때문이다. 기술이 의존의 사슬 몇 가지를 부수는 것은 사실이다. 그러나 언제나 기술은 새로운 사슬을 창조한다. 그리고 그 새로운 사슬은 이전의 것보다 이해하기가 어렵기 때문에 보다 완강한 것일 수 있다. 이 점은 *우리* 모두에게 뚜렷한 사실이다.[11]

내가 지금 논하고 있는 주제에는 물론 유대-기독교 문화의 — 욥기에서 드러나고 있는 바와 같은 — "만일 그것이 주님의 뜻이라면" 이라는 사고방식이 핵심적으로 중요하다. 기독교의 간원懇願 기도에서 이 사고방식이 핵심을 차지하기 때문에, 기독교의 기원祈願을 어떤 관점에서 보면 기도하는 사람이 간절히 원하는 것에 대한 의존으로부터 그 사람을 자유롭게 하는 것으로 볼 수도 있을 것이다.[12] 기도가 결과에 영향을 미치기 위한 수단으로 간주되어서는 이 역할을 수행할 수 없다. 왜냐하면 그런 식으로 기도한다는 것이 곧 결과에 대한 그의 의

---

11) 시몬 베유는 『억압과 자유*Oppression and Liberty*』, London: Routeledge & Kegan Paul, 1958)에서 이 논지를 아주 아름답게 전개하였다.

12) D. Z. Phillips, *The Concept of Prayer* (London: Routeledge & Kegan Paul and New York: Schocken, 1965) 를 보라.

원 시 사 회 의 이 해

존을 뜻하기 때문이다. 그가 그것으로부터 자유로와지는 것은 신에 대한 자신의 완전한 의존을 인정함으로써이다. 그리고 이 종류의 의존은 어떤 결과에 대한 의존과도 같지 않다. 왜냐하면 신은 영원한데 결과는 사정에 따라 변하기 때문이다.

아잔데의 주술적 제례의식에서 나타나는 우연에 대한 태도가 기독교의 간원에서 나타나는 태도와 동일하다는 말은 아니다. 내가 부각하려는 바는 그 둘이 모두 우연에 대한 각기 나름의 태도를 표현하고 있다는 — 또는 그럴 수도 있다는 — 점에서 비슷하다는 점이다. 다시 말하면, 우연을 통제하려 하기보다는 자신의 인생이 우연에 따라 좌우됨을 인정하는 태도인 것이다. 이러한 태도의 특징을 보다 면밀하게 포착하려면 아잔데 족의 의식이 그들 생활의 몇 가지 근본 특징의 중요성을 어떻게 강조하고 있는지에 — 이 측면은 맥킨타이어가 간과하는 측면이다— 주목하여야 한다. 맥킨타이어의 주의가 암묵적으로 집중되는 측면은 의식儀式과 소비의 관계이다. 하지만 아잔데 족의 의식은 그들의 사회적 관계의 기초이며 바로 그 점이 마법에 관한 그들의 관념 내부에서 강조되고 있다. 아잔데 족의 의식은 그들의 생활 안에서 일어나는 일이며, 그 생활은 또한 혐오, 악행, 복수, 죄값 치르기 등으로 이루어지는 한 편의 드라마인 것이다. 그 드라마에는 역경을 만났을 때 거기에 (상징적으로) 대처하는 방식이 포함되어 있다. 한 인간이 살아가면서 동료 및 이웃과 맺는 관계가 역경에 의하여 격변하게 될 때, 그러한 격변에도 불구하고 삶을 계속해 나갈 수 있는 여지가 바로 그 방식에 의하여 마련되는 것이다.

내가 지금까지 다루어 논의한 예가 맥킨타이어에 대한 나의 비판과 무슨 관계가 있나? 맥킨타이어에 대한 나의 비판의 초점은 우리에게 생소한 형태의 삶에서 발견되는 규칙 및 관습의 *의미*를 우리가 이해한다는 것이 무슨 일인지에 관한 그의 설명을 겨냥하였다. 맥킨타이어는 마치 우리 자신의 규칙 및 관습이 그러한 이해에 있어서 하나의 전범典範이 되는 것처럼 말하고 있다. 즉, 규칙 및 관습이 의미를 가진다는 것이 무엇을 말하는 것이냐는 질문에 관하여 우리 사회의 예가 전거가 되는 것처럼 그는 말하고 있다. 따라서 그의 생각에는 다른 사회의 규칙 및 관습의 의미를 설명하는 것이 유일한 문제이다. 그러나 그 문제가 다른 사회에 관해서만 발생하고 우리 사회에서는 발생하지 않는 것이 아니다. 우리 사회의 규칙 및 관습이라고 해서 무의미할 수도 있는 위험으로부터 면제받고 있는 것은 아니기 때문이다. 그러므로 어떤 규칙 및 관습이 되었든지, 우리의 것에 입각하든 그들의 것에 입각하든, 그러한 규칙 및 관습에만 입각해서는 이 문제에 관한 해명이 결코 이루어질 수 없다. 일단의 규칙 및 관습이 그밖에 어떤 일과 어떤 관계를 맺는지에 관한 고려가 반드시 포함되어야 할 것이다. 아잔데 족의 주술적 의식을 내가 여태까지 논의하면서 내가 부각하고자한 바는 그 주술이 인간의 삶의 중요성에 관한 모종의 관념과 관계를 맺고 있다는 점이었다. 생소한 문화를 이해하고 습득하는 일이 어떤 일인지를 해명하는 데에 이 점 — 규칙 및 관습이 다른 어떤 일과 맞물려 있느냐 — 에 관한 고려는 결코 빠뜨릴 수 없다고 생각한다. 이에 관하여 좀 더 논의를 부연하기로 하겠다.

비트겐슈타인이 언어-게임이라는 개념을 철학적으로 사용한 것에 관하여 논의하면서 러시 리즈Rush Rhees 씨는 다음과 같이 지적하였다.[13] 어떤 종류의 언어에 의미가 있는지 없는지 또는 있다면 어떤 의미가 있는지를 해명하려고 할 때, 그 언어를 서로 고립된 언어-게임으로만 파악한다는 것은 다양한 말의 방식이 따로따로 구분되어 있지 않다는 매우 중요한 사실을 망각하는 일이라고 지적하였다. 말하기의 다양한 방식은 각기 배타적인 규칙 체계에 의하여 경계선이 그어지는 것이 아니다. 하나의 문맥에서 어떤 언표에 의하여 무엇이 표현될 수 있는지는 여타 다른 문맥에서 (즉, 그와 다른 언어-게임에서) 그 언표가 어떤 의미로 사용될 수 있는지에 의존하는 것이다. 언어-게임을 행하는 것은 사람들이고, 그 사람들은 각기 살아야 할 삶이 있다. 각자의 삶은 엄청나게 다양한 나름대로의 관심사를 포함한다. 그러한 관심사들끼리 역시 서로서로 온갖 종류의 다양한 관계를 맺는다. 바로 이 때문에 한 사람이 하는 말 또는 행동은, 단순히 당장 그가 하고 있는 활동의 수행만을 좌우하는 것이 아니라, 그의 *인생* 및 다른 사람의 인생에 영향을 초래하게 되는 것이다. 따라서 자신이 하고 있는 일에서 어떤 의미를 그 사람이 찾을 수 있는지는 자신의 다양한 관심사, 활동, 그리고 다른 사람과 맺은 다양한 관계 속에서 어떤 통일성을 그가 찾을 수 있느냐에 달려 있다. 자신의 인생에서 어떤 의미를 찾을 수 있

---

13) Rush Rhees, "Wittgenstein's Builders", *Proceedings of the Aristotelian Society*, 1960, vol. 20, pp. 171~186.

는지가 바로 그러한 통일성의 본질에 달려 있게 되는 것이다. 그런데 이 차원의 의미를 삶에서 찾을 수 있는 능력이 비단 그 사람 개인에게 전적으로 달려 있는 것은 아니다. 그 개인에게 전혀 달려 있지 않다는 말은 물론 아니다. 그러한 능력은 그가 사는 사회의 문화가 어디에 어떤 의미가 있을 수 있는 가능성을 제공하는지 또는 제공하지 않는지에도 또한 달려 있게 되는 것이다.

이방의 문화를 연구함으로써 우리가 배울 수 있는 것이 단순히 일을 다른 방식으로도 할 수 있다는 가능성, 즉 우리와는 다른 식의 기술技術이 있을 수도 있다는 가능성에 국한되는 것은 아니다. 인간의 삶에서 의미를 찾는 방식상의 다양한 가능성을 우리가 배울 수 있다는 점이 더욱 중요하다. 자신의 인생 전체의 의미를 성찰해보려는 어떤 사람에게 어떤 일정한 행동이 함유하는 중요성의 다양한 형태에 관한 서로 다른 생각들을 배울 수가 있다. 맥킨타이어는 아잔데의 주술을 다루면서 바로 이 차원을 빠뜨리고 있다. 그들의 주술에서 그가 포착하는 것은 오로지 소비재를 생산하기 위한 기술, 그것도 착각에 의하여 오도된 기술일 뿐이다. 하지만 아잔데 족에게 곡물이 장차의 소비를 위한 물건에 불과한 것은 아니다. 각자가 살아가는 인생, 동료와의 관계, 장차 올바른 방식으로 행동할 수 있을지 아니면 악행을 저지를 수밖에 없게 될지 사이에서 어느 쪽의 가능성에 무게가 더 실릴는지 등등의 사항들이 곡물에 대한 그의 관계로부터 나올 수도 있다. 주술적 의식은 표현의 한 형식으로서, 그 형식 안에서 이 모든 가능성 및 위험들이 조망되고 성찰된다. 나아가 그것들이 변형되고 심화되는

것도 그 안에서이다. 그러므로 우리가 이를 이해하려 할 때에 만나게 되는 어려움은 그것이 과학과 거리가 있다는 단순한 어려움이 아니라 그러한 일들을 — 맥킨타이어의 방식이 예시하듯이 — "생산의 효율성"에 입각하지 않고 파악하는 데에 따르는 어려움인 것이다. 소비를 위한 생산 활동으로 매사를 파악하는 태도는 마르크스가 산업 사회의 특징 중의 하나로서 "소외"라 이름 붙인 바 있는 — 비록 생산과 소비의 관계에 관한 마르크스 자신의 혼동 역시 마찬가지 소외의 증상이기는 하지만 — 증상이다. 삶의 원초적 양식이 지니는 의미에 대한 우리의 무감각은 곧 우리 자신의 삶의 대부분에 의미가 없다는 귀결에 이를 뿐인 것이다.

나는 이제 방금 관습의 체계가 가지는 "의미"에 관하여 논의하는 도중에 선과 악의 개념을 노골적으로 연관시켰다. 물론 내가 그렇게 한 목적이 도덕적 훈계를 늘어놓자는 것은 아니다. 내 목적은 *무언가로부터 배운다*는 개념 — 이는 이방 사회의 연구에 함유되어 있는 개념이다 — 이 *지혜*라는 개념과 밀접한 관련을 가지고 있음을 지적하기 위함이다. 이방 사회를 연구할 때에 우리가 대면하게 되는 것은 단순히 우리의 기술技術과 다른 종류의 기술만이 아니라 선과 악에 관한 새로운 가능성이다. 인간이 인생과 화해를 이룩한다면 그것은 선악에 관한 관념 안에서이다. 한 사회를 연구하면서 이 차원을 탐구하려 할 때에도 물론 여러 가지 기술 (예를 들어 생산의 기술) 에 관한 면밀한 탐구가 필요한 것은 사실이다. 하지만 그때 기술에 관한 탐구는 그 자체가 최종 목표가 아니라 그 탐구로 하여 나아가 선과 악에 관한 새로운

가능성에 비추일 빛을 구하기 위해서 행해지는 것이다. 시몬 베유가 『억압과 자유Oppression and Liberty』에서 근대의 공장 생산 기술을 분석한 것이 지금 내가 제안하는 바의 아주 좋은 예이다. 시몬 베유의 그 분석은 경영기법에 기여하기 위해서 행해진 것이 아니라 우리의 문화에서 억압이라는 악이 취하는 독특한 모습을 캐들어가는 탐구의 일부분이었던 것이다.

지금까지 나는 맥킨타이어에 의해 제기된 문제, 우리의 합리성 개념을 다른 사회의 합리성 개념에 어떻게 연계시킬 것이냐는 문제를 논의하였다. 그런데 어쩌면 지금까지의 논의에서 내가 맥킨타이어의 언설에 들어 있는 어려움을 해소한 것이 아니라 단지 그것을 다른 수준으로 옮겨 놓은 데에 지나지 않는 것처럼 보일지도 모르겠다. 나의 논의에서 부각된 점은 선악에 관한 우리의 사고방식과 다른 사회의 사고방식 사이의 관계가 지금 문제되는 어려움과 맞물린다는 점이다. 따라서 현재의 주제를 보다 철저히 다루기 위해서는 이 시점에서 윤리적 상대주의에 관한 토론이 요청될 것이다. 하지만 나는 상대주의가 가지는 한계에 관한 논의를 다른 곳에서 시도한 바 있다.[14] 그 논의를 보완하는 몇 마디를 덧붙임으로써 이 글을 맺으려 한다.

인간의 삶이라는 개념 자체에 모종의 근본적 관념이 포함된다는 점을 나는 지적하고 싶다. 그러한 관념들을 나는 "구획적 관념limiting

---

14) "Nature and Convention", Peter Winch, *Ethics and Action* (London: Routeledge and Kegan Paul, 1972), ch. 3.

notions"이라 명명하겠다. 그 관념에 윤리적 차원이 개재한다는 것은 말할 필요도 없다. 또한 어느 면에서, 인간의 삶에서 선과 악의 다양한 가능성이 실현될 수 있는 지평 즉, "윤리적 공간"을 사실상 결정하는 것이 바로 그 관념들이다. 이제 이 관념들에 관하여 짤막한 토론을 해보겠는데, 비코Giambattista Vico에게 자연의 법칙이라는 관념의 근간을 이루었던 것과 아주 가깝게 상응하는 관념이다. 비코는 인간의 역사를 이해할 수 있는 가능성이 출생, 사망 및 성 관계의 관념에 토대를 둔다고 생각하였다. 이것들은 지금까지 알려진 인간 사회의 생활 모두가 결코 벗어날 수 없는 것이며, 우리가 생소한 사회의 제도에 담긴 의미에 관하여 궁금해 할 적에 우리의 시선을 어디에 맞추어야 할지에 관한 실마리를 제공해 준다는 점에서 매우 중요한 요소들이다. 이들 개념이 실제로 어떤 구체적 형태를 띠는지, 어떤 구체적 제도 안에서 그것들이 표현되는지는 물론 사회에 따라 매우 많이 달라질 수 있다. 하지만 한 사회의 제도 안에서 그 관념들이 중심적 위치를 차지한다는 점은 불변의 요소이다. 이 점을 염두에 두고 보면, 생소한 사회의 삶을 이해하려 할 때에 그 관념들이 그 사회에 어떤 방식으로 스며들어 있는지를 분명하게 포착하는 일이 지극히 중요하다 할 것이다. 사회인류학자들 가운데 그 관념들을 나처럼 중요시하는 사람이 얼마나 되는지는 잘 모르겠으나, 그들의 연구는 실제로 이 근처에서 이루어지고 있다.

내가 여기서 "구획"을 운위하는 까닭은 이러한 관념들이 — 물론 다른 것들과 어울려서 그리한다는 데에는 의심할 나위가 없다 — "인간

의 삶"이라는 문구로써 우리가 이해하는 바에 형체를 부여하기 때문이다. 또, 그러한 관념들을 통하여 제기되는 문제들에 관한 관심이 한 사회의 "윤리"라고 할 때 우리가 의미하는 바를 구성하는 것으로 보이기 때문이기도 하다. 물론 나는 지금, 방금 한 말로써, 승인 아니면 거부의 태도를 윤리의 기본인 양 만들어 버린 도덕철학자들에 반대하고 있다. 그리고 그러한 태도의 대상, 즉 *무엇에 대하여* 승인 또는 거부의 태도를 보이느냐는 문제는 윤리의 개념과 개념적으로 상관되지 않는다고 주장하는 사람들에게도 반대하고 있다. 이 사람들의 견해 대로라면, 우리 사회에서 성 관계에 관한 문제에 대하여 사람들이 취하는 바와 같은 태도를 어떤 다른 사회의 사람들은, 이를테면, 머리카락의 길이에 관한 문제에 대하여 취할 수도 있으며 그리고 그 역도 가능하다는 얘기가 되고 만다. 그런데 내 생각에 이런 식의 얘기는 짜임새가 부족하다. 첫째, 거기에 아무리 격렬한 느낌이 수반된다고 할지라도, 그런 종류의 관심을 "윤리적" 관심이라 부르는 데에는 혼동이 내재하고 있다. 구약성경에 나오는 삼손의 일화가 내 논지를 반박하기는커녕 오히려 뒷받침해 준다. 왜냐하면, 그 일화에서 삼손의 머리카락을 자르면 안 된다는 금제禁制는 머리카락의 길이 이외의 다른 일들과 결부되어 있기 때문이다. 그리고 특히 주목할 점은 그것이 성 관계에 관한 문제와 결부되어 있다는 점이다. 둘째, 방금 내가 지적한 것이 단지 말 지어내기에 불과한 것처럼 생각된다면, 엘리어트T. S. Eliot의 삼위일체를 생각하여 보라. "출생, 성장, 그리고 죽음"이 인간에게 그토록 깊은 관심사가 되는 까닭이 단순히 관습 때문이라고는 나는 생각

하지 않는다. 또 심리적 및 사회학적인 어떤 힘이 거기에서 근본적으로 작용하는 것은 틀림없는 사실이지만, 내가 지적하고자 하는 것은 그러한 힘만도 아니다. 이에 더하여 내가 말하고 싶은 바는 인간의 삶이라고 하는 개념 자체의 경계가 이러한 관념들에 의하여 구획된다는 점이다.

짐승과는 달리, 인간은 단순히 살기만 하는 것이 아니라 삶이라는 관념을 가지고 있다. 이 점은 그들의 삶에 추가된 또 하나의 요소에 지나지 않는 것이 아니다. 그것이 추가되었다는 사실은 곧 "삶"이라는 단어가 인간에게 적용될 때 그 의미 자체를 변화시키는 것이다. 그것이 "생명을 가진 존재"와 같은 값을 가지는 것은 그 지점에서 끝난다. 우리가 인간의 삶에 관하여 말하게 되는 순간, 우리는 어떻게 사는 것이 올바른 방식인가, 삶에서 가장 중요한 것이 무엇인가, 삶이 의미를 가지는가, 만약 가진다면 어떤 의미를 가지는가 등등의 질문을 할 수 있게 되는 것이다.

삶의 관념을 가진다는 것은 곧 죽음의 관념을 가지는 것이다. 그런데 여기서 문제되는 "삶"이 생명을 가진 존재와 동일하지 않은 것과 마찬가지로 이때 문제되는 "죽음" 역시 생명체의 종말과는 동일하지 않다. 내가 어떤 동물의 죽음을 생각할 때, 나는 세계 안에서 일어나는 어떤 사건을 생각한다. 아마 나는 그것을 관찰할 수 있을 것이고, 나의 삶은 계속 진행될 것이다. 그러나 내가 "나의 죽음"에 관해서 말한다면, 나는 내 인생 안에서 일어나는 장래의 사건을 말하고 있는 것이 아니다.[15] 어느 다른 사람의 삶 속에서 일어나는 사건을 말하는 것

도 아니다. 그때 나는 내 세계의 종말을 말하고 있는 것이다. 그것은 또한 내가 선 또는 악을 행할 수 있는 능력의 종말이기도 하다. 죽은 후에는 내가 선 또는 악을 행하지 못한다는 *사실의 문제*에 국한되는 것만도 아니다. 선 또는 악을 행할 수 있다는 바로 그 *개념*이 삶이란 죽음으로써 종결되는 것이라는 개념과 깊숙한 곳에서 맞물려 있다는 점이 논지의 핵심이다. 올바르게 살아가는 방식에 관한 관심이 윤리라고 한다면, 죽음에 의하여 종결되는 삶이라는 개념이 그러한 관심의 본질에 깊은 영향을 미친다는 점 또한 분명하다. 한 사람이 자신의 삶을 향하여 가지는 태도는 곧 자신의 죽음을 향하여 그가 가지는 태도이기도 한 것이다.

맥킨타이어가 자신으로서는 전혀 이해하지 못하겠다고 고백하는 인류학 자료가 하나 있는데, 그것이 내가 방금 표명한 논지를 아주 잘 예시하고 있다.[16]

스펜서 및 길렌에 따르면, 원시 민족들 가운데에는 막대기나 돌멩이를 가지고 다니면서 *마치* 그것이 그것을 가지고 다니는 사람의 영혼이거나 아니면 영혼 자체는 아니더라도 그러한 영혼을 구현하는 물체인 것처럼 취급하는 경우가 있다고 한다. 그 막대기 또는 돌멩이를 잃어버린 사람은 장례식에서 송장을 염殮하듯이 자신의 몸을 취급한

---

15) Wittgenstein, *Tractatus Logico-Philosophicus*, 6.431~6.4311을 참조하라.
16) 「종교를 이해하는 것이 믿음과 병행될 수 있나?」

다. 그렇지만 "자신의 영혼을 소지하고 다닌다"는 개념이 말이 되나? 물론 우리가 하려고만 한다면 그 원주민들이 하는 행동을 다른 방식으로 서술하여 말이 되게끔 할 수도 있을 것이다. 그리고 어쩌면 스펜서와 길렌(그리고 그들과 같은 길을 밟은 뒤르켐)이 실제로 일어나는 일이 무엇인지에 관하여 잘못 서술하였을지도 모른다. 그러나 만약 그들의 보고가 잘못된 것이 아니라면, 우리는 여기서 막막한 벽을 만나게 된다.. 이 경우에도 그러한 개념의 쓰임새가 어떤 규칙을 따르고 있는지를 파악하기는 비록 쉬운 일이지만, 그 의미에 관한 한 막막하기만 한 것이다.

막대기에 영혼을 담아 들고 다닌다는 개념을 왜 "전적으로 부정합적"이라 여기는지에 관해서 맥킨타이어 자신은 아무 설명도 하지 않고 있다. 내가 추정컨대, 만약 그와 같은 행동을 20세기 영국인 또는 미국인이 한다고 하면 그것이 무슨 일인지 이해하기 힘들 것이라는 사실에 그가 영향을 받고 있는 것 같다. 그리고 영혼은 종이 따위의 물질적 대상이 아니며, 그러므로 종이쪽지처럼 막대기에 넣어 들고 다닐 수 없다는 사실도 그에게 영향을 미치는 것 같다. 그렇지만 내가 보기에는 원주민의 그러한 행위를 이해하기가 그토록 어려운 일은 아닌 것처럼 보인다. 심지어 앞의 인용문에 나오는 지극히 단편적인 정보의 조각만을 가지고 생각하더라도 그것이 그토록 어렵지는 않은 것 같다. 우리 사회에서 서로 사랑하는 두 사람 사이에, 그중 한 사람이 상대방의 사진이나 머리카락 타래 하나를 휴대하는 경우를 생각해 보

라. 그 사람에게는 이러한 행동이 애인에 대한 자신의 관계를 상징할 수 있다. 그리고 그 행동이 실제로 그 관계를 온갖 종류의 방향으로 변화시킬 수 있다. 즉 강화할 수도 있고 전도시킬 수도 있다.[17] 애인의 머리카락 타래를 잃었을 때 잘못했다고 느끼고 애인에게 용서를 구하는 경우를 상상해 보라. 이 경우와 그 원주민이 "자신의 영혼을 분실" 하였을 때 자신의 몸을 염하는 행위 사이에는 병행하는 바가 있을 것이다. 자, 이때 이러한 행위 어느 쪽이든지 거기에 반드시 비합리적이라고 할 만한 무엇이 있을까? 머리카락 타래를 분실한 부주의를 애인에 대한 일종의 배신이라 여기지 말아야 할 까닭은 무엇인가? 결혼반지를 분실하는 것을 두고 세상의 많은 남편 또는 아내가 어떻게 느끼는지를 상기하여 보라. 그 원주민은 그러한 행위에서 자신의 삶 전반에 관한 자신의 관심을 표현하고 있는 것이다. 그리고 그러한 관심이 죽음에 대한 그의 관념과 맞물려 있음은 그가 자신의 몸을 염殮한다는 사실이 분명하게 보여 주고 있다. 어쩌면, 종교적 성사聖事가 모종의 특별한 관심을 가능하게 만들어 주는 것처럼, 그러한 관심이 그에게 가능할 수 있게끔 만들어 주는 것이 바로 그러한 그의 행위인지도 모른다. 자신의 삶 전반에 대한 관심은 동시에 자신의 죽음이라고 하는 구획적 관념을 포함하고 있기 때문에, 그것이 그 사람의 삶 *내부에서* 표현되기 위해서는, 반드시 성사에 준한 방식을 통하지 않고는 표현

---

17) 토마스 만의 『마(魔)의 산』에 나오는 한스 카스토르프와 클라우디아 쇼샤트 사이의 관계에서 클라우디아의 엑스레이 사진이 수행하는 역할을 여기에 견주어 보라.

원 시 사 회 의 이 해

될 수 없다는 것이 내가 지적하고자 하는 초점이다. 성사의 형태를 통하여 그러한 관심의 형태가 표현되는 것이다.

내가 성性을 "구획적 관념"의 하나라 말할 때에도, 그 의미는 인간의 삶이라는 개념과 연관을 맺는다. 한 남자의 삶은 남자의 삶 가운데 하나이고 한 여자의 삶은 여자의 삶 가운데 하나이다. 그 사람이 남성인지 아니면 여성인지가 그의 삶을 구성하는 여러 *구성소 중의 하나*에 불과한 것이 아니다. 그것은 그 사람의 삶의 *양식*인 것이다. 죽음에 관하여 비트겐슈타인이 말하였던 방식을 이 경우에 차용한다면, 나의 남성은 이 세계 안에서 내가 경험한 일이 아니라 내가 세계를 경험하는 방식이라고 말할 수 있다. 남성 및 여성의 개념이 상호 의존적이라는 점은 명백하다. 한 남자가 남자인 것은 여자들에 대한 관계에서 그러하며, 한 여자가 여자인 것은 남자들에 대한 관계 안에서 그러하다.[18] 그만큼 여자들에 대한 한 남자의 관계가 취하는 형태는 그가 자신의 삶에 부착시키는 의미를 위하여 근본적인 중요성을 지닌다. 윤리 하면 성윤리와 동일시하는 통속적 견해가 속된 견해인 것은 **틀림없는** 사실이다. 하지만 적어도 거기서 통속화되고 있는 것 자체에는 중요한 진리가 들어 있는 것이다.

출생의 개념이 지니는 구획적 성격이 지금까지 내가 죽음 및 성에 관하여 대략적으로 논의한 바와 관련된다는 점은 이제 뚜렷할 것이

---

18) 그러나 이 관계들이 단순히 서로 역의 관계인 것은 아니다. Georg Simmel, "Das Relative und das Absolute im Geschlechter-Problem", *Philosophische Kultur* (Leipzig, 1911) 을 보라.

다. 우선 죽음과 관련하여, 나의 죽음이 나의 삶 안에서 일어나는 하나의 사건이 아닌 것과 마찬가지로 나의 출생 역시 그러한 사건이 아니다. 그리고 나의 출생은 내 의지와는 상관없이 윤리적 경계를 내 인생을 위하여 설정한다. 다시 말하면, 나는 처음부터 다른 사람들과의 이런저런 관계 안에 위치한다. 그 관계로부터 이런저런 의무가 생겨나오고, 그러한 의무는 윤리적으로 근본적인 본질을 지닐 수밖에 없다.[19] 이제 성과의 관련을 살펴보면, 출생이라는 개념은 이성 사이의 관계라는 개념과 밑뿌리에서 맞물려 있다. 이는 남성과 여성이 생식 과정에 각기 어떤 역할을 맡는지의 문제가 어떤 특정 사회에서 얼마나 분명하게 밝혀졌느냐에 상관없이 언제나 사실이다. 왜냐하면 인간이 모두 여자에게서 태어남은 언제나 사실이기 때문이다. 그리고 이 사실은 나아가 윤리적 제도 — 이성 사이의 관계가 그 안에서 표현되는 제도 — 에 새로운 차원 하나를 추가한다.

지금까지 마지막으로 내가 덧붙인 짤막한 논의에서 내가 시도한 일은 오로지 어떤 일정한 방향으로 주의를 기울이고자 함일 따름이다. 어떠한 인간 사회에서든 반드시 이러한 구획적 개념의 구체적 형태가 그 사회의 중요한 특질이리라는 점, 그리고 인간의 삶에서 선과 악의 관념이 반드시 그 개념들과 연관되리라는 점을 나는 지적하고 싶었다. 그러므로 어떤 다른 사회의 생활을 이해하려는 시도에 있어서 언

---

19) 부모-자식 사이의 의무 및 권리가 물리적 혈통과 직접적인 관계는 없다고 멜덴은 말하는데, 그가 틀렸다고 내가 생각하는 까닭이 — 이것이 유일한 까닭은 아니지만 — 바로 이 때문이다. A. I. Melden, *Rights and Right Conduct* (Oxford, 1959) 를 참조할 것.

제나 그러한 개념들이 띠는 형태 — 즉 그 사회의 생활에서 그것들이 수행하는 역할 — 에 관한 탐색이 중심적 위치를 차지하여야 할 것이다. 그러한 탐색이 마련해 주는 토대 위에서만 이해가 건축될 수 있을 것이다.

나라들의 세계는 인간에 의하여 만들어진 것이니 만큼, 이제 인간들이 어떤 제도를 공유하는지, 언제나 공유하여 왔는지를 살펴보자. 그러한 제도를 살펴봄으로써 모든 나라의 건설에서 토대가 되고 그 위에서 각 나라가 자신을 유지하는 보편적이며 영원한 원칙 — 이는 학문이라면 반드시 갖추어야 하는 것이다 — 을 찾아낼 수 있을 것이기 때문이다.

야만적이든 개명되었든, 시간과 공간상으로 서로 멀리 떨어져 있음에도 불구하고, 모든 나라가 다음 세 가지 인간적 관습을 가지고 있음을 관찰할 수 있다 : 모든 나라에 어떤 형태로든 종교가 있고, 결혼의 서약이 엄숙하게 행해지며, 죽은 이를 묻는다. 아무리 야만적이고 원시적인 나라라고 할지라도, 종교, 결혼, 장례의 의식 이외의 행동을 그보다 더 정교한 의례, 더 성스러운 엄숙함으로 수행하는 나라는 없다. "서로 모르는 사람들 사이에서 발생한 공통된 관념이야말로 진리의 공약수"라는 공준公準에 따라 생각할 때, 모든 나라에게 공통적으로 주어진 것이 무엇인지를 알 수 있다 : 그 모든 나라의 사람들에게 인간성이란 바로 그 제도들에서 기인하였고, 그러므로 세계가 다시는 짐승들의 황야로 되돌아가지 않도록 모두 그 제도들을 가장

경건하게 수호하여야 한다는 점이 바로 그것이다. 이런 까닭으로 우리는 이 세 가지 영원한 보편적 관습을 이 학문의 제일 원칙으로 삼는 것이다.[20]

---

20) Giambattista Vico, *The New Science*, §§ 332~333.

| 찾아보기 |

사회과학의 빈곤

1판 1쇄 발행 2011년 6월 17일
1판 2쇄 발행 2011년 9월 10일

지은이 · 피터 윈치
편역 · 박동천
펴낸이 · 양미자
편집장 · 고재광
디자인 · 이수정

펴낸곳 · 도서출판 **모티브북**
등록번호 · 제313-2004-00084호
주소 · 서울 마포구 합정동 412-7 2층
전화 · 02)3141-6921 │ 팩스 02)3141-5822
전자우편 · motivebook@naver.com

ISBN 978-89-91195-43-1 93160